本书系 2020 年国家社科基金一般项目"中国共产党太行抗日根……上……上……引研件形成机制研究"（项目编号：20BZS136）的阶段性成果；

2023 年山西大学马克思主义学院团队项目"革命视域下华北根据地建设研究"（项目编号：SXU-SMS-T-2023-07）的阶段性成果。

三晋英豪 彪炳史册

崔丽霞 著

山西出版传媒集团 山西人民出版社

图书在版编目（CIP）数据

三晋英豪 彪炳史册 / 崔丽霞著. -- 太原：山西
人民出版社, 2025. 1. -- ISBN 978-7-203-13718-4

Ⅰ. K820.825

中国国家版本馆CIP数据核字第2024P1W463号

三晋英豪 彪炳史册

著　　者：	崔丽霞
责任编辑：	员荣亮
复　　审：	贾　娟
终　　审：	梁晋华
装帧设计：	尹慧娟

出 版 者：	山西出版传媒集团·山西人民出版社
地　　址：	太原市建设南路 21 号
邮　　编：	030012
发行营销：	0351 - 4922220　4955996　4956039　4922127（传真）
天猫官网：	https://sxrmcbs.tmall.com　　电话：0351 - 4922159
E - mail：	sxskcb@163.com 发行部
	sxskcb@126.com 总编室
网　　址：	www.sxskcb.com

经 销 者：	山西出版传媒集团·山西人民出版社
承 印 厂：	山西立方印业有限公司

开　　本：	720mm × 1020mm　　1/16
印　　张：	15.25
字　　数：	255 千字
版　　次：	2025 年 1 月　第 1 版
印　　次：	2025 年 1 月　第 1 次印刷
书　　号：	ISBN 978-7-203-13718-4
定　　价：	68.00 元

如有印装质量问题请与本社联系调换

序

三晋大地，自古便是义士辈出之地。春秋时期，豫让替主复仇，展现出坚定的忠诚与勇气；战国时期，赵国八位义士因"劝谏括策"而英勇就义，其高尚的气节令人敬仰。三国时期，关羽的忠义更是成为世代传颂的佳话。宋代杨家将一门忠烈，为保卫国家舍生忘死，其事迹家喻户晓。而近代，"戊戌六君子"之一的杨深秀喋血北京菜市口，其坚定的信仰与无畏的精神令人肃然起敬。武昌首义后，山西成为北方第二个举起辛亥革命旗帜的省份，展现了山西人民对自由与民主的热切追求。孙中山先生对山西起义给予极高的评价，这也进一步彰显了山西人民在历史长河中展现出的坚韧不屈。

中国共产党诞生不久，山西就成立了中共太原支部，成为领导山西人民革命的坚强核心。从 1927 年到 1937 年，中共山西省委 8 次被破坏，11 次改组，12 次易名，被通缉、被捕、被杀害的党团员不知其数，但山西始终是中国共产党北方革命的重点。1931 年 5 月成立的中国工农红军晋西游击队，是山西和西北地区第一支打出红军旗号的革命队伍；7 月"平定兵变"建立的红二十四军，建立了中国北方第一个县级苏维埃政权。吕梁太行，红旗飘扬，为中国革命掀开了浓墨重彩的崭新篇章。

抗日战争时期，八路军"首战平型关，威名天下扬"，山西成为八路军的故乡和立足之地，是华北敌后抗战指挥的中心。八路军在此创建了第一块敌后抗日根据地，建立了"晋"字号的四大根据地，成为开拓华北、华东和华中根据地的出发地。山西成为中国共产党指挥华北乃至全国抗战的"神经中枢"，成为反击日军的前沿阵地。据统计，我国在1955年到1965年全国授衔的将帅中，有9位元帅、9位大将、42位上将、103位中将、838位少将，共1001位开国将军，曾在山西参加抗战活动。八路军和山西人民在中国共产党的领导下，前仆后继，英勇奋斗，创造了举世瞩目的辉煌业绩，孕育了不朽的太行、吕梁精神。解放战争时期，更有两万多太行、晋绥干部支援东北、南下福建和四川等地，为全国解放和中国革命的胜利作出了重要贡献。

在一百多年反对外来侵略的民族解放斗争中，山西涌现了无数为国捐躯的英烈：过早陨落的高君宇、贺昌、续范亭、刘天章等，还有刘胡兰、尹灵芝、李森、朱坚等女性"巾帼不让须眉"。2014年9月1日民政部公布了第一批300名著名抗日英烈和英雄群体名录，其中山西籍的有8人，分别为魏拯民、马定夫、马应元、程仲一、胡德林、王凤山、王远音、张仁槐。牺牲时年龄最大的38岁，最小的仅24岁。正如鲁迅所说："我们从古以来，就有埋头苦干的人，有拼命硬干的人，有为民请命的人，有舍身求法的人——这就是中国的脊梁。"这些英烈就是中国的脊梁，正是他们托起了新中国冉冉升起的朝阳。

"国破尚如此，我何惜此头"。在那段山河破碎、硝烟弥漫的岁月里，山西民众在中国共产党的领导下自觉承担起抗日救亡、民族解放的历史使命。《三晋英豪　彪炳史册》一书，收录了37位性别不同、身份各异，英勇刚烈者的感人事迹（有9人幸存，活到了中华人民共和国成立后）。无论交通员、民兵指导员、妇救会成员，还是抗日区长、县长，部队连排长、杀敌英雄，还是诗人编辑、中学校员、地下工作者，还有"当代花木兰"，他们都自觉加入这场挽救民族危亡的时代洪流中；他们牺牲时大多处于二三十岁人生最美好的年华，更有实际年龄不足十五六岁的少女。他们都义无反顾，无私忘我，感天动地！一代伟人毛泽东听了刘胡兰的事迹汇报后，欣然题词："生的伟大，死的光荣"。这是一种什么样的精神和信念激励着他们前仆后继从容牺牲？寻找其中的原因，那就是在争取民族独立、人民解放的漫漫征途中，中国共产党始终代表了最广大人民的根本利益，给人民以信念与希望！

随着硝烟的远去，和平年代的人们或许已开始遗忘那些逝去的英勇先烈。近日，网上一篇家长的来信《请刘胡兰离我们的孩子远点》引发热议。信中，家长坚决反对孩子学习刘胡兰的事迹，认为学校不应给下一代灌输"残忍、仇恨"的观念。然而，刘胡兰是我们的民族英雄，是为中国革命流血牺牲的典范。在革命年代，无数如刘胡兰般的先烈英豪，大义凛然地投身于浴血斗争，只为中国人民不再受压迫。正是他们的前赴后继、英勇牺牲，铸就了今天我们安居乐业的幸福生活。回望历史，即使生活日益美好，我们也不应忘记过去国家受辱、人民受难、文明受损的历史，更不应忘记那些英勇牺牲的先烈们。

列宁言："千万不要忘记过去，忘记过去就意味着背叛。"某位智者亦曾言："用机枪扫射历史，等于在用大炮轰击未来。"否定历史，实则是在摧毁未来。那些试图让孩子远离"英勇抗争"和"流血牺牲"的人，不仅自身忘却了这些历史，更是在向孩子们灌输错误思想，危害国家的未来，这是典型的历史虚无主义。

"宜砥砺剑戟，守护神州和平。"崔丽霞副教授及其研究生遍访山西全省，在尘封的档案中追寻历史足迹，以此方式磨砺精神之剑，编纂了一部承传红色基因、强化革命文化教育的优秀教材。这部读物不仅填补了山西省此类作品的空白，适合广大读者阅读，更为大、中、小学校思政课提供了生动的教材。

故国已复，家园繁盛，雄碑矗立，教诲子孙铭记于心。我们要奋发向前，追求卓越，以增光辉。2024 年，新中国迎来 75 周年华诞，此刻，让我们借这部书向每一位英烈致敬。正是他们，在中国共产党的领导下英勇抗争，筑起新长城，重塑民族精神。以史为镜，方能行稳致远。在实现中华民族伟大复兴的中国梦道路上，英烈们的事迹将永远激励我们前行。这亦是该书作者倾注心血创作的信念所在。

崔丽霞副教授，一位才华横溢的女青年，入职山西大学后成为我的同事。她在对中国近现代史的教学与研究中，被三晋大地的历史厚重感所打动，对山西在中国革命中举足轻重的地位以及山西人民展现出的忠烈与果敢精神感到震撼和由衷敬佩。这种深刻的触动促使她萌生了收集并研究那些英勇烈士事迹的强烈愿望。经过三年的辛勤耕耘，她完成了《三晋英豪 彪炳史册》巨著，交由山西人民出版社出版。在书稿即将付梓之际，崔副教授怀着满腔的热情和真挚的诚意，邀请我为其著作撰写序言。

通常情况下，序言多由业内享有盛誉的专家学者或地位崇高的人士撰写，旨在为著作增光添彩，让作品更加熠熠生辉。我深知自己才疏学浅，多次婉拒了她的邀请。拗不过她的执着，也为不负深厚情谊，我最终决定提笔，写下如上文字，致贺这部意义非凡的著作出版。

是为序。

程敬恭

2024 年 5 月 5 日于太原

目　录

目　录

一　舍生取义　孤胆英雄：程坦

程坦 1917 年出生于武乡县故城镇故城村北街一个普通家庭，1931 年"九一八"事变发生时，他正在武乡县第四高小读书。在革命洪流影响下，程坦立定抗日救亡图存壮志，积极宣传并组织学生参加抗日活动。1937 年 11 月太原沦陷后，程坦放弃学业，毅然加入青年抗日先锋队。1938 年秋加入中国共产党，并担任民兵游击小组长。1939 年秋，程坦成功打入日军"洪部"开展情报工作。1940 年，在故城出奇制胜捣毁维持会，活捉维持会会长。1943 年，因反奸除霸功劳显著，程坦被太行第三分区授予"孤胆英雄"称号。1944 年，在程坦带领下，我军侦察到白晋铁路沿线日军布置详情，极大地方便了八路军走密道增援太岳区。1945 年，因叛徒告密，程坦在解救被困民兵与群众的过程中，胸部中弹身亡，年仅 28 岁。

投笔从戎　献身革命

"九一八"事变后，日军占领东北全境，战火开始从东北向全国蔓延。此时正在武乡第四高小读书的程坦，听闻消息，迅速举起抗日救亡大旗，通过演讲，发动广大群众参加抗日活动。在整理演讲稿的基础上，他以笔作武器，先后发表了 19 篇文章，宣传动员群众积极抗日。国破家亡之际，青葱少年自觉肩负时代使命，立志救国救民于水深火热之中。程坦在《救国要团结》一文中说："我们堂堂的大国家，已到了最危险最可怕的时候，大家还是一盘散沙。要挽救国难，在吾看来，有个简单的办法，就看我国人做到做不到！第一，就是要有血气的人民，团结起来，快些猛醒，不要在那里舒快做梦，赶紧起来和我们的仇敌奋斗呀！要知道国际是不能依靠的，他们都是互相观望。必须铁血一般青年和仇敌敢拼一死命，挽救中国。第二，国家有救没救，就在我们这般小青年身上。我们在这个时候，要发愤图强，做一个有能力的主人翁，大家联络起来，努力和倭奴交战，个个把枪头向外，不要学过去军阀的样子，国家终有强盛的一日。总而言之，救国非团结是不成功的，我们仍旧是没有希望的。"[①]程坦希望用手中的笔，唤醒国人的爱国之情、救国之心。

"七七"事变后平津沦陷，日军集结重兵，铁蹄踏进太行山麓。同年11月8日，太原沦陷。面对日军制作精良、杀伤力极强的武器装备，程坦深感手中的笔已不能成为救国利器，他毅然放弃学业，投身挽救民族于危亡的时代洪流。1938年秋，程坦加入中国共产党，更将"尽早把日军赶出中国"当作最重要的人生大事，在战场上尤其奋勇当先、不计生死。1939年9月2日，程坦的家乡故城被日军铁蹄踏破。村里的地主恶霸、地痞流氓为蝇头小利投靠日军，助纣为虐、欺压百姓。为防止形势继续恶化，策反伪军并获得日伪军活动计划，我党决定派有战斗经验的同志打入日军内部，从事情报工作。程坦临危受命，接受上级委托深入虎穴，成功打入日军"洪部"便衣队。

程坦打入日军内部不到一年，因经常刺探情报，其身份很快暴露。为避免不必要的流血牺牲，组织安排他从便衣队撤出。随后程坦"领导民兵游击小组神出鬼没炸桥梁，破坏铁路，割电线，毁敌联络设施、袭扰敌据点，铲除汉奸7人、毙敌数10人"[②]，全身心奉献革命事业。程坦英勇无畏、对党赤诚的事迹广为流传，太行、太岳一带群众盛赞他是"杀敌英雄""飞虎队长"。

[①] 魏春洲主编.太行丰碑[M].太原：山西人民出版社，2006:75-76.

[②] 魏春洲主编.太行丰碑[M].太原：山西人民出版社，2006:75-76.

出奇制胜 捣毁维持会

1940 年，日军采取围困手段，缩小、挤压我敌后抗日根据地，扩大其所占区域，到处修筑封锁沟、封锁墙、护路沟、据点。程坦的家乡故城镇也不例外，成为日军重要据点之一。当地顽固势力与日军互相勾结，滋生事端，搅得故城群众民不聊生。针对这一情况，程坦带领民兵、发动群众，经常在夜深人静时抓获日伪军，打乱日伪军的袭扰行动。随着抗日活动不断扩大，程坦身边凝聚起更多的抗日武装力量，日伪军惊恐万分，夜不能寝、日不得安，常常处于疲惫应对状态中。

日军发现故城镇附近一马平川，军事行动很容易被我军发现，要守住阵地更是不容易，遂通过保甲制度实施层层管控，加大了对周围群众的控制力度，同时不断培植伪军，为己所用。当时，故城有个地主程福荣，他听从日军命令，在村里欺压百姓，通过放高利贷盘剥农民，对外则谄媚奉承，把日军当主子，唯命是从。日军刚占领故城，他就左一个"皇军老爷"，右一个"天皇万岁"地喊着，生怕别人不知道他背叛国家，投靠日军。为了邀功，程福荣还私下打探民兵游击队和各抗日力量的行动计划，向日军通风报信，不少革命群众及抗战人员家属被日军逮捕，受尽折磨。程福荣则因"表现良好"，被日军委任为维持会会长。程福荣为此沾沾自喜，不以为耻，反以为荣。

战乱年代，敌强我弱，实力悬殊，类似程福荣那样的汉奸不少，他们的卖国行为给八路军及其领导的民兵组织带来巨大危险。我抗日政府为打破敌我犬牙交错、汉奸频频渗透的复杂困局，命令区武委会主任兼游击队长贾书林采取行动，捣毁故城镇上的维持会。贾书林组织当地的游击队员和民兵，仔细分析当地的地形地貌，并根据地形优势作了部署。一天午夜时分，夜深人静，趁人们酣睡之际，游击队长贾书林和分队长程坦带队出发，直扑故城维持会。到达目的地后，程坦纵身一跃翻墙跳进了院子，但马上被哨兵发现，枪声四起。在这千钧一发之际，程坦一个箭步冲上前去，从伪军侧面控制住了枪身，他身后紧随的民兵用斧头砍向伪军，伪军当场毙命。枪声惊醒了院子里的所有敌人，睡在堂屋的程福荣刚刚爬出被窝，就看见破窗而入的程坦黑洞洞的枪口。程福荣跪在炕上边磕头边喊饶命，程坦命令民兵把他带走。"尔后他们把维持会的牌子砸成三截扔在街上，贴好抗日政府活捉日伪会长程福荣的布告后，胜利地返回了民兵驻地"[①]。第二天，故城群众看到维持会会长被活捉后，人人欢呼雀跃，欣喜之情溢于言表。

巧思妙计 铲除地头蛇

维持会主干被捣毁，日军没了耳目与打手，天天担惊受怕，很快撤离故城，但留下了一些维持会员及"自警团"，都是些无恶不作的恶霸地痞。故城群众不堪其扰，再次向中共武西（武乡县西部）县委和抗日县政府控诉，要求铲除这群地头蛇。贾书林和程坦再次挺身而出，勇担重任。

经过一段时间的侦察，终于逮到一个好机会。这天，南寨村胡姓人家娶媳妇，地头蛇杨明德要带几个小跟班去闹洞房。程坦心想，这个时候他们的警惕性肯定不高，正是铲除的好时机。当天上午，程坦和其他三个民兵提前随人流进入胡家大院。程坦扮作跑堂的店小二，腰系围裙、提着水壶屋里屋外、饭桌之间伺候客人，其余三人则化装成胡家下人，给来客引路。夜幕降临后，胡家大院里贺喜的亲朋好友、左邻右舍络绎不绝，很是热闹。其他游击队员们也趁着夜色混入。不一会儿，新娘子到了，婚宴随即开始。杨明德落座后，程坦跑得更勤快了，又是端菜，又是倒酒，不一会儿，杨明德等人就酩酊大醉。在灯影掩护下，程坦卸了杨明德手枪里的子弹，再借上菜之机放回原处。为了不伤及无辜，一直等到夜深人静宴会结束，客人大多数离席回家，游击队才开始行动。

行动开始后，"游击队员按商量好的暗号，学了三声秋蝉叫，只见墙头上露出一个人影，放下两根井绳，贾书林队长摸摸腰间，先攀上去和程坦接了

① 周子玉主编，解放军烈士传编委会编.解放军烈士传（第 6 集）[M].北京：长征出版社，1993:708.

头，六个勇士飞上房顶，沿着屋脊和墙头包围了胡家大院"①。贾书林和程坦蹑手蹑脚来到杨明德的住房前，轻轻捅破窗户纸，只见杨明德正躺在床上忘乎所以地抽大烟。贾书林一个箭步猛扑上去，杨明德则抓起身边的枪扣动扳机。程坦抵近，黑洞洞的枪口指向杨明德额头，杨明德被突如其来的变故吓得浑身发抖，蜷缩在炕角一言不发。第二天，故城县召开群众公审大会，作恶多端的杨明德被就地枪决，在场群众无不拍手称快。

但是，故城县并没有因为程福荣、杨明德二人倒台而彻底安宁祥和，此后又冒出了周明儿和李海金两条毒蛇：周明儿是惯盗出身，在他的默许下，其子也是无恶不作，最后沦为伪军，为日军办事；日军抓到的人都交由他处置，他让谁死，谁肯定活不成，镇里人都叫他"活阎王"。李海金和周明儿一样，任凭他当伪军的儿子李炳文在镇里欺压盘剥老百姓，不加任何管教，成为危害地方安宁的地痞流氓。

接上级指示，程坦明察暗访，决意彻底铲除这两条为非作歹的"地头蛇"。11月的一个晚上，北风呼啸，伸手不见五指。程坦根据之前的走访，和公安主任及一个民兵摸黑来到周明儿家。三人翻墙而入，溜墙根来到周明儿住房窗户下。稍稍等待后，屋里响起了呼噜声。公安主任守住门口，程坦则到周家工房院让长工苗成本过来喊醒周明儿，说门口有人找。周明儿听说南沟来人，还以为是日军来人，立刻穿上衣服朝门外走去。他做梦也没有想到，一出门口就被程坦用枪抵住了头，一直顶着把他推到赵家岭，一声枪响，结束了他不光彩的一生。在另一个同样漆黑的夜晚，程坦他们在故城南寨村用同样的方法铲除了"害人精"李海金，民心大快。

"双头蛇"被清除后，真正发挥了以儆效尤的显著作用。此后，当地的特务、伪军再也不敢嚣张跋扈、仗势欺人了。程坦"孤胆英雄"的美名便由此传开，这也引起了日军的注意，日军发出告示，悬赏捉拿程坦。

---

① 周子玉主编，解放军烈士传编委会编.解放军烈士传（第6集）[M].北京：长征出版社，1993:708.

急中生智　获得敌伪文件

1944 年夏，因战事需要，八路军某部需穿过白晋铁路增援太岳区。要顺利通过日军封锁线，必须提前摸清铁路沿线日军部署及过往车辆规律。最后经区委商讨决定，由程坦率领当地民兵执行这一光荣而又艰巨的任务。

命令下达的当晚，细雨霏霏，周围寂静得只能听见淅淅沥沥的雨声。程坦不顾下雨路滑，带领民兵连夜出发。身上是单薄的小布衫，腰里别着一把手枪，兜里揣着两颗手榴弹，通往南沟的泥泞小路上，程坦边走边思谋着战斗预案。步行十余里路后，程坦和三个民兵到达白晋铁路边。瞅准时机，四个人像离弦之箭快速跃上火车顶，悄无声息地进了南沟车站。在火车轰隆隆的汽笛声及白茫茫的雾气掩护下，四人轻巧地跳下火车，隐藏在火车站里。

程坦安排三个队友隐藏好后，不声不响摸到哨楼楼梯下。还没开始往上爬，就被上面的哨兵发现了。哨兵察觉到不对劲，紧张发问，互相问答之间，哨兵看见了程坦手中亮出的家伙手枪和手榴弹，不得不赶紧举手投降。程坦发现哨兵是个中国人，拍了拍他的肩膀并自报家门。这些伪军早就听说过程坦英勇杀敌、铲除恶霸的故事，心想自己这条小命也要玩完。程坦对哨兵说："我们都是中国人，稍有一点爱国心的同胞，都不会跟日军强盗作恶，残害中国人。日军鬼子眼看就要完蛋了，你们要操心自己的后路。"[1]见程坦如此坦诚，哨兵小心地问程坦想要什么，自己一定配合。从伪军交代的蛛丝马迹里，程坦了解到火车站内的具体情况，知道了车站内的兵力仅三十余人，三人一班岗，明确得知车辆运行情况及站长的信息。

随后，程坦发出暗号，把躲在暗处的三个民兵也召集过来，在日伪路警带领下来到站长办公室。屋里灯火通明，站长正和三个伪军兴高采烈地打麻将。程坦指示两个民兵分别守在门口和窗口，他则猛地冲进屋里，枪口指向屋里的四人。消灭掉屋里的伪军后，民兵们架起站长迅速撤离火车站。程坦一

---

[1] 周子玉主编，解放军烈士传编委会编.解放军烈士传（第 6 集）[M].北京：长征出版社，1993：713.

边掩护战友撤离，顺手打开站长的文件柜，端走了里边的所有文件袋和档案资料。

收集资料耽误了点时间，正当程坦准备离开时，屋外集聚起一些听到动静的日伪军。程坦稳住神，先将屋里的电灯熄灭，再用麻将桌堵住门，拉开手榴弹引信后，扔向屋外。"轰隆"一声巨响后，几个日伪军应声倒地。程坦迅速从后窗户跳出，扔出第二颗手榴弹，一溜烟跑出了火车站。

根据程坦他们从敌伪站长办公室获取的重要信息，太行军区及时调整作战路线及兵力部署，八路军某部顺利通过封锁线，安全到达太岳区。太行军区表彰了程坦，并授予他"孤胆英雄"荣誉称号。

舍身诱敌　解救民兵

1945 年春节前夕，为防止日军年前再次"扫荡"，让群众过一个平安年，程坦要求队员们提高警惕，随时做好打仗准备。在哨兵们的密集巡逻守护下，日军没有侵扰群众。但经过初一、初二两天高强度的巡逻后，民兵们都双眼布满血丝、疲惫不堪，程坦便接替队员上路巡逻，让队员们多休息一会儿。刚刚从驻扎地走到村边，就发现对面来了一股日伪军。想躲，已经来不及了，只能硬着头皮继续往前走。狭路相逢，日伪军见眼前这个人棉衣、棉裤都烂开了花，以为遇到了乞丐，日军军官一脚踢出去，逼程坦让出路来，一行人大摇大摆向村里走去。

程坦迅速从身上掏出一颗手榴弹，向日伪军扔去。借着冒起的烟雾，程坦撒腿就向民兵驻地相反方向跑去。日伪军反应过来，齐刷刷开枪，舍身诱敌的程坦不幸被击倒。事后查知，致命的一枪是时任日伪警备队队长郭长友所开。

村边响起手榴弹声和密集的枪声，惊醒了村中熟睡的民兵们，他们得以及时转移，避免了更多的流血牺牲。

武西县党政军民为程坦召开了隆重的追悼会，五千余人参加。上级领导高度肯定程坦一心为党、屡建奇功的壮举，号召广大民兵及群众向他学习，精忠报国，矢志不渝，为早日把日军赶出中国而努力奋斗。

1955 年，杀害程坦的郭长友被人民政府抓捕，经公审判决后，处决于当年程坦同志牺牲的地方，以告慰英烈。

二　坚贞不屈　策反英雄：陈自然

陈自然又名陈之炳，1919 年出生于运城市夏县胡张乡西晋村一个普通农家。他自幼喜爱读书学习，后考入闻喜中学。1937 年"卢沟桥事变"后，陈自然加入"牺盟会"，投身抗日救亡时代洪流。毕业后，他一边在埝掌镇小王村任教，一边积极宣传抗日思想。受太岳三分区政委柴泽民影响，他于 1939 年加入中国共产党。1940 年，陈自然前往太岳军区学习、工作。1942 年被党组织派到临汾敌工站担任负责人，凭借出色的工作能力，多次成功策反据点内的伪军。1943 年因叛徒出卖，陈自然被捕入狱，惨遭日军杀害，年仅 24 岁。

加入共产党　开展对敌工作

陈自然初中毕业后，一边在埝掌镇小王村教书，一边从事抗日救国活动。他经常给学生讲抗日英雄的事迹和抗日救亡的道理，深受学生喜爱。后经金长庚同志介绍，热血爱国青年陈自然认识了太岳三分区政委柴泽民。两人第一次见面，柴泽民就发现陈自然灵活机智，讲起话来侃侃而谈、慷慨激昂而又条理清晰、打动人心。柴泽民想发展他加入组织，以便为中华民族解放事业发挥更大的作用。柴泽民启发他说，当一名老师，每天面对的只有几十个学生，很难从事抗日活动。要想激发更多的人抗日，只有走出校园，去外面广阔的天地里，同全国人民一同抗战，才能早日把日军从中国大地上赶出去。未等柴泽民同志讲完，陈自然就忧郁地说："当今政府腐败，容忍日寇铁蹄践踏我大好河山，谁能领导驱赶日寇呢？""共产党！"[1]从陈自然的表情中，不难看出他对中国共产党了解不深。柴泽民就把共产党的革命宗旨和抗日救亡的主张向陈自然作了详细阐述，使身处迷茫中的陈自然看到一条通往光明的道路。陈自然激动地抓住柴泽民的手，说："柴老师，今后我一定要跟着共产党走。"从此，陈自然主动向党组织靠拢，积极为党的事业奔走呼号，全力投身于抗日战争的洪流之中。

1939 年 12 月"晋西事变"爆发后，阎锡山勾结日军，向牺盟会、决死队发起攻击，削弱了中国共产党的力量。在参加抗日活动实践中，陈自然通过观察、比较，认定中国共产党才是真正抗日的队伍，只有中国共产党才能带领百姓实现民族解放，拯救人民于水火之中。因此，在抗战最艰难的时期，陈自然毅然决然加入中国共产党，告别了年迈的母亲和怀有身孕的妻子，于 1940 年前往太岳军区学习深造。

在太岳区学习期间，为了揭露阎锡山假抗日、真反共的阴谋，扩大中国共产党的影响，增强抗日武装力量，党组织决定选派一批信念坚定的干部深入敌后开展工作。当时，敌后根据地损失最严重的临汾地区敌工站，原有的地下工作者几乎都已暴露。但抗战事业的严峻形势要求继续推进敌工工作，敌工站亟待恢复。1942 年冬，受党组织委派，陈自然来到临汾，与临汾县委负责人张耀庭同志一起深入交流了临汾敌工站面临的严峻形势和今后的工作计划，并经张耀庭同志接洽，陈自然与仍潜伏在临汾城内的革命同志接上了头。之后，陈自然便带着任务深入二区开展敌工工作。

当时日军不停地对临汾周边发起军事行动，二区正处于敌我双方拉锯之处。陈自然到达临汾后，二区政委张斌向他推荐了贺鸣岐作助手。贺鸣岐工作非常积极，深具爱国情怀。但因缺少对敌工作经验，很长时间联系不上张耀庭同志介绍的关系，工作进展并不顺利。陈自然很着急，决定以身犯险，在驻地清乐院村，他对投靠日军的伪军、伪警家属逐一细致排查，掌握丰富资料后，他决定从伪军、伪警着手打开对敌工作新局面。

根据调查到的资料，陈自然选中了二区一个名叫李登峨的人，想利用他

---

[1] 中国人民政治协商会议山西省临汾市委员会文史资料研究委员会编.临汾文史资料（第 5 辑）（内部资料）[M].临汾：政协临汾市委员会文史资料研究委员会，1995:16.

打开局面，因为此人与日军特务机关的伪军武银生联系密切，两人相互勾结做了不少坏事。抗敌委员会抓捕李登峨后，审查清楚他的犯罪事实，要求依法枪毙。听闻此结果，李登峨连忙跪地求饶，一把鼻涕一把泪地要求党组织再给他一次机会，好将功赎罪。关键时刻，陈自然向政委说明自己的意图，请抗敌委员会负责人张斌刀下留人。但张斌认为李登峨坏事做绝，罪有应得。尤其是他觉得李登峨比较狡猾，未必能为我所用。陈自然告诉张斌，调查发现李登峨爱家爱老婆爱孩子，只要充分晓以利害，还是可以控制他并加以利用的。最终，张斌听取了陈自然的建议，留了李登峨一命。陈自然严厉警告说："你是个罪该万死的狗汉奸，念你有家妻小，暂给你留条活路，但必须将功补过，为抗日出力。日后事事要听我的安排，稍有差错，小心你的脑袋搬家。"①李登峨一口答应，此后做了不少有益的工作。"他首先策反了翟村和敌伪有联系的翟金榜，接着又动员请示原据点的便衣刘登殿（情报员），把两人都拉到陈自然的领导下；随后，又带着陈自然同尧庙、县底、南席、卧虎山，清乐院、许村等据点的伪军、伪警取得了联系。"②临汾的敌工工作由此打开了突破口。

在开展工作过程中，陈自然勇敢、坚毅、果断，经常只身出入日军各个据点，开展抗日救国宣传活动，瓦解了不少伪军、伪警、伪政权人员，还为这些人油印了优待证件，证件上注明此人并非自愿参加伪军，是迫不得已的。通过这种方式，陈自然建立起了各据点之间的联系，甚至成为八路军的供弹渠道。

遭叛徒出卖　不幸被捕牺牲

敌工站除了摸清日军的政治情况和军事动向外，清除特务也是主要任务

---

① 中国人民政治协商会议山西省临汾市委员会文史资料研究委员会编.临汾文史资料（第 5 辑）（内部资料）[M].临汾：政协临汾市委员会文史资料研究委员会，1995:7-18.
② 中国人民政治协商会议山西省临汾市委员会文史资料研究委员会编.临汾文史资料（第 5 辑）（内部资料）[M].临汾：政协临汾市委员会文史资料研究委员会，1995:21.

之一。一次，根据临汾城内线情报，陈自然得知翟家庄（有人回忆说是柏山村）有个潜伏在根据地的特务，他多次给日军发送共产党的情报，给八路军造成了重大损失。在陈自然带领下，敌工站连夜抓获了特务，经审问，犯罪事实清楚，立即处决，彻底清除了隐患。

1943年7月，日军在抗日根据地设置了很多据点，尤其在临汾公路旁的各个主要村镇，监控更加严密，各村镇建起了伪政权，遴选伪政权工作人员，通过他们引路深入临汾腹地"扫荡"。为了粉碎日军的"扫荡"，打击日军嚣张气焰，上级决定下面展开对敌斗争，伺机歼敌。一次，日军派出一个班兵力从临汾出发前往浮山，陈自然领导的敌工站获取情报后，立即发出消息，取得外援，联合在官雀村设下埋伏，"全歼日、伪军各一个班，毁敌汽车一辆、缴获轻机枪一挺、步枪十八支"①。

敌工站的情报工作虽不像战场上的行动一样轰轰烈烈，但情报工作是正规部队和游击队的千里眼、顺风耳，能使抗日队伍预判敌情，带领群众及时转移，转危为安。由于提前获取情报，我军取得一个又一个胜利，打了一次又一次胜仗，增强了广大群众的抗战决心，中国共产党在人民心中的威望越来越高。尤其是陈自然领导的敌工站，像一把利剑插在日军心腹，日军对其恨之入骨，一次又一次跟踪追杀陈自然，但在各地群众积极掩护下，暗杀活动均以失败告终。老百姓高兴地说："八路军真是神通广大，白天看不见，摸不清，到了晚上就像半空里飞下来的天兵天将。"②

1943年，国民党悍然发动第三次反共高潮，阎锡山秘密勾结日军，指派六十一军东渡黄河，企图发兵占领山西汾东抗日根据地。随后，国民党中央军与阎锡山部的人在敌占区频频举行秘密会议，一时间游击区的反动势力也跟着蠢蠢欲动起来，甚至有很多立场不坚定的人也偷偷投降了浮山城内的日军；拉锯区的伪军思想也在悄然发生变化，有些人甚至公然叛变。面对严峻形势，陈自然组织相关人员召开会议，分析应对之策，不料平常表现非常积极的刘登殿

① 中国人民政治协商会议山西省临汾市委员会文史资料研究委员会编.临汾文史资料（第5辑）（内部资料）[M].临汾：政协临汾市委员会文史资料研究委员会，1995:21.
② 中国人民政治协商会议山西省临汾市委员会文史资料研究委员会编.临汾文史资料（第5辑）（内部资料）[M].临汾：政协临汾市委员会文史资料研究委员会，1995:21.

早已叛变，他把会议地点事先密告了日军。会议尚未结束时，日军就包围了会场，陈自然等五位同志不幸被捕。日军对他们百般折磨，但他们凭借钢铁般的意志，至死也未透露任何消息。当晚，日军就对五位同志下了毒手。面临死亡，陈自然毫无惧意，他唯一后悔的就是没有及早认出刘登殿这个叛徒。

1946 年，叛徒刘登殿被捉拿归案，抗日民主政府在烈士们死难之地召开万人公审大会，判处刘登殿死刑，立即执行，告慰英灵。"1987 年 12 月 11 日，临汾市人民政府在临汾市烈士陵园为陈自然烈士举行了隆重的迁葬仪式，烈士遗骨迁回原籍夏县安葬。"①

陈自然同志的英雄事迹、为革命事业无惧牺牲的精神将永世流芳，也将激励越来越多的人为争取更加美好的生活而努力奋斗。

---

① 中国人民政治协商会议山西省临汾市委员会文史资料研究委员会编.临汾文史资料（第 5 辑）（内部资料）[M].临汾：政协临汾市委员会文史资料研究委员会，1995:22.

三　坚守阵地　智勇司号员：崔振芳

崔振芳雕像①

崔振芳 1922 年出生于山西临汾洪洞县一个穷苦人家，自幼家境贫寒，养成了吃苦耐劳的良好品格。

1937 年冬，15 岁的崔振芳加入八路军。由于年龄太小，最初在部队搞后勤。后经组织安排，进入总部特务团学习军号吹奏技巧，16 岁正式成为中共党员。1940 年，崔振芳成为黎城县黄崖洞三营七连专职司号员。1941 年，日军向黄崖洞兵工厂连续多次发起攻击，崔振芳连续作战，一个人投出百余枚手

---

① 笔者拍摄于黄崖洞兵工厂。

榴弹，炸死十几名日伪军后，英勇牺牲。

危急关头 识破"毒气"战

有人说，司号员动动嘴，千军万马跑断腿，可见司号员在战场上是多么的重要：大部队的前进或后退，冲锋或转移，这些重要信息，都靠司号员及时准确传达给前线将士。从黄崖洞保卫战开始，崔振芳就一直担任司号员，传达号令，鼓舞士气。

黄崖洞兵工厂地处太行山中，四周峰峦叠嶂，悬崖峭壁环绕，平均海拔1500米至2000米。兵工厂厂房则建在西面一片开阔的山谷里，东边的悬崖中间是一个"高25米、宽20米、深40米的天然大石洞"[①]，这个天然石洞是抗战时期八路军的军用装备生产基地和仓库。入口处是一条宽约10米、深约500米的狭长峡谷，从洞底仰视，仅见一线天，俗称"瓮圪廊"。瓮圪廊的尽头，有一处常年不息、倾泻而下的瀑布，悬崖下水潭里的水清澈见底，这些充足的水资源解决了黄崖洞兵工厂日常生产所需。更令人心动的是，柳沟铁厂和显王煤矿距离黄崖洞兵工厂也很近，为兵工厂提供了所需的原材料。这里"地形险要，易守难攻，被八路军副总司令彭德怀、副参谋长左权等总部首长亲自勘察选中，在这里创建了兵工厂，每年生产的武器足够装备16个团，有力地支援了抗日前线"。[②]日军发现，黄崖洞兵工厂生产的八一式步枪并不比同时期其他大型军工厂生产的步枪差。经进一步调查、预测，日军认为黄崖洞兵工厂是个拥有3000多名工人且具有较高技术水平的现代兵工厂。黄崖洞兵工厂生产的这些高水平武器引起日军高度注意，兵工厂成为他们的眼中钉、肉中刺。从1941年春季开始，日军先后两次向黄崖洞兵工厂集结重兵袭扰，均以失败而告终。

日军一直没有放弃摧毁黄崖洞兵工厂的计划。11月，日军第三十六师团集结5000多重兵向黄崖洞兵工厂发起进攻。为保障黄崖洞兵工厂安全，八路

---

① 解福谦主编.山西军事工业工人运动史通览[M].太原：山西人民出版社，2008:71.

② 徐宁.军号渐远 军魂永在—存放在纪念馆里的军号[J].军事史林，2016（11）.

军司令部下令特务团、自卫队、民兵及厂方人员一起守卫黄崖洞。此时，崔振芳正好跟随部队驻扎在黄崖洞兵工厂南边的瓮圪廊防御工事上。崔振芳刚参军时，一直希望自己能上阵杀敌。但因年龄小，他的这个心愿一直没能实现。为了让战友们有更多时间接受军事训练，崔振芳每天主动帮助战士们打水、洗衣服。在此期间，他也期盼自己能接受军事训练，提高战斗力，亲手消灭日伪军。黄崖洞战斗爆发后，一直想上前线杀敌的崔振芳"一连写了5份决心书，首长才点头同意让他上了前沿阵地"[1]。

"11月11日拂晓，日军趁着夜色对黄崖洞发动偷袭。我军诱敌深入，日军进入我军火炮范围。"[2]日军一直利用炮火掩护清除前进道路上的障碍，企图用炮火打开通道。中午时分，经过激烈炮击后，日军仍没有攻破八路军防线，他们开始向黄崖洞兵工厂南口组织强攻，遭到我军顽强抵抗。在日军炮火持续进攻中，八路军七连南侧工事一角被炸毁，令日军没想到的是，在距离七连防御工事二三十米处的两侧布置了交叉火力。日军移动到离八路军主阵地不足百米时，崔振芳吹响了军号！霎时间，枪声大作，日军受重挫。日军指挥官多次组织进攻失败后，遂下令将死尸堆积在一起，踩着尸骨往高处爬，八路军看到这一情况后，立即组织兵力投掷炸雷，由尸体架成的梯子被摧毁。

多次猛攻都以失败告终的日军，疯狂地向八路军阵地投掷毒气弹，身着防化服的日军重新组织进攻。毒气与当时黄崖洞附近的大雾融为一体，司号员崔振芳在观察点发现日军使用毒气后，立即向连长报告。危急时刻，崔振芳没有时间等待连

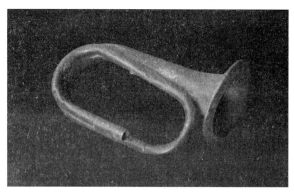

崔振芳的军号

长指令，直接拿起军号吹响了防毒信号"嘟！嘟！嘟！"崔振芳关键时刻做出的正确高效决策，加之八路军战前普遍进行了防毒教育并有充分准备，七连战

---

[1] 樊双.小英雄崔振芳的军号[N].人民日报（海外版），2021-07-12.
[2] 何立波.抗战"明珠"：黄崖洞保卫战[J].同舟共进，2011（11）.

士伤亡大大减少。与此同时，司令部领导命令特务团用仅有的 13 发迫击炮对日军炮兵阵地和槐树坪进攻点发起总攻，给予日军沉重打击。

坚守阵地　以一当百

日军在与七连正面交火后处处碰壁，决定更换作战方式和路线，采取右路迂回战术，试图避开七连的正面火力。他们一边向兵工厂的核心区域水窑洞发起进攻，一边在南口采取"搭人梯"方式应对八路军的断桥策略。八路军这边也随机应变，在日军"搭人梯"的陡崖处设置了投弹所阻止日军进攻。

11 月 12 日，日军密集持续进攻南口八路军驻地。崔振芳作为司号员，随时用军号传达连长的命令，鼓舞战士们奋力作战。后来终因寡不敌众，布防在黄崖洞投弹所的将士全部阵亡。就在日军即将突破八路军于陡崖上设置的防御点时，崔振芳义无反顾地跳进陡崖上的投弹所内，接替阵亡将士继续顽强抵抗。

面对日军持续猛烈的进攻，崔振芳沉着冷静，与日军展开殊死拼搏。他先快速观察分析防守点周围的情形，确定日军进攻的大致方向，自己则凭借背靠兵工厂之险要地形，用仅剩不多的马尾手榴弹打退了日军的一次次攻击。连长随后派王世华配合崔振芳在南口投弹所投掷手榴弹阻击敌人。两名年轻战士协同作战，打退了日军多次进攻。日军人多势众却久攻不下，眼看无法突破防线，他们便动用迫击炮作更猛烈的攻击。王世华手部被手榴弹碎片击中，崔振芳赶紧给他包好伤口，将他安置在比较隐蔽的地方，鼓励他坚持下去。

崔振芳回到防守点时，发现右侧悬崖前的日军已经逼近。他赶紧进入战斗状态。当时所用手榴弹底部的麻绳有辅助投掷作用，借马尾绳之力可以投得更远。即便如此，崔振芳仍冷静地等日军靠近再靠近，这样既节省手榴弹又提高了精准度。随着一声声手榴弹爆炸，日军进攻屡次失利，始终未能再前进一步。几轮激烈战斗后，日军被迫撤退。这次战斗中，崔振芳表现出极高的作战能力和顽强的意志，凭借不怕牺牲的精神，一人抵御住了日军的多次进攻。

日军稍加喘息后，在火力掩护下再次发起进攻，无数炮火向崔振芳所在阵地倾泻而来。崔振芳的弹药打完了，日军还在疯狂进攻，面对弹尽粮绝，崔振芳没有选择撤退，而是直面敌人。他举起身边唯一的武器，吹响军号，迷惑日军，以减轻正面阵地压力。

傍晚战斗快要结束时，崔振芳不幸被流弹击中胸部，顿时血流如注。一班长王兴国看到此情景，眼噙热泪，带着满腔仇恨，和战士们一起向日军冲杀过去。战斗结束后，王兴国捡起军号揣进怀里，伴随崔振芳战斗一生的军号，一直保存到现在，现仍珍藏展览，成为八路军英勇抗战的珍贵记忆。

艰苦卓绝的黄崖洞保卫战中，崔振芳凭借聪慧果敢、随机应变，打破了日军丧心病狂的毒气进攻，随后，他又英勇无畏、不怕牺牲接替阵亡将士不断投掷手榴弹，用生命守住了保卫黄崖洞至关重要的隘口，阻止了日军进攻的步伐。

崔振芳牺牲时年仅 17 岁，但他的聪明伶俐、不惧生死，证明他是一名真正的刚强的革命战士，他为保卫黄崖洞兵工厂流尽了最后一滴血，其英勇事迹，可感天地。

聪慧果敢、随机应变；英勇顽强、无畏生死。英雄崔振芳的革命精神，是无数抗日英烈的缩影，也是太行精神最质朴、最直接的体现。他的精神，将永远激励我们不断向前、砥砺奋进。

四　投笔从戎　革命斗士：高程云

高程云[1]

　　高程云，1905 年出生于朔县东榆林村一个较富裕的农民家庭。自幼关注国家前途命运，1921 年初中毕业后考入山西省立一中，在学校接受了进步思想，结识了许多进步青年。1923 年加入"青年学会"后投身于反帝反封建的革命运动。1927 年成为光荣的中国共产党党员，并进入北平大学农学院深造。1931 年日军侵华后，他看着满目疮痍的祖国，决意参军抗日。1933 年，

---

① 投笔从戎战敌寇　百团大战殉疆场—记高程云烈士[EB/OL].中国农业大学档案与校史馆，2014-09-29.

他加入察哈尔群众抗日同盟军。1936 年，日军大举进犯华北地区，高程云返回朔县开展抗日工作。1937 年，抗日战争全面爆发后，高程云参加了共产党领导的八路军，1940 年在百团大战中不幸遇难，年仅 35 岁。

早年经历 求学报国

高程云从小就进入国民学校读书，接受过良好的教育。由于勤奋好学，学业成绩优异。在辛亥革命大潮影响下，高程云打小便关注国家大事，心系国家前途和命运。1922 年，高程云中学毕业，顺利考入省立第一中学。这里优质的办学条件、雄厚的师资力量和开放的学风，深深吸引了他。课余，他大量阅读进步书籍，如饥似渴地从书中汲取养分。通过阅读，他对马克思主义革命理论发生了浓厚兴趣，对社会问题亦有自身的看法和领悟。受新文化新思想熏陶，高程云满怀革命热情，广泛接触社会，结识了很多进步青年，成长为杰出的革命人才。他与同窗好友刘子华、李文辉等人一起开展革命活动，传播革命思想。1923 年，他参加了由彭真、王振翼等人组织的"青年学会"，从事反帝反封建的革命运动。他严于律己，任劳任怨、尽职尽责完成组织交给他的一切工作。由于积极上进，他得到同志们的高度肯定。在工作过程中，他结识了志同道合的好友范若愚，两人常常探讨中国的出路问题。在山西省立第一中学的这段学习和工作经历，高程云增长了才干，积累了丰富的革命斗争经验，更加坚定了为革命事业奋斗的理想信念。

坚定信念 投身革命

1927 年 6 月，高程云加入中国共产党。同年秋，他如愿考入国立北平大学农学院农业经济系。高程云精通英文和日文，阅读了大量外文书籍。他学识渊博，多才多艺，喜欢音乐，会吹口琴，因此深受同学们喜爱。经过地下党组织介绍，他加入了学院党支部，并积极参加了学校的进步组织，从事革命刊物编辑工作。当时，革命形势风云突变，无数共产党员和革命群众遭到无辜逮捕和屠杀，整个北平城被白色恐怖气氛笼罩。高程云并没有被吓倒，面对革命同仁的流血牺牲，他的革命意志更加坚定。他坚信，只有跟着共产党干革命，才能拯救国家和民族，拯救百姓于水深火热之中。高程云满腔热忱向群众宣传马列主义，动员身边的有志青年加入革命队伍。

　　1929 年，白色恐怖高压持续，高程云在朔县绅士李尚仁资助下赴日留学，踏上寻求真理和救亡图存之路。在明治大学求学期间，他积极响应"人社"支部组织，参与了东京华侨小学的创建工作，为了能继续从事革命活动，他以小学教师身份掩护革命工作。1930 年，留学生的革命活动被日军政府发现后，勒令停办华侨小学，人员遣送回国，高程云重新回到北平大学读书。

投笔从戎　英勇抗日

　　1931 年"九一八"事变后，日军的野蛮侵略行径令无数国人义愤填膺。当时，在北平大学读书的高程云和一众同学满怀愤怒，走上街头发表演讲，发动学生游行示威，强烈抗议日军入侵。在学校党支部与上级党组织失去联系的情况下，高程云仍然积极参加支部组织的马克思主义读书交流活动及其他有关抗日社团活动，并设法借到英文原版《资本论》第一卷让同学们传阅，交流学习。高程云因积极参加革命活动被国民党反动当局列为缉拿对象。1933 年，日军逼近平津，侵占了察哈尔省部分地区，南京国民政府坚持不抵抗政策。5月 26 日，吉鸿昌与冯玉祥、方振武等人联络各种武装力量，在张家口成立察哈尔群众抗日同盟军，高程云听闻消息无比兴奋，毅然决定暂缓学业、投笔从戎，参与抗日同盟军。他跟随部队在张家口一带同日伪军展开激烈斗争，经过激战，察东四县全部收复，极大地增强了人民的抗日信心，鼓舞了全体军民的抗日热情。然而，吉鸿昌率领的抗日同盟军却遭到日伪军和国民党东北军的联合绞杀，最终弹尽粮绝。部队解散后，高程云返回北平大学继续学习。

　　1935 年高程云北大毕业后，到江西省农学院推广部工作，任技术员。1936 年，日军大举进犯华北，高程云认为国家危难之际，理应挺身而出。为抗日救国，他毅然放下手头工作，返回朔县开展抗日活动。随着日军对北方地区的不断入侵，北方的抗日形势愈发严峻，朔县百姓的生活被打乱，人心惶惶，处于恐怖阴霾之下。高程云听到自己被通缉，忍痛向亲人辞行，并带表弟一起去参加革命。表弟害怕，临阵放弃，高程云却意志十分坚定，独自前往抗日前线，寻找革命队伍。

1937 年 7 月 7 日，抗日战争全面爆发。高程云加入共产党领导下的八路军，积极献身革命事业。他随军转战多地，英勇抗战，毫不退缩。1940 年秋至 1941 年春，为反击日军的"囚笼政策"，八路军总部决定在华北地区秘密调集军队，组织、动员群众积极参与百团大战，给华北地区的日军以沉重打击，鼓舞中国军民的抗战斗志。高程云积极参加了这场重大战役，不幸的是，高程云因患重病，被战友抬着强渡滹沱河时，遇河水暴涨，不幸遇难，时年35 岁。

"1990 年 11 月 1 日，山西省人民政府正式批准，追认高程云同志为革命烈士。1991 年 1 月 29 日，中共朔州市朔城区委、区人民政府在烈士的故乡召开了追悼会。"①后来，塞北革命烈士陵园为高程云立碑，在展馆内陈列了他的生平事迹及照片，供后人缅怀和瞻仰。

---

① 李尧主编.朔州历史文化研究文集[M].太原：三晋出版社，2017:599.

五 赤诚为党 开国少将：高德西

高德西

　　高德西（1915—2005），出生于太原市，1935 年参加革命，1936 年上中学期间加入中共地下党。"七七"事变前，高德西任山西国民兵军官教导第八团党工委书记。全面抗战爆发后，他带领教八团和教九团的三百多名学员参加了山西抗敌决死队。1937 年，他先后被任命为山西青年抗敌决死队多个支队的教导员、政治部主任。"1941 年任第五十九团政治委员。1942 年起任八路军第一二九师三八六旅十七团政治委员。1944 年任晋豫联防区第三分区政治委员以及太岳军区政治部宣教部副部长。"①解放战争时期，历任太岳军区政治部组织部部长、政治部副主任、华北军区第十五纵队政治部副主任、第十八兵团六十二军政治部主任。中华人民共和国成立后，1961年被授予少将军衔。

投身革命　治军有方

在战火纷飞的革命年代，战士们时常处于极度危险之中，随时都有可能牺牲。在这种情况下，做好部队的思想政治工作，帮助战士们减轻思想压力，提高他们的政治觉悟，对部队战斗力的提高起着关键作用。高德西在部队中做了大量思想政治工作，取得显著成绩，曾在军直立功大会上被评为一等功臣。

在抗日战争时期，有一次攻打日军据点，日军武器精良，又有碉堡工事掩护。相反，八路军由于装备较差，作战经验不足，虽然把日军消灭了，但部队伤亡很大，士气低落。高德西就为牺牲的战士举行了隆重的葬礼，大力宣传他们为抗日做出的牺牲与贡献。战士们看到此情此景，深受鼓舞，认为为民族前途命运，即使战死沙场也在所不惜，十分光荣。

解放战争时期，高德西的政治贡献非常显著。在临汾战役中，国民党城防工事林立，守备很强。解放军第一次由游击战转为攻坚战，战士们信心不足。高德西创造出"战壕小型诉苦、强力动员"的方法，激发部队战斗力，为夺取胜利打下坚实的政治思想基础。晋中战役中，高德西率领部队迅速攻占张兰村、董村等地，成功阻截国民党军队溃败逃跑，为大部队围歼争取了时间。战后，他接收改造国民党军队俘虏，转而充实解放军部队，这是一项艰巨的任务。俘虏部队人员多，政治觉悟低，高德西做了大量细致的工作，在较短时间内圆满完成任务，受到兵团司令员徐向前的赞誉。在太原战役中，部队伤亡很大，高德西火线鼓舞部队士气，提高了部队战斗力。同时向阎军展开强大政治攻势，仅两天时间，我方部队就攻破城墙打进城里，阎军拼死抵抗，解放军一时受阻。高德西是太原人，上中学就在太原，并在太原做过三年地下工作，凭

① 姜廷玉主编.中国人民解放军荣获一级红星功勋荣誉章人物志[M].北京：中国经济出版社，1989:288.

着对太原街道的熟悉，他率领部队从胡同迂回穿插，先于其他部队抢先攻占绥靖公署，这是高德西后来很自豪的一件大事。

太原解放后，部队南下解放全中国。有些人不愿南下，甚至有人逃跑。高德西得了严重的肺炎，但他以身作则，坚持随军南下，并在途中组织部队开展深入细致的反逃跑思想政治工作。后来部队缴获了一批抗生素，高德西服用后才控制住了病情。

平易近人　乐善好施

中华人民共和国成立后，高德西历任西康军区副政委，国防工业政治部副主任和解放军军事科学院政治部主任等要职。随着解放战争全面胜利，六十二军撤编。1948年高德西任华北军区第十五纵队政治部副主任。1949年任第十八兵团六十二军政治部主任。三大改造完成后，1956年高德西调任四十六军政委，部队驻扎在吉林。三年困难时期，全国粮、油、蔬菜、副食等都极度匮乏，部队供应严重不足。高德西组织部队开荒种地，积极开展榨油、做豆腐等生产自救。从1961年到1962年，四十六军先后开荒十几万亩，收获粮食一千多万斤，实现了部队自力更生、自我补给的基本目标，改善了部队伙食，提高了部队的生活水平。为此，四十六军还受到所属军区的嘉奖。有人说高德西抓生产多了，抓训练少了。在当时缺衣少食、物资极度缺乏的情况下，部队不饿肚子已实属不易，哪能奢谈训练。

高德西平易近人，善于解决各种纠纷。在四十六军时，军属们都住在一起，左邻右舍家庭有了矛盾，都告到高德西这里。甚至吵架离婚，也都到他家来解决。有时甚至半夜打来电话，高德西就带上妻子过去做工作。高德西做男方工作，妻子做女方工作。高德西妻子是1937年参加决死队的老八路，当时任吉林市妇联主任，她大力配合丈夫，做了不少工作。遇到邻里纠纷，高德西循循善诱，矛盾往往都能妥善解决。高德西从军事科学院离休后，干休所的一位干部病危，写了一份遗嘱交给高德西，并请高德西帮助解决身后事。

高德西乐于助人，家里经常高朋满座。由于身体不好，他学习了太极拳、太极剑和气功，交了很多朋友，家里来的客人多是这些普通群众。数年后，很多人还常常从城里跑来串门，看望高德西。别人有了困难，高德西都尽力帮助解决。他家里雇过一个小保姆，保姆离开他家几年后，有一天突然来找高德西，说是做生意欠了债，向高德西借钱，高德西毫不犹豫就把钱借给她。家人都担心钱借给小保姆可能还不上，但高德西却不以为意，说她有困难才来借钱，能帮就帮助一下。这种乐于助人的高尚品德，赢得人们一致赞扬与肯定。

艰苦朴素　清正廉洁

　　高德西经常帮助别人，但对家里人却要求甚严。解放初部队驻扎在雅安时，实行供给制，定量供给。一个老炊事员很喜欢高德西的孩子们，一次私下用鸡蛋炒了米饭给在院子里玩耍的孩子吃。高德西知道后，严厉批评了这个炊事员。之后，高德西调往北京工作，单位给他配了车子，他严于律己，公私分明，严格规定妻子孩子不能私自调用公车。军事科学院距离城里较远，交通很不方便。但他妻子一直严格遵守这条规定，不论平常外出还是有急事，都坚持坐公共汽车或是院里的班车去城里。

　　高德西一家生活十分俭朴，家里五个孩子，衣服都是"新三年、旧三年，缝缝补补又三年"。而且他要求衣服换着穿，到了最小的孩子身上，衣服上就全是补丁了。有一次，高德西带着孩子们去照相，他穿着将军服，妻子穿着西服，但最小的孩子膝盖上却是两个大大的补丁，这已经是孩子最好的衣服了。

　　高德西一生清廉，严于律己，他的银行存款是从不要利息的。他说存款是为了支援国家建设，不能占国家的便宜。他妹妹去世时，妻子为表达关切之情多寄了些钱。谁知道过了几天，侄子寄信说后事办得很隆重，请了很多人吃饭。高德西知道后，就批评妻子不该寄去那么多钱，让他们大搞丧葬，铺张浪费。高德西自从参加革命，只回过一次老家，还是因为在太原蹲点开展"四清"运动，他顺便回老家看了看，而且只在妹妹家住了一个晚上。高德西说家乡出来的高级干部不多，回去了亲戚们会借此炫耀，所以只看看就走了。他每年有一次公费疗养，家属也可以跟着去一个人，可是他从来没有去过一次。高德西觉得去疗养会碰到老战友老同事，别人还得招待他，会给别人添麻烦，因此干脆不去疗养休息。他儿子结婚时，高德西对儿媳妇提了三个不准：第一条，不准以高德西的名义，打他的旗号在外面办事；第二条，不准和姐妹们吵架，有问题向父母反映，由父母出面解决；第三条，不准烫发穿高跟鞋，穿奇装异服。最后一条由于时代的变化，人们观念的改变而没有完全执行，但从中也能看出高德西清正廉明、家风良好的一面。

意志坚定 忠诚于党

在"文革"那段特殊的日子里，高德西受到迫害，被关押在秦城监狱八年。但是他始终坚信党，坚守初心，以赤诚之心耐心等待。当时有的干部不堪迫害和侮辱选择自杀，但高德西说自己是不会自杀的，他相信事情总会搞清楚，总有一天，党组织会还他清白自由之身。平反后，补发了工资，高德西做的第一件事就是补交了5000元的党费。很多人不理解，为什么高德西被迫害了那么多年，还要交那么多党费。这，也从一个侧面反映出高德西对党的赤胆忠心。

高德西一生忠诚于党，却从来不向党组织提任何个人要求，没有为任何一个子女安排过工作。后来他调到军事科学院，院里分配给他一套较大的房子，但他听说院里的一个顾问家里人多，房子不够住，就把分给自己的房子让给了那个顾问，自己搬到军职房住，一直到离休后搬去干休所。

高德西当了一辈子的兵，是个职业军人，同时也是一个忠诚的共产党员。"1955年，高德西被授予大校军衔，并荣获二级独立自由勋章、一级解放勋章，1961年晋升为少将军衔，1988年7月荣获一级红星功勋荣誉章。"[1]高德西的一生，是革命的一生，他不仅为抗日根据地的创建和发展做出了卓越贡献，而且为中国国防军事科研工作的发展立下了汗马功劳。从高德西身上，我们看到了他对党、对人民的一片赤诚，看到了他正直坦荡、严于律己、艰苦朴素的革命本色。

---

[1] 姜廷玉主编.中国人民解放军荣获一级红星功勋荣誉章人物志[M].北京：中国经济出版社，1989:289.

六　声名远播　古槐英烈：高国杰

高国杰①

　　高国杰，1921年出生于晋中市榆次区乌金山镇鸣谦村一个普通农民家庭。1937年全面抗战爆发后，战火蔓延到高国杰的家乡，他亲历了日军的残忍暴行后愤慨不已，遂决定保家卫国。1938年秋加入共产党，最初是榆次路东抗日区政府的主要负责人。他爱憎分明，能文能武，工作能力出众，深受领导器重。1942年，他被调至路东四区任副区长，大力开展反"扫荡"工作。

---

① 高庆春，李昱贤，赵艺璇.古槐壮歌—记榆次路东抗日根据地第四区副区长高国杰烈士[EB/OL].榆次融媒体中心，2021-04-08.

1943 年，因工作需要被调任长凝镇任副区长，外出工作期间遭汉奸陷害，被日伪军抓捕，壮烈牺牲，年仅 23 岁。

目睹国难　投身报国

1937 年 7 月 7 日"卢沟桥事变"爆发，战火很快燃烧到榆次，当地民众在中国共产党领导下奋力抵抗。同年 10 月，中共中央北方局指示，将榆次东山海拔最高的八缚岭一带开辟为华北抗日战场的"井冈山"。10 月下旬，八路军驻榆次办事处、榆次牺盟会分会、中共榆次支部等共产党组织联合起来，带领晋华纱厂工人组成自卫队及其他抗日力量，向榆次东南部山区进发，途中广泛宣传党的抗日主张，动员群众积极参加抗日队伍，开展抗日斗争。

榆次地处三晋腹地，是通往山西各地的交通要道。榆次路东是太行抗日根据地的重要门户，地处八路军抗日斗争的最前沿，是对敌斗争的前哨阵地，该地的武装力量繁多且复杂，不仅有八路军驻扎，还有日军、伪军、阎锡山地方势力等。各方控制的地区呈犬牙交错之势，是各方实力争夺、较量的大舞台。

1937 年 11 月 4 日，日军第二十师团通过寿阳进入榆次，在鸣谦村及小南庄等地烧杀抢掠，无恶不作，制造了川军血染涧河滩惨案。高国杰作为鸣谦村人，年仅 16 岁的他目睹了这场恐怖浩劫，日军的暴行让他愤怒不已，更激发他立志投军，保家卫国。1938 年秋，17 岁的高国杰决定加入共产党领导的抗日队伍，被家人阻拦。协商无果后，高国杰毅然选择离家出走，化名康立斋，加入榆次路北抗日组织，成为抗日革命队伍的一员。

在血与火的淬炼中，高国杰迅速成长为一名有谋略、有胆识的铁血战士。时任榆次路东根据地四区区长的王鸿岗在回忆录中描述了这样一个动人的画面：1940 年，高国杰跟随抗日队伍转战前线时路过鸣谦村，在村口对着自己家所在的方向跪下。大战在即，他以这样隐忍的方式默默与亲人告别，彰显出一个抗日战士、共产党员的铁骨柔情。

拒绝威逼利诱　艰难抵抗日军

　　高国杰投身抗日队伍后，先被调到路东支队，从牺盟会普通员工做起。由于他工作一丝不苟、表现出色，很快被提拔，历任区助理员、一区区长、四区副区长。在战争非常严峻的情况下，他和群众一起并肩战斗、共克时艰，巧妙利用游击战的作战策略，带领民兵对日作战，袭击日伪，并冲破日军对根据地的封锁，为根据地的发展开辟了新通道；为了解决粮食供给问题，高国杰带领民兵，组织群众抢收抢种，贯彻落实减租减息政策，想方设法减轻人民负担；当情况危急时，他负责组织群众安全转移，将个人安危抛诸脑后。通过一次次的实战考验，他成长为名震四方的抗日英雄，深受百姓爱戴和组织信任，被群众称作"百姓的好区长"。

　　百团大战结束后，日伪军加紧侵略步伐，对各抗日根据地反复"扫荡"，在榆次占领区发动了冠冕堂皇的"治安强化运动"。此时，高国杰所在的路东抗日根据地成为日伪军"扫荡"进攻的重点对象。为了获悉高国杰的行踪，日伪军多次到他家中骚扰，对其家人搜查恐吓、威逼利诱，还妄想说服高国杰的父亲劝降儿子。遭到高国杰父亲断然拒绝后，他们把父亲当作人质抓走，企图引诱高国杰现身。最终在亲戚们的斡旋下，他父亲才被解救出来。

　　榆次路东抗日根据地地处同蒲铁路以东、正太铁路以南，是抗战的交通要道。1941年日军先后五次推行"治安强化"，分割包围路东革命根据地，根据地环境变得异常复杂恶劣。为了打破困局，组织决定选拔一支精锐队伍到此地开展工作，能力出众的高国杰自然被优先选中，从一区区长调任四区副区长。到达四区后，高国杰与四区区委书记杨通、区长王鸿岗默契配合，组织干部与民兵积极开展反"扫荡"，屡次取得胜利。

被捕入狱　壮烈牺牲

1943 年 7 月 13 日，高国杰到北赵村征收夏粮款，遭到已叛变投敌的村长李广峪和李明俭的暗算。他们一边假意招待高国杰，以夏粮款未收齐为由拖延时间，一面偷偷叫郑应元向驻扎在东长凝村的日军告密。当天晚上，驻扎在东长凝村的日伪军将村公所包围起来，高国杰意识到危险正在降临。他准备拔枪反击，危急时刻手枪却出了故障无法开枪。高国杰临危不惧，纵身扑向日军，赤手空拳与日军展开殊死拼搏，一时间竟令日伪军无法近身。不料汉奸李广峪从背后猛击了他一棍，落入敌手。

日伪军将高国杰抓到东长凝据点后，软硬兼施逼他说出路东抗日根据地的情况。但高国杰意志坚定、宁死不屈。不论日军队长怎么威逼利诱、软硬兼施，都无法从他嘴里获取任何有关组织与同志的信息。日伪军色诱他，换来的却是高国杰的嘲讽与辱骂。随后，日军抓了高国杰的一名亲戚来劝降。高国杰表示自己已经在报纸上登过声明，和家人断绝了关系，不再是亲戚了；伪军翻译官继续劝降，许诺只要他说出根据地的信息，就给他升官发财，只见高国杰一脚飞踹过来，翻译官当场倒地。恼羞成怒的日军见劝降的方式根本不管用，开始对高国杰使用酷刑逼供，给他灌辣椒水、肥皂水，用鞭刑拷打，用烧红的铁块烫他的身体，将他折磨得伤痕累累、鲜血直流。即使饱受折磨，高国杰依然宁死不屈，践行着"誓死不做亡国奴"的誓言。

1943 年 7 月 19 日，日伪军将满身伤痕的高国杰带到东长凝村。原东长凝村党支部书记目睹了高国杰壮烈牺牲的惨烈场景，他这样回忆道：当天的村庄一片死寂，四周房顶上都架上了机枪，村民们被驱赶到大槐树周围，被迫观看高国杰受害过程。只见日军将刀架在高国杰面前，表明只要他投降就可以饶他不死。但高国杰眼神坚毅、毫不畏惧，他大声告诉群众："抗日战争终究是会胜利的，且胜利的曙光已经就在眼前。"敌人最怕共产党慷慨激昂的演说，那小队长急得暴跳如雷，乱吼了几声，翻译也狗仗人势乱吼。不等他说完，高国杰就声色俱厉地说："狗汉奸，告诉你，要想从我嘴里得到党的机密，那是枉费心机！"[1]高国杰被日军紧紧绑在大槐树上，他不顾个人安危，高声警告战友：一定要提防北赵村的伪村长。为了阻断高国杰说话，日军当即用绳索将其脖颈紧紧勒住，又用铁钉把他的手钉在树上，日军小队长下达行刑命令。"几个日军疯狂地用刺刀捅向高国杰，一刀下去，壮士血流如注，他依然在大呼口号；再一刀捅来，壮士的肋骨被刺断，他仍在痛斥日寇；第三刀更加凶猛，直接刺穿了壮士的胸膛，但他依然视死如归、高昂头颅，疯狂的日寇只好用机枪扫射……"[2]就这样，23 岁的抗日英雄高国杰壮烈牺牲，以身殉国。

巍巍八缚岭山脉松涛怒吼，滔滔涂河水奔腾幽咽悲鸣。高国杰的英勇不屈令无数抗日儿女深感敬佩。

日军的暴行刺痛了每一个中国人的心，激发更多人走上抗日救亡的道路。高国杰牺牲几日后，四区民兵将其遗骸偷偷运走，安葬在北赵村。

中华人民共和国成立后，鸣谦村的群众将英雄的遗骸迎回故土，并立碑纪念，永远缅怀他的丰功伟绩。

---

[1] 高庆春，李昱贤，赵艺璇.古槐壮歌—记榆次路东抗日根据地第四区副区长高国杰烈士[EB/OL].榆次融媒体中心，2021-04-08.
[2] 高庆春，李昱贤，赵艺璇.古槐壮歌—记榆次路东抗日根据地第四区副区长高国杰烈士[EB/OL].榆次融媒体中心，2021-04-08.

七　生如闪电　逝如彗星：高君宇

高君宇①

　　高君宇，字锡三，1896 年出生于太原市娄烦县一个地主家庭。从小聪明好学，20 岁考入北京大学，在李大钊的影响下接受了马克思主义。1919 年，他作为北京大学学生会负责人率领数千名学生参加了声势浩大的五四运动。1920 年，高君宇正式成为北京早期党组织一员。1921 年，他参与组建了北京社会主义青年团，并被推选为该团第一任书记，当选中国共产党第二届、第三届中央委员，是中国共产党诞生初期的著名政治家、理论家，中共北方局党团

① 胡耀祖.高君宇[EB/OL].学习强国，2021-11-09.

组织的主要负责人，山西最初的党组织也是在他的领导下创办的。1922 年，高君宇赴莫斯科参加了远东各国共产党及民族革命团体第一次代表大会。7 月出席中国共产党第二次全国代表大会，当选为中央执行委员。1923 年参加领导二七大罢工。在中共"三大"上当选为中央委员。1924 年当选北京市党支部总务股主任。1925 年 3 月 5 日，高君宇因长期忙碌积劳成疾，猝发急性阑尾炎救治无效病逝，年仅 29 岁。

求学报国　志向坚定

高君宇的父亲高配天因德行高尚闻名远近，他早年间参加过义和团运动，还在高君宇幼年时期，就经常给他讲义和团运动的悲壮故事。1906 年，在静乐县绅士谷思慎、南桂馨介绍下，高配天加入同盟会。同盟会的同事经常在一起议论国事，并积极参加各类革命活动，十岁的高君宇在一旁听着，长期耳濡目染，逐渐不满于清朝的腐败统治。武昌起义爆发后，高君宇和父亲一起剪掉了带有封建主义色彩的长辫子。

1909 年，高君宇如愿考进梦寐以求的静乐县高等小学堂。初中三年毕业后，高君宇"立意深造"，来到太原，顺利进入山西省立第一中学。他虽然在同级学生里年龄最小，但勤学好问，各门功课均成绩优异，尤其在国文方面，"所作诗文，多有奇气"，经常被老师推为范文，同学们争相传阅、誉抄。当时省立一中是山西省新思潮传播的中心，高君宇在这里接受了大量新思想，阅读了孙中山、康有为、梁启超等先进知识分子的著作及进步刊物。高君宇经常和思想进步的同学一起谈论时事，他的远见卓识深得师友赞赏。1915 年，袁世凯为了称帝，秘密和日本签订了丧权辱国的《二十一条》协定，遭到全国人民的强烈反对。高君宇听说后义愤填膺，参加了反对袁世凯的游行示威活动。他和同学们一起上街宣传、演说，号召群众一起团结起来反对袁世凯当局。与此同时，他还将李大钊代表留日学生总会起草的《警告全国父老书》全文寄给家中的父母兄弟，并劝说他们要了解国事，关心时事，自觉抵抗日军侵略。1916 年夏天，风华正茂的高君宇立志投身革命，做进步时代的弄潮儿。

七　生如闪电　逝如彗星：高君宇

　　五四运动时期，作为北大学子的高君宇，高度赞同《新青年》杂志提出的"民主"与"科学"口号，与大多数五四青年一样，坚决反对封建迷信。他坚定拥护蔡元培校长在北大推行的改革，积极参与蔡元培组建的进德会、新闻学研究会等进步组织。由于工作能力突出，高君宇被大家公认是"出类拔萃的会员"。在新闻研究会里，他认真聆听蔡元培、李大钊等人的演讲，学习邵飘萍关于办报经验的报告，这为他后来编辑《向导》刊物指明了方向。

　　1917年俄国革命胜利的消息传回国内，高君宇深受鼓舞。第二年，高君宇从李大钊的著作中看到了关于十月革命的详细报道，对马列主义产生了浓厚的兴趣，也常常与邓中夏等人到李大钊寓所一起研究马列主义，总结十月革命的经验，共同探寻改造旧中国、建设新中国的出路与策略。

　　1918年5月，中国留日学生为反对段祺瑞政府签订《中日共同防敌军事协定》，开展了大规模的示威活动，多名学生被军警痛打并逮捕。但他们不畏强权，随即成立了国民社，并推荐李达等人作为代表，返回中国开展活动。他们的爱国行动得到北京各高校进步师生的支持和拥护。5月20日，北京大学的高君宇、邓中夏、许德珩及其他一些高校学生在火车站迎接回国的代表。第二天，来自北京大学和其他高校的2000多名学生浩浩荡荡来到新华门，将总统府团团围住，摇旗呐喊，痛斥反动政府的卖国行为，要求北洋政府立即废除不平等条约。虽然这次请愿活动以失败告终，但经此活动，学生们深刻地明白了团结一致、共同抗日的重要性。

组织游行　传播星火

　　1919年4月30日，以美法为首的帝国主义列强在巴黎和会上拒绝中国代表的正义要求，强行将德国在中国山东攫取的特权未经中国同意直接转让给日本。依靠帝国主义的北洋政府，居然准备在不平等条约上签字。当巴黎和谈失败的消息传到北大校园，立刻激起了进步学生的愤怒。高君宇等爱国青年决定以游行示威的方式，抗议西方列强肆意破坏中国主权的强盗行径。5月1日，他和《国民》杂志社的成员在北大西斋召开紧急会议，共同商讨挽救措施。随后，他们在北京各大高校中广泛宣传李大钊倡导的"直接行动"方案，号召大家奋起救国。5月3日晚，北大学生和北京其他院校的学生代表聚集在礼堂内酝酿"五四运动"革命风暴。高君宇站在讲台上慷慨陈词，声泪俱下，台下的同学们纷纷表示要参加游行抗议当局。大会决定，第二天北京十三所中等以上学校学生联合起来举行游行示威，逼迫北洋政府致电参加巴黎和会的中国代表，拒绝在《巴黎和约》上签字。动员大会结束时，已是深夜11点，高君宇等主要负责人一夜未眠，筹备第二天的示威游行活动。

5月4日，高君宇和众多北大爱国学生一起冲破反动军警的阻拦，斗志昂扬地奔赴天安门广场，高君宇始终走在游行队伍的最前列。学生们打出"誓死力争，还我青岛""收回山东权利""拒绝在巴黎和会上签字""废除二十一条""抵制日货""外争国权、内惩国贼"等口号。当游行队伍走到时任交通总长曹汝霖家门前时，高君宇和其他爱国学生难掩心中的愤懑之情，一起冲进曹宅，痛打了正躲在曹宅里的驻日公使章宗祥，并放火烧毁曹宅，引发"火烧赵家楼"事件。军警闻讯赶来，逮捕了32名参与游行的学生代表。此后几天，为营救被捕同学，李大钊、高君宇等组织者竭尽全力、不分昼夜忙碌奔波。终于在5月7日，北大被捕的同学被成功解救。5月9日，国民政府不顾全国人民的反对，宣布承认令国人耻辱的"二十一条"，传令要嘉奖卖国贼曹汝霖、章宗祥、陆宗舆。并下令追究五四运动的幕后"主使人"，同时传讯刚被释放的学生。这一倒行逆施，激起北京各高校爱国学生的更大愤怒，他们随即准备成立北京学生联合会，以对抗北洋军阀的反动统治。高君宇毫不犹豫地担任了北大学生代表，在同学中间大力宣传新民主主义思潮。5月18日，北京学联召开紧急会议，准备开展新的更大规模的斗争，他们发表罢课宣言，搞总罢课，并在街头开展宣传活动以示抗议。除此之外，还决定派黄日葵、许德珩等人到天津、上海、南京等地，发动更大规模的全国性斗争。

五四运动前夕，高君宇在王振翼的介绍下与山西的贺昌、武灵初、李毓棠等爱国进步青年熟悉起来。他经常与这些进步青年促膝长谈，讨论时事，并向他们传播马克思主义，宣传爱国主义思想，批判、揭露北洋军阀的反动统治，以启示和鼓励他们组织起来反对帝国主义。在高君宇的引领下，五四运动在北京轰轰烈烈展开之后，山西的爱国学生立即成立了山西学生联合会，全力声援北京学生的爱国行动。为了动员更多山西学子参与到斗争中来，高君宇回到山西精心指导山西学生运动。在他的有力领导下，山西各种爱国组织次第成立，并开展了一系列轰轰烈烈的运动进行斗争。

1919 年 4 月，高君宇加入邓中夏组织的平民教育讲演团，并成为讲演团的骨干成员。4 月 3 日至 8 日，讲演团成员利用春假时间来到丰台、长辛店等地的乡村、工厂，分组对农民、工友讲解时事。高君宇作为第一组成员来到丰台向群众讲演，这是他第一次尝试从事工会运动。此后每逢节假日，学生们都会敲着锣鼓、举着旗帜，走进大街小巷宣传五四运动。高君宇先后作《人的生活》《什么叫"自治"——它的意义、形式和功能》《私产制度与婚姻》等主题演讲，他的演讲慷慨激昂，振奋人心，深受进步青年喜爱。在演讲过程中，学生经常受到军警阻拦围追，但高君宇等人从不畏惧强暴，他们据理力争，赢得了老百姓的支持和拥护。5 月 30 日，高君宇等人在南城模范宣讲所演讲时，再次遭到军警的无理阻挠，高君宇见状大声对台下群众呼喊："列位呀，我们平民教育讲演团，无非是要平民受同等的教育。现在他们连教育都不准你们享受了！"[①]这番话，激发了听众的同感，台下报以雷鸣般的掌声。

1920 年 10 月，李大钊等人于北京成立北京共产党早期组织，11 月定名为"共产党北京支部"，李大钊任书记，高君宇为创始成员之一。11 月还创办了进步刊物，以此为阵地向工人传播马克思主义思想，并大力号召革命队伍中的知识分子要将理论与实践相结合，积极参与实际革命斗争。与此同时，高君宇及邓中夏等人深入工人群体中，组织工人学习革命理论、秘密开展革命活动。同年冬天，北京的共产主义小组又创办了长辛店劳动补习学校，工人子弟们白天上课，晚上接受革命思想熏陶，渐渐成长为北方铁路工人运动中的骨干成员，为工人运动的发展奠定了坚实的思想基础和群众基础。北京大学平民教育讲演团随后发展成为共产主义小组的一个外围组织，每到周末和节假日，讲演团的成员就会到工人中去宣传马克思主义，启发他们加入挽救民族危亡的行列。11 月，在李大钊的领导下，高君宇等人还在北大成立了北京社会主义青年团，高君宇被推选为书记。

1921 年 7 月，中共一大宣布中国共产党正式成立，把《新青年》作为宣

---

① 史兵主编.中国工人运动的先驱（第 2 集）[M].北京：工人出版社，1983：9.

传马克思主义的主阵地，以北京大学的青年学生为主，更广泛地吸引和培养进步青年参加革命活动。经研究商讨，最终确定由高君宇、邓中夏、何孟雄等人负责在《北京大学日刊》上刊登招收会员启事。他们将筹集到的资金全部用在研究会的建设上，而且建立了一个小型图书馆，大量购买宣传马克思主义的书籍。除此之外，他们还定期举办马克思主义讲演会、讨论会，这些活动非会员亦可以参加。渐渐地，研究会由秘密走向公开，会员数量与日俱增，不久就由最初的四五十人发展到三百人左右。

播撒火种　壮大组织

1919 年 8 月，山西省立一中王振翼等人在高君宇的帮助下创办了《平民》周刊，这是山西省第一份传播马克思主义的进步刊物，许多人在这里受到了马克思列宁主义思想启蒙，走上了革命道路。1921 年 3 月 16 日，高君宇等北京青年团的负责人与来华的少共国际执行委员会东方书记格林召开了特别会议，会上选举何孟雄作为代表出席少共国际大会，并通过了《北京社会主义青年团致国际少年共产党大会书》。3 月 30 日，在青年团第四次大会上，高君宇当选为执行委员，负责组织工作。同年 4 月 24 日，又举行了第五次青年团大会，会议决定由高君宇负责筹建山西社会主义青年团。

5 月 21 日，高君宇受命回到母校山西省立一中，与正在求学的贺昌、王振翼等进步青年组建了太原最早的社会主义青年团。高君宇主持了该团第一次会议，并推举王振翼任组长，成员有王振翼、贺昌、李毓棠、武灵初等。高君宇多次邀请贺昌等进步青年召开座谈会，讨论人生价值观问题，高君宇慷慨激昂地说：“一个有为的青年必须有正确的人生观，只有这样，他才能实现报效国家、造福人民的宏愿。”[①]通过一系列座谈会，高君宇了解到无政府主义已在太原广泛流传且危害较大，他决定对其进行揭露和批斗。“针对无政府主义不要无产阶级专政的国家”这一核心观点，高君宇强调：“我们革命的最终目的，是要消灭国家的。不过我们在消灭阶级之前，还是要国家的。而且要有强

[①] 湖北省中共党史人物研究会.理想的召唤[M].武汉：武汉地质学院出版社，1986：37.

有力的无产阶级专政的国家。"[①]他的话击中了无政府主义的要害，与会青年听了他的演讲无不深受鼓舞。

太原社会主义青年团成立后，高君宇、王振翼等人改组了《平民》周刊，把这一刊物作为宣传革命思想的主阵地。该刊旗帜鲜明地揭露了阎锡山在山西巧取豪夺的恶行，反映了老百姓所承受的苦难，指出胡适等人散布的资产阶级改良主义思想的错误之处。因此，该刊一出版就引起了阎锡山等地方实力派的极大不满。1922 年 5 月《平民》周刊创办不到一年，迫于当局施压，该刊停办。得知消息，高君宇立即把编辑部迁到北京，亲自负责日常刊印，再由铁路工人秘密运回太原。

1921 年夏，高君宇委托去山西的革命党人协助太原青年团成员发动更多人，以入股方式集资创办晋华书社，经销《共产党宣言》等革命书刊，这是山西第一个传播马克思主义的书店。后来晋华书社因经费紧张难以持续经营，高君宇奔走北京、天津等地筹措扶持资金。最终仍因书社的影响力触怒当局，被阎锡山查封。

1922 年冬天，在高君宇等人努力下，太原青年学会在太原第一中学成立，并出版了以《青年》为名的刊物，以教育团结更多的进步青年一起从事革命活动。随着青年学会影响力不断扩大，其会员范围由校内扩大至校外，规模不断扩大。阎锡山派武植林利用同学、同乡关系拉拢高君宇，被高君宇严词拒绝。这下彻底激怒了阎锡山，他下令逮捕高君宇，高君宇在学生们掩护下才得以脱身。

重任在肩　辗转斗争

1923 年 6 月，高君宇参加了党的"三大"，大会的中心议题是讨论与国民党合作、建立革命统一战线。在激烈的争论中，高君宇坚决支持马林、陈独秀的意见，赞成共产党员以个人身份加入国民党。大会最终确定了与国民党合

[①] 山西社会科学院历史研究所编.山西革命回忆录（第 2 辑）[M].太原：山西人民出版社，1983：69-70.

作建立统一战线的策略。会后，高君宇担任了中共中央教育宣传委员会委员。

1924年1月，孙中山改组了国民党，宣告革命统一战线正式建立，高君宇当选为北京市党支部总务股主任。不久，高君宇受李大钊及北京党组织的委派，到太原筹建山西党组织，筹措国共合作相关事宜。就在高君宇准备动身出发的前一天，他们的秘密工作点被北洋政府军警包围，高君宇藏在门房与厨房之间一个隐蔽的破屋里，并将所有秘密文件全部烧毁后，他化装成厨师，提着菜篮子不慌不忙从大门走出，躲过一劫。

高君宇返回太原后，为了躲避追捕，行踪仍然非常隐秘。他尽量减少外出活动，多数时间都在省立一中，但他日夜不辍、尽心尽力地筹备建党工作。这时王振翼、贺昌已被调去外地工作，高君宇便将山西社会主义青年团骨干成员李毓棠、潘恩溥、张叔平、郭爱民、纪廷梓等人介绍入党，并在山西省立一中建立了中共太原支部，这是山西建立的第一个党组织，省立一中成为山西革命的摇篮。在高君宇等革命同志的鼓励支持下，又有一批团员转为党员，党员人数逐渐增多，支部由张叔平、纪廷梓和彭真等人负责，李毓棠同志负责具体党务工作，张叔平担任第一任党支部书记。此前，国民党党员苗培成、韩克温等人创办了《晓报》。高君宇回到太原后，利用和苗培成的校友关系，向其提出实行国共合作，但被苗培成拒绝。为此，高君宇想尽一切办法，才促使双方达成合作意向，共同组建了国民党山西省党部筹备委员会。

不久，阎锡山的密探发现了高君宇的行踪，阎锡山下令将高君宇等共产党人缉拿归案。在热心群众掩护下，高君宇得以逃脱。此后，高君宇还参与了沙面工人大罢工，迫使英法殖民当局取消了歧视中国人的"新警律"。

积劳成疾　英年早逝

在领导工人运动的同时，高君宇受党组织委托担任孙中山的秘书，协助孙中山工作。苏联朋友几次会见孙中山，都是由高君宇引见的。同年10月，"双十惨案"爆发，反动分子企图推翻孙中山在广东所领导的革命政权。孙中山在中国共产党和工农群众的支持下，举兵讨伐。高君宇在枪林弹雨的前沿阵地指挥作战，裹伤坚持战斗到胜利。

此次叛乱平定后不久，冯玉祥发动"北京政变"，并邀请孙中山到北京共商国是。高君宇等人陪同孙中山北上，10月底到达北京。此时高君宇已身染重病，不得已住进医院接受治疗。住院期间，他仍一心想着工作，病情稍有好转，他立马要求出院。大夫拗不过，只能嘱咐他说："出院后一定要静养六个月，不然是很危险的。"[①]党组织安排高君宇在苏联大使馆安心休养，并请了专业护理人员陪护。

赵世炎、范鸿劫等人多次探望高君宇，并与他一起筹划召开国民会议事宜。高君宇清楚自己的身体已经不堪重负，但仍旧不顾一切地忘我工作。3月，国民会议在北京召开，高君宇带病参会。3月2日，他突感腹痛难忍，也没有时间休息。4日，紧急送协和医院求治，诊断为急性阑尾炎，终因误了最佳治疗期宣告不治。5日清晨，高君宇在医院与世长辞。

高君宇逝世后，《向导》《中国青年》和《北京大学日刊》等刊物发表悼文，高度评价他"不仅是一个革命的实行家，也是一个革命的议论家"[②]。3月29日上午，北京党组织以北大学生会名义举行追悼大会，沉痛悼念这位"中国青年革命之健将"。高君宇生前写过"我是宝剑，我是火花，我愿生如闪电之耀亮，我愿死如彗星之迅忽"[③]之警语，这句话也成为他践行信仰的坚定誓言，更是这位最早举起民族觉醒大旗的拓荒者光辉一生的真实写照。

---

① 李艳主编，共青团中央青运史档案馆编.共青团史人物传（第 1 辑）[M].北京：中国青年出版社，2015:17.

② 王继祖，袁实，张政主编.太原历史名人传略[M].太原：山西古籍出版社，2003:304.

③ 中共中央党史研究室编.中共党史资料（第 59 辑）[M].北京：中共党史出版社，1996:188.

八 智勇双全 抗日老兵：郭万顺

郭万顺[1]（图为记者采访郭万顺）

郭万顺，1926年出生于上党荫城镇唐王岭一个普通农民家庭。幼年受早已参军的大哥二哥的影响，郭万顺对日军恨之入骨。1941年夏，三兄弟被日军同时逮捕，获救后他在大哥介绍下加入区干队。后因观察能力突出成为太行军区辛俊杰营长身边的侦察兵。半年后，二哥不幸牺牲，郭万顺得知消息后更加痛恨日军，发誓报仇雪恨。由于他身手敏捷、骁勇善战，受到上级重用，

---

① 靳波，向峥.走近上党区抗日老兵—郭万顺[EB/OL].上党新闻网，2019-05-06.

1942 年到 1949 年，7 年间从侦察兵一路被提拔为侦察排长。1949 年部队南下，郭万顺因病在身无法随军南下，决定回家疗伤，后在老家过着普通农民的生活。

日军绑架　激起抗日心

郭万顺年幼懵懂时，他的大哥郭万胜、二哥郭万德就先后加入了抗日组织，走上了抗战道路。在哥哥们抗日活动的熏陶下，郭万顺从小对日军充满仇恨。但由于家里人阻止他加入抗日组织，最初他并没有走上和哥哥们一样的道路。1941 年他们兄弟三人被日军同时抓捕，促使他彻底走上了抗日道路。

1941 年夏天的一个午后，一群日军和保安队的人突然闯进唐王岭村，向正在田里干活的郭万胜、郭万顺、郭秋万三兄弟打听二哥郭万德的消息。其时郭万德已经加入八路军队伍。当日伪军问他们郭万德是不是八路军时，大哥郭万胜果断否认。恼羞成怒的保安队把兄弟三人捆起来严刑逼供，日军还用军刀残忍地捅刺郭万胜的大腿，鲜血浸透了整条裤子。弟弟郭秋万吓得哇哇大哭，郭万胜忍痛安慰弟弟。

严酷的审讯持续了很久。眼见熬不过，郭万顺灵光一闪，赶紧回复保安队："你们说我二哥是八路，这也不是不可能，不过二哥早就出去了，别说我们兄弟，父母怕也不知道他在外面干什么吧。"[①]保安队觉得他的话有道理，就把他们带到保安大队关押起来。当时，琚寨村有个老八路军和他们兄弟关在一起，得知他们三兄弟被抓进来的原因，老八路颇有远见地安慰他们说："别怕，小鬼子只是一时逞能，迟早会被我们赶走的，到时候他们欠我们的血债让他们一笔笔偿还。"[②]

郭家二哥郭万德听说自己的兄弟们被日军刺伤并关押，就带了几个人教训了维持会的人。维持会被打的人并不知道是郭万德带人打了他们，乡里乡亲，他们更不敢明目张胆得罪人。最后还是村里找了一个在维持会的人前去说

[①] 靳波，向峥.走近上党区抗日老兵—郭万顺[EB/OL].上党新闻网，2019-05-06.
[②] 靳波，向峥.长治抗日老兵郭万顺[EB/OL].长治新闻网，2019-08-24.

情，保安队顺水推舟，罚了兄弟三人三担米，放人。

受此折磨，三兄弟再也不想整天活在担惊受怕中，他们决定离开家乡参加革命。大哥参加了在壶关活动的抗日队伍，郭万顺年龄太小，大哥没有带他一起走。但抗日的种子早在郭万顺心里生根发芽，在平顺找到二哥郭万德后，二哥派他去区干队工作。

二哥牺牲 激起抗日志

半年后，郭万德的一个战友回老家办婚礼，邀请了郭万德。郭万德觉得这是好事，就跟部队请了假回去给战友助兴。战友的老家是上党区下西沟村，与郭万德的老家唐王岭村相距不远。战友结婚的锣鼓喧天，引起了几个路过的伪军的注意，他们冲到结婚现场，开始搜查八路军。

郭万德察觉到情况不对，立马转身想悄悄走开。但眼尖的伪军已发现了他，堵住了他的去路。当时，郭万德腰里别了一颗手榴弹，但没有带枪。郭万德没有显露出慌乱，他想和日伪军斡旋一番再瞅准机会挣脱拉扯。几个人的拉扯，吸引来更多的客人围观，现场一片混乱。郭万德趁机摆脱伪军撒腿就跑。向身后扔出一颗手榴弹后，郭万德却没注意前面的大坑，整个人掉进了大土坑。郭万德努力爬出坑，面前却是日军黑洞洞的枪口。虽然扭转了日军的枪杆并放倒了日军，但混战中一颗子弹仍洞穿了郭万德的掌心。狂奔五六里路的郭万德甩开了追捕的日军，才顾上简单包扎被子弹打穿的手掌。由于伤口处理不当，失血过多，加之缺医少药，第二天郭万德便高烧昏迷，撒手人寰，年仅26岁。二哥遇难的消息让郭万顺悲愤不已，他更加痛恨日军，急切渴望与日军血战沙场，报仇雪恨，早日把日军赶出中国的大门。

偶遇日军　机智脱险

二哥牺牲时，郭万顺和游击队员们到达高平活动还没多久，就被国民党季振奎部发现。那时，郭万顺被日军刺伤的腿还没好，炎热的夏季且没有消炎药，伤口生了脓疮，只能采集烟叶消毒。当地有个非常机灵的小男孩，自告奋勇每天帮郭万顺采集烟叶，就是他在某天中午发现了季振奎他们的。看到面孔陌生的来人与村里的八路军穿着不一样，他飞快回村通风报信，郭万顺和游击队员们提早隐蔽脱身。

此后，郭万顺因为腿伤长久不愈，感觉拖累了大家，就向上级提出回家休养，领导考虑实情，同意了他的请求。就在回老家的路上，郭万顺遇到一队从荫城古镇赶往坡头村的日军，他马上转身从唐王岭往后山走去。天快亮时，郭万顺发现东岸上到处都是埋伏的日军，不远处有日军枪口指向自己，躲无可躲，他便假意举手投降。发现包围自己的只有两个日军，郭万顺一边慢慢挪步一边用余光观察周围地形，寻找逃生机会。经过一片绿油油的庄稼地时，他转身向庄稼地深处飞奔而去。一个日军朝他开了一枪，但没有射中。追了四五里路仍没有追上时，日军又朝郭万顺开了一枪，子弹从他的胯骨进入，从腰部穿透而出，但为了活命，他根本顾不上腰伤，忍着剧痛向前狂奔。身后的日军穷追不舍，郭万顺掏出一颗手榴弹，用尽全力向日军扔去。日军怕他继续扔手榴弹，再也不敢追击。郭万顺一口气跑了十多里路，请村民把自己送到壶关卫生所。无药可用，医生便用小刀把他旧伤口上的腐肉割下，用酒精给伤口全面消毒。仗着年轻，郭万顺的伤口半个月之后有了愈合之势。

郭万顺从日军眼皮下脱险的故事流传开来，其胆识计谋令人感慨。辛俊杰营长专程看望了他，并让他留下来正式成为八路军的一名侦察员。

明察暗访 屡立战功

作为侦察兵，郭万顺最初的任务是侦察荫城古镇、韩川等地的日军动向。为了准确掌握敌情，有效开展对敌斗争，侦察员必须把日军的调度情况访察得清楚明白。从 1942 年起，郭万顺多次参战、屡建奇功，从一名普通的侦察兵很快被提拔为侦察排长。

1943 年，严重的灾荒加上日军多次"扫荡"，太行根据地雪上加霜、物资极度匮乏。郭万顺他们响应党中央号召自力更生，在城区柏后村种地，生产自救。在此过程中，郭万顺与日军宪兵队的两个伪军"不打不成交"，统战出成果，郭万顺让他们利用身份之便，给八路军提供了不少日军情报。从他们手中缴获的两头骡子也转送部队，成了重要的战略物资。在郭万顺的抵近侦察下，长治抗日政府多次取得斗争胜利，日军不得不转而攻打陵川。

抗战胜利后，屡建奇功的郭万顺参加了解放战争。他所在的部队负责攻打城南琉璃阁，迫使国民党军阎锡山部史泽波军队退至老爷山上，大部分士兵溃逃途中被解放军俘虏。

1948 年 3 月起，解放军将国民党军围困在临汾城两三个月，国民党军只能依靠空投解决粮食、生活用品等物资。一天夜里，一部分物资投在了临汾城外。侦察排长郭万顺得知消息后，马上派两个侦察员守在降落伞旁，再找来一个连的人搬运物资。几个国民党士兵偷偷出城找空投的物资，郭万顺俘虏了其中一人，获得口供。郭万顺向上级汇报了这些城防详情后，又领命摸黑带七班、八班两个班长实地查看城防壕沟与工事布置情况。三个人头戴钢盔、手拿铁锹、每人背着一支枪，在部队掩护下，匍匐向临汾城前进。

郭万顺手里握了两把土在中间爬，其余二人紧跟在郭万顺左右两侧。两个班长听从郭万顺的提议，当他右手扔土块时右边的人前进，左手扔土块时左边的人就往前爬。正准备剪断铁丝网时，守军发现了郭万顺他们，守军与掩护者两方交火，郭万顺三人则趁乱剪断铁丝网钻了进去。当他们历经艰险终于爬到城墙根时，却发现城墙下土堆高高堆起，若是硬闯，肯定会暴露。三个人交

八　智勇双全　抗日老兵：郭万顺

替保护战友往外撤，郭万顺则"在手榴弹上绑上线，再把手榴弹往城壕沟里扔去，以测量城壕的深度；又用步枪打，以测量城壕的宽度和深度"[①]，于极度不利状态下，出色完成了侦察任务。

　　解放太原时，郭万顺接上级命令带一个排士兵去收容俘虏。赴任途中，遭遇敌方十几发炮弹袭击，两三个战友牺牲在路上，包括一个班长和一个连指导员。郭万顺躲闪不及，尾椎骨也受了重伤，后来做了四次手术才痊愈。1949年大部队南下，上级想让郭万顺当连长带队南下，他终因伤病在身，只好回家养伤。2005年9月，郭万顺荣获"中国人民抗日战争胜利60周年纪念章"，这一至高无上的荣誉，是对他革命生涯的最高肯定。他的赤胆忠心、机智勇敢，值得每一个中国人铭记。

①靳波，向峥.走近上党区抗日老兵—郭万顺[EB/OL].上党新闻网，2019-05-06.

九　文韬武略　革命先驱：贺昌

贺　昌①

贺昌（1906—1935）原名贺颖，出生于柳林县一个士绅家庭。幼时受父母教海，种下了爱国的种子。1913年贺昌就读于柳林镇小学，在学校受恩师熏陶影响，阅读进步书刊。进入山西省立一中后，他以实际行动声援五四运动。后在高君宇指导下，成立了太原早期的党支部，后集资创办了晋华书社及进步刊物。

贺昌1927年参加革命，是中共早期著名高级党务工作者。红军主力部队

---

① 孟红.贺昌：寸心久欲报家邦[EB/OL].学习强国，2021-11-23.

长征后，贺昌带领部队在赣南一带开展游击战争，1935 年 3 月在向粤赣边突围时，遭遇国民党军伏击，不幸中弹，壮烈殉国，年仅 29 岁。

耳濡目染　自幼立志

贺昌的父亲贺雨亭饱读诗书，知识渊博。贺雨亭为清末拔贡，但思想开明，为人正直。辛亥革命爆发后，贺雨亭在他人异样的目光中率先剪掉了象征清朝统治的长辫子。贺昌母亲虽然学问不及丈夫渊博，但她非常重视对贺昌的爱国教育，时常会给贺昌讲述《三国演义》《水浒传》《精卫填海》等传统故事。在这种醇厚家风浸润下，贺昌自幼便对封建礼教产生了强烈的批判意识，种下了爱国报国的种子。1913 年，贺昌就读于柳林镇小学，那时他就立志成才，并给同学们留下豪言壮语："大丈夫不作岳飞死，也当作班超名震天下！"[1]这句誓言，成为贺昌短暂而又光荣一生的真实写照。

贺昌小学时，有一次随父亲贺雨亭与校长傅秉雄、老师刘菊初一起吃饭。长辈们在饭桌上痛斥清政府的腐败无能，交流俄国十月革命及马克思列宁主义相关信息，他们的言谈，潜移默化熏陶着年仅 12 岁的贺昌，使他强烈向往马克思列宁主义科学理论。随后，贺昌的老师刘菊初将《新青年》杂志推荐给他，在课堂中也大力宣传新思想。五四运动后，贺昌阅读了《列宁主义》，主动接受马克思主义思想。这些学习经历，为他的共产主义思想由萌芽到成熟奠定了坚实的基础。贺昌还与该校张叔平、田开疆等进步青年共商时局发展。1919 年五四运动浪潮席卷全国，贺昌立即参与了罢课，以实际行动声援北京青年的爱国运动。

1920 年，贺昌就读山西省立一中。该校以严格的校规制度及良好的教学秩序出名，被评为模范中学。五四运动爆发后，就读于北京大学的山西籍学生高君宇在李大钊委托下返回太原，为一中的进步青年和普通群众宣讲马克思主义。高君宇还与一中学生深入探讨了流行的无政府主义、民主主义等社会思

---

[1] 刘贯文，任茂棠，张海瀛主编.三晋历史人物（第四册）[M].北京：书目文献出版社，1994：315-316.

潮，分析它们对内忧外患环境下中国的利弊，高君宇以自己丰富的学识点评这些思潮，并将它们与马克思主义作对比，高君宇对马克思主义的见解，深深影响了贺昌，自此贺昌开始自觉信仰、宣传马克思主义。

贺昌和王振翼负责的"太原社会主义青年团"，其最重要的任务是深入研究并在省内广泛传播马克思列宁主义。《平民周刊》是青年团的机关刊物，也是山西省民主启蒙的先导，引导了更多心系民族危亡的进步青年信仰马克思列宁主义，为无产阶级革命砥砺奋斗。1921年9月，贺昌集资创办的晋华书社也是山西境内宣传马克思列宁主义的主要阵地。

1921年10月，贺昌与刘廷英发起成立了青年学会，除学会自身出版的《青年报》外，他们还给学生订购了许多进步刊物。受进步思想的洗礼，大批学生响应召唤，学习马克思列宁主义，走上了无产阶级革命的道路。青年学会还为贫苦人家的孩子办了小学，贺昌也在平民小学任教，在讲解文化知识的同时，将革命道理穿插其中，对这些贫民子弟进行革命思想启蒙。青年学会队伍逐渐扩大后，又增设了成人夜校，贺昌用通俗易懂的语言在工人中传播革命思想，鼓励广大工人为了自己的权益和解放而斗争。1921年底，王振翼调离，贺昌接手太原社会主义青年团。1922年5月1日，贺昌负责编辑的《五一特刊》出版，刊物围绕无产阶级革命的一系列问题进行了评论，揭露了资本主义及资本家剥削、压迫劳动人民的本质，这一特刊的出版，标志着贺昌对马克思列宁主义的理解水平进一步提高。贺昌被马克思主义理论的光芒所吸引，在深入学习中运用于实践，形成了独特的革命观。

年轻有为 领导学生运动

1922年6月，贺昌被推举为太原团地委书记，领导山西青年革命运动。同年秋季，贺昌加入中国共产党，不久被增补为团中央执行委员。11月，贺昌返回太原继续指导山西青年运动，当时年仅17岁的贺昌，是最年轻的团中央驻外委员和执行委员。

太原社会主义青年团的迅速壮大，引发阎锡山当局的不安与镇压：凡是团组织发出或接收的书信、报刊经常被扣押，直至禁止发行；凡是团组织发起的结社活动，都受到军警骚扰，学校也被当局控制。魏日靖就任省立一中校长后，出台了许多严厉制度，甚至故意出难题导致 200 多名青年学生无法升级，十几名毕业生无法毕业。这些学生大多是当时的进步青年，由此可见阎锡山当局对学生运动及团组织发展的打压。贺昌得知消息后，当即决定召集省立一中进步学生，向校长与反动当局抗争。

1922 年 9 月，为反抗校长魏日靖对学生运动的打击，贺昌、刘廷英号召学生罢课去省教育厅请愿。不料省教育厅不但驳回了学生的请求，还将请愿学生扣押起来。刘廷英等人将魏日靖赶出学校，引发阎锡山当局更强烈的镇压，警察逮捕了 19 名学生。随后，学生们将政务、警务和教育厅长三人扣住，作为和阎锡山当局谈判的条件，要求释放被捕学生。双方僵持不下，对峙了三天三夜后，阎锡山被迫妥协，释放了被关押的学生。学生并未满足于暂时胜利，仍继续开展斗争，反校长斗争长达半年之久，以免校长职务宣告结束。

贺昌在领导学生运动的同时，也在积极谋划、筹备工人运动。1922 年 5 月，王振翼参加了中国共产主义青年团第一次全国代表大会和第一次全国劳动大会。会后大家积极响应会议精神，成立赤色工会，贺昌领导太原的工人先后举行了两次罢工斗争，揭开了山西工人运动的序幕。

1922 年底至 1923 年初，在全国第一次工人运动的影响下，山西铁路工人运动也随即开展起来。1922 年 10 月，太原的铁路工人在刘明俨指导下成立了正太铁路工业研究会传习所，贺昌领导的分会积极配合全线总罢工，罢工取得胜利，工人得以增加工资、改善生活条件，减少了工作时长。在领导铁路工人罢工运动中，贺昌深入工人之中，了解他们的实际生活，向工人宣讲无产阶级革命理论。在此期间，贺昌与工人们建立起深厚的情谊，实践经验也更加充盈。

贺昌在青年运动和工人运动中的突出表现，使他成了阎锡山当局严密监视跟踪的对象。为保护贺昌的安全，1923 年 1 月，团中央将贺昌同志调到北京，先后任《先驱》发行主任、团中央经济主任等职，正式开启了他的革命家生涯。之后，贺昌不论身处何方，都积极向工人和青年学生宣传马克思列宁主义，活跃于学生运动和工人运动之中。同年，贺昌去上海大学深造，其间被派往湖南和江西领导工人运动。1924 年 5 月 28 日，安源团地委召开大会，贺昌被推选为第四届执委会秘书。他超凡的组织动员能力在这里得到充分发挥，在他的领导下，团员发展到 433 名，大批优秀工人走上革命道路。

屡任要职 职业革命人

1925 年 6 月，贺昌代表共青团中央在中华全国学生联合会第七次代表大会上发表重要演讲，指出学生运动应和工人运动结合起来，主张青年学生应该到工人中去生活，组织动员工人参加革命。1926 年，贺昌在莫斯科参加了国际共产主义青年团代表大会。第二年 4 月至 5 月间，贺昌筹备并出席了早期共青团的部分重要会议，并担任要职。

1927 年，以蒋介石为首的国民党开始肆意屠杀共产党人，贺昌迅速将精力转移到与国民党的武装斗争中。"四一二""七一五"反革命政变后，南昌起义前敌委员会迅速成立，周恩来、贺昌、聂荣臻等秘密赶往九江，为起义做准备。此时张国焘以中央代表的身份阻挠施压。贺昌据理力争，冲破张国焘的干涉，部队于 8 月 1 日成功发动南昌起义。8 月 3 日，贺昌随部队南下广东，转战潮汕及海丰、陆丰地区。随后又抵达香港，联络革命受挫后流落到香港的同志。11 月 18 日，贺昌在香港还参与了广州起义的策划工作。1928 年 5 月，贺昌前往湖南省主持恢复党组织工作。

在随后的几年中，贺昌为突破国民党的白色恐怖统治、创建稳固的革命根据地而辗转各地。贺昌的工作也受到党内以李立三为首的"左"倾错误的影响，在实际工作中无视党的力量在当时仍然弱小的事实，一味采取较为激进的武装暴动，最终导致失败。为此，贺昌被撤销中央委员一职，但贺昌并没有因此不满，他认真学习批评纠正"左"倾错误的各种文件，研读马克思列宁主义原著，总结经验，振作精神，从头开始，积极争取将功补过。

1931 年 9 月，贺昌与陈毅在兴县相识。1932 年 3 月，贺昌开始专职从事军队政治工作，任红三军团第五军政委。1934 年 10 月，中央红军长征后，贺昌奉命留在赣南坚持游击战争，与项英、陈毅、邓子恢、张鼎丞、谭震林等人组成中央分局和苏维埃政府中央办事处，任中共中央苏区分局委员，中央苏区政治部主任。以瑞金、会昌、于都、宁都四县之间的三角地带为基本游击区和最后的坚守阵地，掩护红军主力转移，保卫土地革命的胜利果实。

1935年3月，贺昌率领部队突围时在会昌河畔遭国民党军队伏击，与时任赣南省委书记的阮啸仙等人一起壮烈牺牲，年仅29岁。贺昌牺牲后，与贺昌一起坚持赣南游击战争的陈毅满怀悲痛写下了《哭阮啸仙、贺昌同志》："环顾同志中，阮贺足称贤。阮誉传岭表，贺名播幽燕，审计呕心血，主政见威严。"

贺昌以他短暂而光辉的一生，为中国共产党的发展立下不朽功勋，践行了他13岁时就立下的"经文纬武干一场，寸心久欲报家邦"誓言。

十 护国佑民 锄奸英雄：侯国英

侯国英[1]

　　侯国英（1911—1983）出生于长治市西火镇桥头村一个富裕家庭，自幼饱读诗书，思想积极上进。1937年2月加入"民兵干部训练团"，8月加入山西牺盟会长治分会，同月加入中国共产党，前往壶关、平顺等地工作。1937年到1945年，受党组织委派，先后出任山西省潞城县抗日游击队指导员、县牺盟会特派员、壶关县县长等职；1946年到1949年间，先后当选为太行第

三、第六专署副专员、专员。中华人民共和国成立前夕，他响应党的号召，南下领导福建省南平市的革命斗争。社会主义制度确立后，他先后在福建、辽宁朝阳区、辽宁鞍山等多地工作并担任要职。1983 年 1 月因心脏病突发辞世，享年 72 岁。

主动请缨 除掉"顺风耳"

　　1940 年，日军在西火镇附近修筑重要军事据点。军事据点修好的第二年，为推进"铁壁合围"政策，加强对西火镇这一军事要地的控制，日军派驻扎在荫城镇的"保安队"管理西火镇。"保安队"到西火镇后，胡作非为，烧杀抢掠，30 多名伪军及翻译组成的便衣队成为八路军在关岭山要塞的心腹大患。侯国英主动请缨，要求到西火镇铲除这些卖国求荣的祸害。

　　侯国英率队到达西火镇后，立即与牺盟会民兵队负责人商讨铲除方案。为激励更多热血青年参与锄奸除恶，侯国英在西火镇民兵会议上，慷慨激昂地发表演讲，激发民兵的斗志。侯国英以自己的努力，改变了西火镇牺盟会民兵没有党组织领导导致的涣散状态，民兵们感觉侯国英就是他们的主心骨，决心听从共产党的领导与派遣。侯国英继续帮助群众认清形势："一开始，人家厉害，靠的是飞机大炮好武器和武士道精神，现在它已经被我们中国老百姓拖进泥潭出不来了。现在日军杀害我同胞，扫荡我根据地，靠的是两样东西，那就是'千里眼''顺风耳'。"[1]随后他明确指出，"千里眼"就是祸国殃民的汉奸走狗如日伪军的翻译官、便衣队、皇协军等，"顺风耳"就是电话机。会后，侯国英直接分配任务："我和我的武工队协同桥头牺盟会民兵把这些汉奸队尽快铲除，焦培灵和焦福水两人去除掉敌人的电话，并要保证不让他们再次恢复。"[2]接受战斗任务后，大家分头行动。经过两晚上连续行动，切断了日军重要军事据点间的通讯联络。"保安队"小队长心急如焚却无计可施，只能大骂便衣队无能。

① 申苗云.太行之子[M].太原：山西人民出版社，2015：4.
② 红色上党人物系列—侯国英的故事[EB/OL].长治学院，2020-06-27.

便衣队把焦培灵抓到关岭山据点严刑拷打，逼迫他交代侯国英的行踪。焦培灵受尽折磨，遍体鳞伤，仍咬紧牙关，不吐露战友的任何消息。气急败坏的日军把焦培灵绑在柱子上，放纵狼狗撕咬，焦培灵就这样为革命事业献出了宝贵的生命。

明察暗访　智取大炮台

为了摸清驻扎关岭山日军的活动规律，侯国英三次派出锄奸队科长徐秋盛到桥头调查，并在周围村庄明察暗访。徐秋盛惊喜地发现，关岭山日军基本每天都会到附近村庄"扫荡"，得了战利品便在东关村论功行赏，还专门给伪军准备大烟泡子和料子面，让伪军误以为这是日军长官的赏赐，实际上大烟只是日军专门用来麻痹中国人的毒药。日军内部如果发现有抽大烟的，格杀勿论。

掌握日军行动轨迹后，侯国英等人作了精心部署。一天，趁日军外出"扫荡"，牺盟会民兵控制了东关村的维持会，日军劫掠后回到东关村开庆功宴，个个酩酊大醉，侯国英指挥20多个牺盟民兵和武工队小伙子，将这些伪军便衣队和翻译官捆绑结实装进麻袋，扔进了西村外四丈沟里的老窑井。

中共太行区要求尽快结束对关岭山战斗，建立西火镇抗日游击根据地。为此，八路军对关岭山日军实施不间断的围困战，日军寝食难安。熟知地形的武装民兵白天放冷枪，晚上爬到炮楼前向日军喊话，八路军和民兵以车轮战轮番上阵，日军军心涣散、意志消沉，八路军越战越勇、信心大增。"保安队"小队长剖腹自杀，日军窜逃，八路军队伍乘胜追击，除两个日军逃走外，其余都被歼灭在西掌山顶上。铲除了西火镇的心腹大患，老百姓奔走相告庆祝。

1943年初，侯国英组织召开西火镇军民联欢会。会上，他号召广大贫苦百姓积极参军参战，齐心协力将日军早早赶出中国。会后，30多名民兵和热血青年报名参军。

中华人民共和国成立后，侯国英历任辽宁省有色金属工业局局长、冶金局局长，朝阳市委、地委第一书记，鞍山市委第一书记等要职。任职期间，他

十　护国佑民　锄奸英雄：侯国英

兢兢业业、恪尽职守，为新中国的建设事业鞠躬尽瘁，1983 年因年龄较大而主动让贤退位。同年，侯国英因心脏病猝发逝世。家人将他的骨灰一部分安放在太行太岳烈士陵园内，一部分安放在他最后一次履职的鞍山市烈士陵园内，供后人瞻仰。

十一　斗智斗勇　群众领袖：嘉康杰

嘉康杰[1]

　　嘉康杰（1890—1939），字寄尘，出生于运城市夏县其毌村一个比较富裕的农民家庭。1911 年参加辛亥革命，1915 年加入反袁斗争，后进入北京大学政法系学习并参加五四运动。毕业后，赴日本明治大学留学。1921 年回国后，为传播新思想新文化，投身平民教育事业，创办多所中小学，为革命事业培

养了大批进步青年。嘉康杰的革命行为引起国民党政府不满，将他抓捕入狱。

1927 年，国民党白色恐怖笼罩全国，嘉康杰毅然加入中国共产党。大革命失败后，晋南党组织遭受严重破坏，嘉康杰在河东继续领导革命，积极宣传党的主张，发展壮大党组织。1936 年，嘉康杰为响应红军东征，组织成立"红军晋南游击队"，亲任总指挥。1938 年，嘉康杰赴延安抗日军政大学学习，后返回继续从事敌后游击战争，并先后担任中共晋豫特委委员、军事部长等职，率领游击队密切配合主力部队行动。1939 年 11 月，在返回驻地途中，惨遭国民党军统特务暗杀。

兴办学校　教育救国

1909 年，嘉康杰以优异成绩考入夏县高等小学。1911 年辛亥革命爆发，20 出头的嘉康杰满怀激情，毅然剪掉长发辫，投笔从戎。1912 年，清帝退位后，嘉康杰重回高小读书，并考入山西省立农业专科学校。1914 年，因领导学生驱逐学监解荣辂，嘉康杰被阎锡山当局通缉，被迫远走他乡，赴明治大学留学。1915 年，嘉康杰听闻袁世凯签订了丧权辱国的"二十一条"，义无反顾地回国参加反袁运动。斗争结束后，嘉康杰考入北京法政专门学校继续深造。1919 年 5 月 4 日，嘉康杰走在五四青年学生游行队伍前列，并撰写对联讽刺当权者：卖国求荣，早知曹瞒遗种碑无字；倾心媚外，不期章惇余孽死有头。[1]同年大学毕业后，嘉康杰为寻求救国救民之路，再次踏上赴日求学之路。1920 年，阎锡山与日本人再次签订出卖山西煤矿权益合同。嘉康杰被留日学生选为代表，返回北京组织学生运动反对阎锡山出卖主权。

1921 年，嘉康杰从日本留学归来，他拒绝了阎锡山的委任。他深刻认识到，"中国之落后，在于不兴教育，不懂科学"[2]，为此他决心投身教育事业，兴办学校，以教育救国，为革命培养人才。嘉康杰先在村里办了"以太小学"，向学生传播新思想，并带着学生走进田间地头从事农业耕作，以达到脑

---

[1] 贠纪.河东"群众领袖"嘉康杰[J].支部建设，2015（30）.
[2] 大鹏．"上天入地"的群众领袖嘉康杰[EB/OL].大众网，2012-01-11.

力劳动和体力劳动的有机结合。但以太小学受众范围十分有限，学生基本都是嘉姓本家的孩子，其余不多的学生大多是邻居家的子女。为扩大学生面，实现教育救国的理想，嘉康杰又兴办了平民中学、河东中学等6所中学，授课内容主要是日本侵略中国的历史、批判中国的封建剥削制度、传播抗日救国等进步思想等，引导学生强化家国意识，把国家的前途与自己的命运联系起来思考，自觉投身于中华民族伟大复兴的时代浪潮之中。

1925年春，阎锡山为应付军费开支横征暴敛，征收各种苛捐杂税，其至农民的房子每间还要征收20—30元的验契税。嘉康杰无情揭露阎锡山当局的无耻行径，组织学生、农民游行示威，反对征收房税、摊派公债，阎当局最终取消了十几种苛捐杂税并撤了张柳星的县长之职。

1926年，阎锡山借故查封了嘉康杰创办的平民中学和河东中学，并将嘉康杰逮捕下狱。在狱中，嘉康杰接触到中共党员和社会底层群众，在与他们的交流中，嘉康杰深刻认识到，要救中国出水火，必须依靠共产党发动广泛的社会革命力量，才可能成功。1927年，北伐军占领了武汉，经广大师生坚持不懈抗议，当局释放了嘉康杰。同年，蒋介石和汪精卫相继发动反革命政变，阎锡山在山西"清党"，大肆捕杀山西共产党人。嘉康杰正是在党最危急的时刻，毅然决然加入了中国共产党。

发展组织 开展武装斗争

1929年3月5日，嘉康杰指示两名工作人员扮成阎锡山部队军官，携带盖有河东卫成司令部公章的文件，到平陆县冯卓、枣园等村庄检查武器弹药与军事物资储备。检查过程中，趁机收缴了几家地主恶霸私藏的武器，击毙了恶霸任麟角，由此打响了汾东武装斗争的第一枪，在当地引起极大轰动。

1930年，嘉康杰担任新成立的河东中心县委书记。不久，中心县委改组为河东特委，嘉康杰出任特委组织部部长。他不辞辛劳、不畏险阻，日夜奔忙，长期深入群众之中，积极宣传党的主张，发展党的基层组织。在嘉康杰等人的不懈努力之下，河东"先后筹划建立了新绛、虞乡、永济、临晋县党支部，同时成立了虞临永中心支部，到 1933 年底，晋南 36 县就有 32 个建立了党组织，在农民中发展党员 400 多人"①。河东党组织工作迈上一个新台阶。

1936 年红军东征，嘉康杰为了配合此次行动，组织创建了"红军晋南游击队"，并于同年 4 月一天晚上亲率游击队员捣毁了五区区公所，将党旗插在了区公所所在村的玉帝庙里。四天后，嘉康杰又率领队伍进入王家河，摧毁了二区区公所，提出烧毁契约、分发粮食的行动口号。随后，他带领游击队员前往中条山，镇压当地的恶霸地主，为发展农民运动扫除障碍。

上天入地 染缸隐身

为打击日军，嘉康杰经常在泗交一带动员群众，也多次陷入日军包围。当地群众为保护嘉康杰，故意对外散布说嘉康杰懂法术，能上天入地，可见百姓对他的拥戴和支持。

中条山猎户听说日军在山里搜捕嘉康杰，担心他被抓，顺手用葛条编了一个圆圈挂在树枝上，这是猎户常用的陷阱。日军路过此处，担心误入陷阱，遂绕道而行。猎户将这个故事传开，泗交一带的老百姓纷纷效仿，发现日军来袭就到处挂上葛条圈子吓唬日本鬼子，并以此法保护嘉康杰。嘉康杰能上天入地的传言，也因此显得更加真实，客观上保护了嘉康杰。日军半信半疑，但再也不敢为所欲为，嘉康杰知道自己能顺利开展工作得益于群众的保护，于是更加亲民、为人民的利益着想，他和群众的关系更加紧密，开展工作也愈加顺利。

一天，日军接到眼线密报，得知嘉康杰回了家，马上派人前去抓捕。母亲催促他赶紧逃走，但嘉康杰气定神闲，说自有办法。母亲离开后，他就跳进自家的染缸，用旧草帽和破棉絮盖上了染缸口。日军把家里翻了个底朝天，什么也没有找到，悻悻然转身离去。嘉康杰的母亲和妻子返回家中，见嘉康杰还和他们走时一样躺在炕上看书，很是疑惑。嘉康杰开玩笑说自己在墙上划了一道缝，钻进去隐蔽了，所以日军没有找到他。从此，嘉康杰能瞬间消失的说法

---

① 大鹏."上天入地"的群众领袖嘉康杰[EB/OL].大众网，2012-01-11.

传得更神，有人甚至称他"嘉（假）神仙"。

坚持斗争　不幸殉难

1937年，形势危急，嘉康杰根据上级党组织指示，在晋南落实扩军3000人任务。他先动员1200余人的"侯马团"全部到一二九师三五九旅接受整编，接着又为一一五师输送了一批新战士，扩军任务提前超额完成。1938年，中共北方局在临汾召开山西党的活跃分子会议，刘少奇同志对嘉康杰在扩军方面的显著成绩给予高度评价，称他为"群众领袖"。嘉康杰到延安抗日军政大学学习后，按刘少奇同志指示返回晋南举办训练班、收集武器弹药，组建了抗日游击支队第九中队，"先后担任中共晋豫特委、中条地委委员、军事部部长、八路军晋豫边游击支队供给部长兼第六大队政治主任、第七大队大队长等职"[①]。1939年，在太行区委第一次代表大会上，嘉康杰被选为中共七大候补委员，因七大推迟召开，未能如愿参加。

嘉康杰领导的游击队骁勇善战、吃苦耐劳、素质过硬，在中条山一战中，嘉康杰与八路军主力密切配合，重挫日军锐气。随着嘉康杰声名鹊起，日军对他报复更狠，不仅放火烧了他老家全部二十余间住房，还残忍杀害了嘉康杰妻子。嘉康杰12岁的儿子生病未能得到及时救治，失去了鲜活的生命。

1939年11月18日，嘉康杰从夏县出发去平陆县中条地委传达区党委会议精神，他与警卫员途径武家坪的时候，遭到埋伏在附近的国民党特务暗杀。嘉康杰壮烈牺牲，年49岁。嘉康杰为革命事业奉献了自己的一切，甚至家人的生命，这是多么崇高的革命情怀！

嘉康杰牺牲的消息传开，晋豫边区游击队特地为他召开盛大的追悼会。《解放日报》专门发表《悼念嘉康杰同志》一文，盛赞嘉康杰的革命精神。

1952年5月，为纪念嘉康杰同志在革命斗争中所作出的突出贡献，山西省人民政府将"运城中学校"改名为"山西省康杰中学"，并在学校里设立嘉康杰同志纪念堂。同年10月，毛泽东主席为其题词：嘉康杰同志在革命中光荣牺牲，丰功伟绩，永垂不朽！这是对嘉康杰无怨无悔从事革命事业的最高评价。

---

① 大鹏."上天入地"的群众领袖嘉康杰[EB/OL].大众网，2012-01-11.

十二　威震日军　霍山英雄：景仙洲

景仙洲[①]

景仙洲（1887—1977）出生于临汾市东张乡全波村一个封建地主家庭。11 岁父母双亡，靠伯父伯母抚养长大成人。1911 年高中毕业的景仙洲到临汾第一高等小学当老师，立志教育救国。1922 年在临汾开设书店经销进步书刊，传播新思想。1924 年彭真赴临汾筹备建党工作，景仙洲受其影响坚定了

---

① 胡伟屹.景仙洲：霍山英雄[EB/OL].学习强国，2022-05-20.

投身革命的信仰。1926 年 8 月加入中国共产党后，正式从事革命活动。1937 年 11 月太原沦陷后景仙洲奉命加入山西牺盟会，组建抗日游击队。1938 年 2 月临汾失守，景仙洲率领游击队赢得多次战斗胜利。1940 年，其领导的游击队更名为"国民革命军第十八集团军汾东游击支队"，景仙洲担任支队长。抗战胜利后，景仙洲调任太岳军区二分区司令员。1949 年后任天津市纪委主任，荣获"模范共产党员"称号。1977 年 5 月 14 日在临汾病逝，享年 90 岁。

弃"铁饭碗"　投身革命

辛亥革命后，景仙洲正好中学毕业到临汾第一高小任教。虽然生活并不宽裕，但他满腔仁爱，经常用自己微薄的工资资助贫困学生，深得学生爱戴。

1919 年巴黎和会中国外交上失败，屈辱让无数仁人志士奋起挽救民族危亡，景仙洲亦不例外。他紧随五四青年的脚步，走上街头参加各种游行示威及宣传演讲活动。1922 年景仙洲毅然辞去教师工作，变卖部分田产在临汾创办了"新愿书社"，售卖马克思列宁主义理论著作，及宣传新思想、新文化的进步书刊。景仙洲放弃教师职业转而投资书社，大多人不理解。但景仙洲心里明白，开设书社只是宣传革命的手段，挣钱是次要的。"新愿书社是临汾地区开办最早的进步书店，出售的《新青年》《向导》等革命书刊最受青睐，书店很快成为临汾进步青年的主要活动场所和宣传新文化新思想的阵地。"[1]

1924 年冬，彭真到临汾宣传马列主义，指导党建工作。景仙洲接触过许多进步书籍报刊，与彭真同声相应，同气相求。在彭真影响下，他决心走上革命道路。1925 年，景仙洲按照党组织指示，前往榆次晋华纺纱厂组织工人罢工，顺利完成了任务。1926 年 8 月，在张振山同志介绍下，景仙洲加入中国共产党。1927 年 2 月，为配合北伐战争，临汾地委组织两万余民工，举行声势浩大的罢工游行示威。景仙洲到处奔走，宣传动员民工参与，发挥了积极作用。

1927 年大革命失败后，景仙洲因组织发动师生游行示威抗议当局乱抓民

[1]张国富.横刀立马战日寇 威震太岳美名扬—记汾东游击支队司令员景仙洲[J].党史文汇，2020（3）.

夫修筑防御工事被捕入狱。在狱中，面对严刑拷打，景仙洲不屈不挠，严守秘密，1930 年潜逃出狱。为躲避国民党的追查，他历尽艰险，长途跋涉，南下投奔赣闽红军游击队。1932 年秋受党组织派遣，景仙洲重回晋南开展革命斗争。1936 年春，红军东征转战临汾，他主动与红二师取得联系，自愿加入红军，成为一名光荣的红军战士。

加入牺盟会　组建地方武装

1937 年全面抗战爆发，日军铁蹄踏进太行、太岳山麓，战火纷飞，民不聊生。景仙洲接到上级指示留在临汾组建地方武装，成立抗日游击队，配合八路军展开游击战。中共中央北方局决定八路军坚持华北抗战，与华北共存亡，誓死不渡黄河南。为响应中央号召，在晋西南中心地带的临汾掀起了一股声势浩大的抗日浪潮。北方局的重要领导纷纷发表抗日文章，慷慨激昂地举行动员演讲和报告。景仙洲身处革命情绪高涨的氛围中，深受鼓舞，全身心投入抗战之中。

景仙洲参加了牺盟会，在牺盟会临汾特派员、共产党员李从文的领导下，他和同志们分头行动，走访各个村庄，向广大农民宣传《抗日救国十大纲领》等抗日主张，鼓励农民踊跃参军参战。在大家共同努力下，仅用十几天时间，组建起一支 30 余人的地方抗日武装。

队伍虽然组建起来了，但当时正值严冬季节，游击队员面临吃、穿、住、行诸多困难。景仙洲指出，游击队以牺盟会的名义成立，衣食方面的问题理应由牺盟会解决，住房则可以借住在临汾高小。办法一经提出，得到大家赞同，当即决定兵分两路协商确定，李从文出面与牺盟会协商，申请经费解决衣食问题，景仙洲则前往临汾高小联系住宿事宜。临汾高小校长是位爱国人士，欣然答应了他们的请求，在游击队进驻学校当天，校长还特意安排食堂做饭以示欢迎。而牺盟会只答应给每个游击队员一天一毛钱，实在难以满足游击队员日常所需，景仙洲对此甚是担忧。他思虑再三，决定以八路军的名义前往县政府交涉吃饭问题。靠投机钻营起家的县长一再推诿，不愿解决。景仙洲无奈之下，直言不讳地说："八路军上前线打日军，我们奉命组建地方抗日武装，现要政府支付给养，请县长答复。"①景仙洲反复多次与其沟通协商，最终县长拗不过他，经上级批准答应解决部分给养，景仙洲悬着的心才有所放下。

衣食住宿问题解决之后，随之而来的就是武器装备问题。景仙洲一方面组织游击队员主动缴获其他溃散队伍的枪支弹药，另一方面号召群众捐献物资支援抗战，尤其是私藏的枪弹。经此运作，临汾第一支抗日武装诞生。

造"榆木炮"　重击日军

1938 年春，武器装备短缺依然是新成立的汾东游击支队的棘手问题。景仙洲为此发动当地群众献计献策。后来一位老人告诉他，浮山县有个清末农民起义首领名陈彩彰，他制作的榆木炮甚至击败过清军的洋枪洋炮。景仙洲听闻，立即派人到浮山县北王村拜访陈彩彰，并请来木工尝试制作榆木炮。周围群众得知景仙洲试制大炮，都赶来提供帮助。工匠"把檩条粗的榆木纵向锯成两半，中间挖空，再粘合起来，用铁箍扎紧，大头做炮座，小头做炮口"②，整个制作过程精细严密。两个月后，终于制成 18 门榆木炮，队员们期待它能在战场上大显神威。

机会很快降临。一天，景仙洲获悉 60 多名日伪军要到乡下抢粮。当晚，景仙洲带队员们埋伏在日伪军必经的钻天沟里。这是一个口袋形状的山口，适合打伏击战。经再三考虑，景仙洲把榆木炮架设在三面山坡的草丛里，自己则带着部分兵力埋伏在三岔口的正面山头上。第二天拂晓，敌人如期出动，他们走到钻天沟附近时，突然拐向两边，没朝游击队设下的埋伏圈方向走。景仙洲急中生智，决定诱敌入网。他先派几名队员到沟外从背后向日伪军开枪，边打边撤。日军见游击队没几个人，武器也不行，一路紧追，正好进了伏击圈。瞬间，18 门榆木枪炮齐刷刷轰向日伪军，队员们的土枪、步枪、手榴弹齐发，

---

① 张国富.横刀立马战日寇　威震太岳美名扬——记汾东游击支队司令员景仙洲[J].党史文汇，2020（3）.
② 张国富.横刀立马战日寇　威震太岳美名扬——记汾东游击支队司令员景仙洲[J].党史文汇，2020（3）.

日伪军纷纷倒下，全军覆没。

　　见识了榆木炮的威力后，游击队员信心倍增，底气更足。在攻击洪洞甘亭车站日军据点时，榆木炮的作用充分发挥出来。在震耳欲聋的炮火声中，日军被打得毫无招架之力，不得不逃往铁道西汾河边。游击队乘胜追击，从车站日军据点缴获了许多物资弹药。民谣再现了当时的场景："景司令的榆木炮，打得鬼子呱呱叫，鬼子汉奸碰上他，血肉横飞命报销。"[①]出奇制胜、不断创新使景仙洲屡打胜仗，声名远播。

访"土匪山"　扩充力量

　　为了使汾东游击支队早日成长为抗日重要力量，景仙洲付出了巨大的努力。1941年春，景仙洲率领汾东游击支队驻扎在霍山西南李家洼村一带。这里以山地为主，山势陡峭，山林茂密，人烟稀少。当地有一个叫侯德山的土匪占山为王，专门劫富济贫。是直接进山剿灭还是先明察暗访再做决定？景仙洲思索再三，认为这一带山高路远，交通不便，人们都过着"靠山吃山"的贫寒生活，侯德山当土匪一定是有原因的。若贸然把他认定为坏人，盲目打击，后果不堪设想。

　　慎重起见，景仙洲决定亲自前去侦察。走访了老牛沟附近的农户后，他了解到侯德山出身佃农，家境贫寒，家里只有一个双目失明的老母亲。为了养活母亲，他替地主家儿子当了兵，但他所在的队伍因战败溃散。担心老母亲的他赶回老家，又担心地主家将粮食收回殃及母亲，遂藏匿在深山里，落草为寇。但侯德山从不欺负普通老百姓，还常接济贫困家户。了解这一背景，景仙洲决定争取侯德山转入抗战队伍。侯德山对有勇有谋的抗日司令景仙洲也早有耳闻，二人很快确定了见面时间，两人坦诚相见，相谈甚欢。第二次见面时，侯德山带人抬着礼物慰问景仙洲游击支队，还动员了30余人带枪投奔景仙洲。

　　为将侯德山一并收入麾下打日军，景仙洲以攻打赵城明姜日军据点为由

---

① 张国富.横刀立马战日寇　威震太岳美名扬—记汾东游击支队司令员景仙洲[J].党史文汇，2020（3）.

征求侯德山意见。侯德山出谋划策，表现积极，景仙洲顺势将侦察任务交给了他。侯德山不负众望，很快混进日军据点，将日军据点内部构造绘成地图带回来，出色完成了任务。此次合作后，侯德山带着全部人马加入景仙洲游击支队，极大地增强了游击队的战斗力。后来，在景仙洲的带领下，汾东支队巧妙运用里应外合、声东击西策略，不到两小时就攻下了赵城日军据点，打出了威风，振奋了军心。

锄奸反特 得心应手

为打击抗日游击队，日军先后在临汾县城周边设置了不少据点，企图隔断临汾城内外的联系，并在侵占的村庄成立了维持会，扶持了一批汉奸充当他们的"千里眼""顺风耳"。

日军据点及维持会的设立，对我军对敌斗争威胁极大，多次战斗均以挫败告终。暗访得知，原来是当地出了名的二流子赖青子担任了日军维持会会长，他经常给日军通风报信。起初，景仙洲试图劝他回头是岸，没想到赖青子软硬不吃，继续为非作歹。景仙洲决定杀一儆百，为民除害。一天晚上，景仙洲带人潜入西孔郭村，到达赖家后，景仙洲翻院墙直奔赖青子房间，枪口指向赖青子脑袋。游击队员将其捆绑起来押回大阳镇游击队驻地，当天就召开公审大会，以叛国罪公开处决了赖青子。

杀一儆百、以儆效尤的作用达到了。有的伪军迷途知返，不再做卖国求荣的事情；有的想立功赎罪，主动给游击队传送情报。景仙洲抓住有利时机，多方面开展劝降伪军工作，甚至说服临汾敌占区维持会会长暗中支持配合游击队工作，利用维持会让游击队员以修工事、垒锅灶、干杂活等名义潜入日军据点侦察敌情，游击队从此知己知彼，打了不少胜仗。

1940年初，游击队外出途中遇到一个衣衫褴褛的年轻人，说是想参加八路军打日军。景仙洲见此人执意参军，便欣然同意。经过一段时间了解，景仙洲发现这个名叫德文彬的人各方面都积极上进，打仗格外勇敢，很快就当上了副排长。意外的是，景仙洲偶然发现这个能力出众的德文彬居然是日军专门训练的特务，专门派来暗杀自己的。所幸景仙洲警惕性很高、有所防备才未让对方得手。景仙洲并未戳破窗户纸，只在暗中继续观察。在汾东游击支队中，除了平常的军事训练，还经常组织游击队员学习毛主席著作和讲话，在学习《论持久战》和接受党的"三大纪律、八项注意"等思想政治教育过程中，德文彬受到触动，内心煎熬。景仙洲注意到他的情绪变化后，与他促膝长谈，晓之以理，动之以情。德文彬醒悟过来，主动向景仙洲交代了自己的真实身份，并表达了悔意，发誓将功赎罪。景仙洲不但没有追究以前的事情，还推荐他到安泽县担任副区长，后来为党做了不少工作。

奇袭日军　名震太岳

1938 年 5 月的一天，驻临汾城的百余名日军前往浮山县"扫荡"。获得情报后，景仙洲带领游击队提前埋伏在日军必经之路上。日军全部进入伏击范围后，景仙洲下令开打，长枪短炮一阵猛轰，压制住了日军火力。战斗从上午九点一直打到晚上，日军在游击队密集的炮火之下伤亡惨重，游击队取得最终胜利，沉重打击了日军的嚣张气焰。

之后，景仙洲将打击目标聚焦到临汾小贾村的日军据点。该据点驻扎了很多日军，配备了大量生活物资和军用物资，若是能夺回该据点，不仅可以消除祸患，还能缴获大量物资，缓解游击队补给不足窘境，重挫日军锐气。但此次任务艰巨，困难多，风险大，对游击队来说，只许成功不许失败。为此，景仙洲考虑多日，精心部署，决定奇袭智取。

经侦察发现，小贾村四周筑有又高又厚的土墙，东南西北四个方向各有一个大门，只要关闭这四个大门，小贾村就如同一座密不透风的堡垒，易守难攻。有一天，小贾村的大部分日军去西山"扫荡"，据点里只剩下少数兵力看守，四个大门关闭了三个，留一个大门出入。经打听，守门人名叫顾有，中国人。景仙洲抓住这千载难逢的机会，当晚就带着二百余人急速赶赴小贾村，安排兵力警戒，主力隐蔽在主攻门两侧。安排就绪后，景仙洲假装送急信，顾有一听是太君的急信，不敢急慢，立即开了城门。门一开，景仙洲就用枪指着顾有，命令他打开了第二道门。游击队员瞬间冲进小贾村。

得知留守的日军都在地主家的高墙大院内，游击队员或翻墙或破门而入，不多久就全歼了日军，接待日军的地主也受到惩戒。事后，景仙洲吩咐队员们将缴获来的生活物资都分给了村民，军用物资部队留用。在西山"扫荡"的日军得知消息匆匆赶回来时，景仙洲早已带着队员和战利品离开了。

1940 年百团大战中，汾东游击支队奉上级命令配合八路军打乱日军军用物资运输计划。景仙洲决定趁此机会破袭日军交通线，断绝日军后援。经研究，景仙洲将破袭地点选在临汾城外的天井据点和甘亭镇据点，这是日军列车从太原开往临汾的必经之路，破坏了这段铁路，就可以打断同蒲铁路运输线上日军各据点间的联系。

当天夜里，景仙洲指挥游击队悄悄靠近铁道，剪断电话线，撬开铁轨，将铁轨推到路基下再拉回去为八路军所用，并在原铁轨位置安放了炸药。一切就绪后，他们退回铁轨两侧，静等日军列车到来。不久，夜空里传来火车的轰鸣声，接着是"轰隆"一声巨响，火车头翻下路基。游击队员高喊"缴枪不杀"，将列车团团围住。日军负隅顽抗，不少人被当场击毙。整个战斗用时不到一小时，活捉火车司机三人，并缴获大量炸药和日军的秘密文件及军用地图。景仙洲将文件和地图上交三八六旅，旅长陈赓看后非常惊喜，这些文件记录了日军近期所有的作战计划和行动部署，对八路军的抗战具有十分重要的意义。

景仙洲带领的汾东游击支队在抗日战场上创造了很多以少胜多的奇迹，他的名字和汾东游击支队在太岳区声名远播，老百姓称赞景仙洲同志为"抗日英雄"。

抗战胜利后，景仙洲被调到太岳军区二分区任司令员，立下战功无数。在他 60 岁大寿时，刘伯承、邓小平及八路军总部领导纷纷题词祝贺。

1977 年 5 月 14 日，景仙洲在临汾病逝，享年 90 岁。他一生为革命事业奋斗不息，建立功勋无数，其英名必将流芳千古。

十三　鞠躬尽瘁　统战智者：孔祥桢

孔祥桢[①]

　　孔祥桢（1904—1986），出生于晋城市泽州县北堆村一个农民家庭。1922 年考入濩泽中学，接触进步思想，对马克思主义有了初步认识。1925 年加入中国共产党，成为晋城的首位共产党员。1926 年，在党组织安排下，前往苏联莫斯科中山大学及列宁军政学院深造。1930 年 7 月学成归国后，先后在陕北和唐山任军委书记。1931 年因叛徒出卖被捕，后因病出狱。1936 年在

① 中共晋城市委党史研究室编.晋城革命遗址选粹[M].太原：山西人民出版社，2019:137.

东北军学兵队任教官，并发动学兵队参加西安事变。此后，他便在隐蔽战线对国民党高级将领展开统战工作。解放战争时期，孔祥桢为策动国民党高级将领率部起义做出了突出贡献。"中华人民共和国成立后，他先后在中南局、国家建委、交通运输部、轻工业部担任领导"。[①]1984 年由于年事已高，他主动从领导岗位上退下来。1986 年 10 月 26 日在北京逝世，享年 82 岁。

少年大志　入党求学

孔祥桢一岁时父亲因病去世，母亲独自拉扯他们姐弟四人长大。家中的 17 亩耕地是主要的收入来源。兄弟姐妹们为了减轻母亲的负担，争先恐后抢着干活。穷人的孩子早当家，孔祥桢从小就跟着哥哥干农活，上学后课余时间依然会下地干活。

小学时，孔祥桢非常用功，喜欢古汉语。小学毕业后，顺利考入县立高小。孔祥桢高小的国文老师是一位秀才，经常向学生推荐司马迁的纪传体作品。在老师的影响下，孔祥桢阅读了很多司马迁的著作，尤其爱读《史记》，甚至将文章的精妙之处背得滚瓜烂熟。受《史记》中那些名垂青史人物的影响，孔祥桢养成了刚正不阿的性格。

近代羸弱的中国备受欺凌，即使作为战胜国在巴黎和会上仍然不能维护国家的权益。和谈失败的消息传来后，北平学生掀起声势浩大的爱国示威运动，很快席卷到山西。当时还在高小读书的孔祥桢和同学们一起参与了学校的声援活动，他们抵制日货，揭发校长的腐败行为以及恶劣教员的不端行径，并将他们逐出学校。1922 年孔祥桢考入晋城濩泽中学，该校革命氛围浓厚，是山西最早通过罢课声援五四运动的学校。在这里，孔祥桢不仅接触了许多进步青年，还积极参与学校组织的罢课游行等活动，频繁穿梭在校园和街头进行宣传演讲、发放传单，在大家的推举下，他当选为"学联会"负责人。

孔祥桢的小学同学陈立志和周玉麟在太原一中加入了共产党。他们经常利用假期时间回到家乡中学传播马列主义，发展党员，建立党支部。他们还给

---

① 周六富.太行骄子孔祥桢[EB/OL].晋城党史，2015-07-05.

孔祥桢带来《向导》《新青年》等进步书刊，讲述中国共产党的抗日政策。孔祥桢听后如获至宝，开始对马克思列宁主义、党的抗日主张作深入研究。1925年11月，经上述两位同学介绍，孔祥桢加入中国共产党。入党后，他积极宣传党的主张，并在教员和学生中发展党员，短短数月就成立了两个支部。

1926年初，孔祥桢到太原一中任教。同年8月，组织委派孔祥桢去苏联莫斯科中山大学学习。该校是1925年孙中山先生去世后，苏联共产党为纪念孙中山和为中国革命培养领导干部、政治人才而开办的。课程主要内容是马克思列宁主义基本知识和实践技能培养。但对孔祥桢而言，学习俄语是所有任务中的头等难题。为此他废寝忘食，用了一年时间学习俄语，终于攻克了语言难题。本着多学一点的想法，"他先后学习了哲学、政治经济学、历史、经济、地理、军事学、游击战术等课程"[1]。由于学习成绩优异，又有良好的党性品格，所以"班上的苏共支部书记数次动员他退出中国共产党，参加苏联共产党"[2]。但是孔祥桢一刻也不曾忘记他到苏联学习的目的，不曾忘记自己的祖国还深陷于水深火热之中。因此，支部书记的提议都被他婉拒。

1928年夏即将毕业之际，孔祥桢去了莫斯科模范步兵师，参加为期两个月的荷枪实弹营训。从中山大学毕业后，他又进入军政学院继续深造。由于表现出色，校方想把他派到苏联红军中工作，但都被他明确拒绝。1930年7月，孔祥桢毕业后立即返回中国。

信仰坚定　灵活斗争

孔祥桢回国后即奔赴上海，中央军委参谋长刘伯承亲自接见了他。经过深入坦诚的交谈和慎重考虑，党组织派他去陕北担任特委军委书记。孔祥桢在陕北与谢子长、刘志丹一起建立革命武装，开展游击战争，为创建陕北革命根据地打下坚实基础。

1931年4月，榆林中学的几名党团员在特委住处印发传单时，由于叛徒告密被国民党政府逮捕。为了孔祥桢的安全，北方局军委要求孔祥桢到唐山去

---

[1] 徐军利.孔祥桢：铁骨铮铮写春秋　赤胆忠心为人民[J].文史月刊，2021（11）.
[2] 徐军利.孔祥桢：铁骨铮铮写春秋　赤胆忠心为人民[J].文史月刊，2021（11）.

工作。7月，孔祥桢去北平找河北省委汇报工作，途中遭逮捕关押于草岚子监狱。身陷牢狱的中共党员为了凝聚力量，他们想成立一个党支部。孔祥桢因曾留学苏联，且是中央派来的，加之他在北方工作过一段时间，与当地的干部相识，所以孔祥桢被选为支部书记。他们在狱中还组织成立了生活互济会和教育委员会，以便党员们在生活上互相照顾，在思想上加强教育与政治引导。

当时被国民党政府关押的政治犯，不论刑期长短，都需要完成"反省、履行手续、登反共启事"这三个步骤之后才能出狱。共产党员们借着写"反省材料"的机会，将自己家乡反动政府压迫人民的罪行以反省的方式揭露出来，借此反对国民党政府的"反省政策"。国民党狱方人员发现达不到预期效果，就找来天主教神父到反省院布道，企图用宗教教义动摇共产党员的政治信仰。但孔祥桢领导的党支部干事毫不动摇，反过来用马克思主义的辩证唯物主义反驳宗教唯心主义，在与神父多次说理较量之后，神父不再到反省院，无声的较量取得了初步胜利。

反省院的牢房本就不见天日，看守还在生活上折磨被关押者，饿冻乃家常事，还随时打骂。恶劣的生存环境使很多人羸弱不堪，久病不愈。为改善政治犯的生活待遇，孔祥桢组织共产党员们通过集体绝食抗议，要求反省院安排大家看病就医，改善生活条件。最终，在持续抗议斗争下，监狱当局不得不同意改善狱中的生活条件。由于狱中条件过于恶劣，缺医少药，孔祥桢右肘部出现一大块脓肿并伴有高烧。11月有一次晕倒后，他的情况变得更糟，于是他申请保外就医。1933年初，孔祥桢得以出狱去北平德国医院贫民房治疗，后来还从医院开出了"死亡证明"交给监狱销号。在医院半年左右，因为没有钱继续治疗，孔祥桢便回到老家休养。由于消息闭塞，加之国民党白色恐怖政策，孔祥桢与组织失去了联系。1934年初，孔祥桢从家乡来到北平，终于找到组织，接受北方局徐冰领导。

1935年，日军铁蹄踏进华北，华北告急，民族危机空前严重，全国人民掀起了抗日救亡运动的新高潮。1935年底瓦窑堡会议后，为建立抗日民族统一战线，急需大批干部领导抗日救亡运动。因此，中央批准由刘少奇同志提出的营救反省院50多名干部的报告。中共北方局接到中央指示后，通过徐冰将这一艰巨任务交给了曾在狱中担任过支部书记的孔祥桢。孔祥桢急切地想营救同志，但他出狱后也没有狱中党员的联络方式，就在他为此苦恼之际，偶然在东安市场遇到了保外就医的魏文伯。孔祥桢急忙问他，通过什么方式可以将消息带回草岚子监狱。魏文伯说他的侄子魏茂林可以传递消息。孔祥桢就将外面的情势和中央的指示，完完整整用俄文写在信里，通过魏茂林将消息传递给狱中的各位党员。

　　信送出去半个月，不见回音，孔祥桢又写了第二封信。在信中，他告诉狱友们："许多地方、许多抗日救国群众组织要求党派人去领导，许多工作都要人去做，但目前白区工作的干部尤为缺乏，所以你们必须争取早日出狱。"[1]事实上，狱中的党员们收到第一封信之后就非常激动，但是严酷的地下斗争形势使他们不得不提高警惕，他们担心这是国民党新的陷阱和花招。于是又通过魏文伯核实了孔祥桢的身份和日常表现，最终确信孔祥桢信中所言不虚，才执笔给他回信并落实了他转达的中央指示。在孔祥桢等人的多方努力下，成功营救刘澜涛、安子文、杨献珍等 53 人出狱。[2]

坚持统战　励精求治

　　为了促进抗日民族统一战线建立，党将工作重点首先放在了有可能合作抗日的东北军和杨虎城旧部第十七路军上。张学良与周恩来协商沟通后决定，从北平各大学、中学中招募学员，建立东北军学兵队，为抗日培养力量。

　　1936 年 10 月，孔祥桢按照中共北方局的指示，到东北军中任学兵队政治教官，所授课程有哲学、政治经济学、时事政治、帝国主义列强侵华史、抗日理论和革命军队中的政治工作等。[3]孔祥桢讲课时紧扣抗日救亡的时代主题，紧密结合国际、国内政治形势，针对学生不同的理解能力因材施教、深入浅出。针对国民党军队中流传的"抗日长期准备论"，孔祥桢明确提出不能对侵略者姑息纵容，要一边抗日，一边准备，而且要做好持久抗战的准备。与此同

[1] 中国中共党史人物研究会编.中共党史人物传（第 63 卷）（再版）[M].北京：中国人民大学出版社，2017:105.

[2] 成茂林，卫永太编.晋城革命故事（上）[M].太原：山西教育出版社，2008:100.

[3] 中国中共党史人物研究会编.中共党史人物传（第 63 卷）（再版）[M].北京：中国人民大学出版社，2017:106.

时，他还分享了苏联革命、建设的很多知识，及苏联红军政治工作的经验。学员听完他的讲解深受启发，也更加佩服孔祥桢学识渊博。学兵队培养了许多抗日骨干，部分学员甚至直接参与了西安事变。因此，西安事变后，蒋介石不仅勒令解散学兵队，还下令抓捕孔祥桢。

孔祥桢被迫离开东北军回到北平，随后遵照党中央指示，对国民党高级将领秘密进行统战工作。抗日战争时期，在北方局的指派下，孔祥桢担任十七军参谋，主管训练与联络。在此基础上，负责做十七师师长赵寿山的思想工作。他工作期间，提高了士兵的政治素养和抗日决心，增强了部队战斗力，也做了许多细致的统战工作，为日后三十八军起义奠定了重要基础。他在十七路军中的工作，获得毛泽东的高度认可，称之为"统一战线的典范"。

1944 年，国民党军队汤恩伯部在日军发动河南战役后溃不成军，中共中央决定派部队挺进豫西支援。孔祥桢被委任为地委委员兼宣传和统战部长，随同部队去豫西开展工作。孔祥桢既熟悉党的统战政策，又具备灵活统战工作的能力，走到哪里就能把统战工作做到哪里。豫西工作期间，他多次靠宣传动员、做思想工作的方式，将地方武装组织转化为抗日队伍，壮大了抗日民族统一战线的力量。"解放战争期间，他不仅成功策反了河南省保安五团、国民党八十五军——○师、国民党六十八军和八十一师向我军投诚，还在周恩来的领导和筹划下，成功策动了国民党华中'剿总'副总司令张轸率部于 1945 年 5 月 15 日发动战地起义。"[①]这些策反工作，削弱了国民党的军事力量，从心理上瓦解了国民党军队的斗志，加速了全中国的解放进程。

中华人民共和国成立后，孔祥桢心系人民，殚精竭虑谋发展。他在担任总工会中南工委主任期间，改善企业管理水平，革新生产技术，开展增产节约运动，促进了各行各业生产力的恢复和发展。他为推动全国公路、机场的修建、疏通河道、大江大河航道基建等交通工作，也做出过重大贡献。在轻工业部任职后，他积极从国外引进新设备，还组织集体攻关科研难题，弥补短板。与此同时，他对我国经济管理制度作过有益探索，为后来的改革积累了经验。

1986 年 10 月 26 日，孔祥桢与世长辞，享年 82 岁。孔祥桢用他一生的实际行动，践行了他对党、对人民、对共产主义事业的忠诚，他的高尚品德将流芳百世，他无私奉献的精神将永垂青史。

[①] 徐军利.孔祥桢：铁骨铮铮写春秋 赤胆忠心为人民[J].文史月刊，2021（11）.

十四　坚定抗日　人民县长：李从文

李从文烈士雕像①

　　李从文（1919—1940），原名李安心，出生于运城市垣曲县古城村一个普通农民家庭。1933年秋，他考入太原国民师范学校。1935年，李从文参加抗日救亡运动，并于同年加入中国共产党。1936年，他被阎锡山部逮捕，1937年初被营救出狱，继续投身革命事业。同年冬季，临汾市抗日政府成立，李从文担任县长。1938年初，李从文领导成立了"临汾市抗日行政干部学校"，为抗战前线培养了很多军政素质过硬的干部。1939年，阎锡山发动

---

① 史光荣.抗日县长李从文[EB/OL].黄河原创文学，2022-03-23.

了"晋西事变"，李从文成为重点缉捕对象，12月下旬不幸被捕。1940年2月，日军进攻西山，李从文趁机出逃，在试图与组织取得联系时，再次入狱被残忍杀害，年仅24岁。

被捕入狱　抗日决心弥坚

李从文自幼聪明活泼、倔强好强。刚读私塾时，那些"书香子弟"看不上他这个"土疙瘩"，讽刺他说："天生和土疙瘩打交道的庄稼汉，也想上学？"[①]李从文不和他们计较，暗下决心："咱们走着瞧！"从此，他更加刻苦用功，成绩一直名列前茅，深得老师赏识。同时，他团结了一大批和他一样的穷人子弟，在他们被人欺负时，李从文总是挺身而出、仗义执言，成为穷苦学友的小头头。由此，李从文也悟出一条真理："只有人多才能不受外人欺侮，只有团结才能争得人人平等。"[②]

1930年秋，李从文从县立第一高小毕业。迫于生计，父亲让李从文留在家里帮助他经营小本生意。12岁那年，遵从父母之命，李从文与同一条街上的一位姑娘结了婚。不管是工作，还是婚姻，他都毫无怨言地听从了父母的安排。但在他心里，抗日救国、解放穷人的愿望始终不曾泯灭，反而随着时间的流逝愈发强烈。有一天，他再也无法忍受这日复一日、碌碌无为的生活，压抑不住改变现状的冲动。他再三请求母亲同意他去读书，私塾三年后，他如愿考入太原国民师范学校。在这里，他刻苦学习文化知识，大量阅读进步书籍开阔视野，结识了很多进步青年学生，并逐渐信仰共产主义。日军侵华后，怀着满腔爱国热情，李从文积极参加各种学生抗议活动。1935年，他秘密加入中国共产党，义无反顾地投身于为人民争自由、为民族争解放的时代洪流。

1936年红军东渡黄河奔赴抗日前线，而盘踞山西多年的军阀阎锡山，不仅动员他所有的武装力量阻拦红军东征，还在山西境内大肆捕杀共产党员，李

[①] 中国人民政治协商会议山西省临汾市委员会编.尧乡烽火：纪念抗战胜利五十周年专辑（内部资料）[M].临汾：政协山西省临汾市委员会，1995:246.
[②] 中国人民政治协商会议山西省临汾市委员会编.尧乡烽火：纪念抗战胜利五十周年专辑（内部资料）[M].临汾：政协山西省临汾市委员会，1995:246.

从文因此被捕入狱。一同入狱的还有王若飞、乔明等同志，他们被关押在太原北门外的陆军监狱，备受虐待。9月7日，在党组织领导下，被关押的共产党员集体绝食抗议，监狱长软硬兼施，狱吏则以个别谈话方式拉拢李从文："你年纪轻轻的别上旁人的当，你只不过被判了一年，眼看就要出狱了，为啥要跟那些判十年八年的政治犯瞎闹？听我的话，马上给你换个房间，叫伙房给你准备饭去……"[①]李从文不为所动，不论当局如何威逼利诱，李从文始终坚定立场，表现出共产党人坚守理想、践行初心的风骨。

次年，在中共中央北方局指示下，党组织营救出了关押在太原监狱的共产党人，李从文第二批被营救出来。一出狱，他又投身于民族解放事业之中。同年7月，李从文接受牺盟会派遣，任牺盟会临汾特派员，以此身份掩护开展党的各项工作，把临汾的抗日救国活动搞得有声有色。

临汾失守　发展抗日力量

1938年2月，日军疯狂进攻，临汾难守。中共临汾县委与临汾牺盟会在城内召集紧急会议，传达中共中央北方局和山西省委关于临汾失守后的指示，决定将党的工作都转移到敌后，开展游击战争。会后县委编印了《隐蔽下来，开展游击战争》的指示性文件，保护了临汾党组织的既有力量。2月27日，日军侵占古城临汾。李从文带领县委机关和临汾牺盟会撤退到汾河西岸的金殿镇，整编并集训了临汾模范武装自卫队，发展壮大了党的武装组织。同年春天，李从文率领抗日县政府由金殿镇再转移到吕梁山脚下的龙祠村。当时，阎锡山六十一军也驻扎在此村的龙王寺庙内。一天，双方在村里召开全村群众大会，六十一军军长陈长捷先发表讲话，但讲话内容毫无重点，漫无边际，群众根本没兴趣听。李从文讲话时，还未等他开口，群众就报以热烈的掌声。他用通俗易懂的、大众喜闻乐见的语言罗列了日军的种种罪行，阐述了当前的抗战形势，号召百姓群起抗日。他的讲话，赢得群众阵阵喝彩。

---

① 中国人民政治协商会议山西省临汾市委员会编.尧乡烽火：纪念抗战胜利五十周年专辑（内部资料）[M].临汾：政协山西省临汾市委员会，1995:247.

1938 年 3 月到 4 月，李从文在龙祠精心策划并创办了干部训练班。李从文坚持每天给学员上课，讲课的主要内容是抗日民族统一战线工作、支援抗战的民运工作以及开展游击战争等，为抗日前线输送了一批年轻的有生力量。李从文还邀请驻扎在距龙祠不远处晋掌村的景仙洲担任军事教官。麦收时节学生结业后，李从文又邀请景仙洲及他的游击支队到河东一带组建新的抗日武装力量，并派了几个得力助手协助景仙洲开展工作，使这支临汾人民的自卫武装队伍在抗日战争、解放战争中均发挥了巨大作用。下半年，临汾县政府又转移到西山上的垣上村。除主持县政府日常工作外，李从文还亲自到各村向富户募捐粮食以供军需。许家庄村大地主靳德胜家捐粮较多，他不敢公开反对，便跑到陈长捷处诬告李从文勒索民财。陈长捷为了让日军吃掉李从文及其领导的县政府，在西迁途中把上圪垛村北的大路掘断，李从文及两个警卫员骑马都无法通过，不得不绕道东南边的王斗村，再转回枕头村。全县有志青年陆续到枕头村寻找抗日县政府，要求参加抗日队伍。见百姓抗战热情高涨，李从文在王斗村西边一座古庙里再次开办了"临汾市抗日行政干部学校"。学校三个月一期，总共办了三期，为抗日前线输送了近二百名骨干力量。

李从文同志带领的临汾县政府在各村间流动开展工作，主要活动于枕头村、剪子坡、西庄等村庄。县政府每天召开早会，李从文亲自主持，给大家讲解军事形势、政治斗争及建立维护统一战线等。此外，还教群众唱革命歌曲。两年多时间，李从文踏遍了临汾的每个角落，同临汾百姓患难与共。

多次羁押　被敌杀害

1939 年，阎锡山发动"十二月事变"，驻守临汾西山的国民党第六十一军陈长捷部向我抗日县政府发起突然袭击，大批特务到处监视逮捕残害共产党人和革命志士。李从文被抓捕带到枕头村羁押，身心备受摧残，但李从文宁死不低头。附近百姓愤慨至极，谴责阎锡山的反革命行径，多次自发到关押地看望李从文，并上书请愿，要求释放李从文。由于李从文为人友善，人缘极好，看押他的狱警也时不时帮他传递消息。

十四　坚定抗日　人民县长：李从文

事变后，阎锡山任命任斌为临汾新县长。任斌要求李从文交出县长印信，李从文坚决不从。1940 年 2 月，日军再次围攻西山，国民党部队未战先逃，李从文借机逃至临汾尧都王斗村。但第二天外出寻找组织时，再次被任斌逮捕。23 日，任斌命令补充营三连连长借口转移把李从文秘密带走，在松山沟向李从文连开两枪，李从文遇难，年仅 24 岁。

为纪念李从文，枕头村建了抗战陈列馆，这座集瞻仰陈列、爱国主义教育、党性教育、廉政教育、旅游观光于一体的综合性教育基地，是对李从文烈士最好的缅怀与敬仰。

十五　足智多谋　情报神探：李海水

国家民政部颁发的烈士证书

李海水同志的烈士证书[①]

李海水（1907—1944），出生于晋城市陵川县礼义镇平川村一个贫农家庭，其父自幼习武颇有成就。抗战爆发后，其父从保镖转行加入牺盟会和中国共产党。在父亲的耳濡目染下，李海水从小习武，精通各式棍棒刀枪。村小毕业后，李海水回家务农，1937年加入平川村牺盟会。1938年成为中国共产党党员，从事情报工作。

"晋西事变"后，李海水因身份暴露未及时撤退，便以煤矿工人身份从

事地下活动。1942 年李海水到平顺，经组织审查恢复了党员身份。1943 年陵川沦陷，李海水又回到陵川发展抗日武装，成为一名交通员。1944 年，在执行送密信任务时，遭日伪抓捕被杀害，年仅 37 岁。

发挥才智　缴获物资

李海水在父亲的熏陶下，自幼一边习武，一边在村小学读书。小学毕业后，跟随父亲在家务农。1937 年加入本村牺盟会，1938 年加入中国共产党。李海水父亲以武术馆作掩护发展抗日武装，因反对平川村公所所长欺压百姓，随意摊派征粮，反动县长师人风将他抓捕入狱，多次用刑打瞎他眼睛，打残胳膊、腿，经我党多次交涉营救出狱后，给他异地安排了工作。李海水子承父业，接过了父亲的情报员工作。

1939 年冬，阎锡山发动"晋西事变"，大肆捕杀我共产党员。遵照党的指示，陵川境内所有党政军机关和暴露身份的共产党员，都在部队的掩护下撤往平顺山区。1943 年 4 月，陵川沦陷，李海水受党组织委派潜伏于陵川礼义一带，发展抗日武装。

李海水一回到家乡，就利用此前在牺盟会中结识的好友及家乡亲朋，组织起一支抗日游击队。为扰乱日伪视线，他们在杀汉奸、火烧日军粮库的布告落款时，时而用"游击队"名义，时而用"武工队"名义，令日伪军晕头转向。尤其礼义申庄这一带是陵川通往高平的公路必经之地，也是日伪军运输物资的主要通道。这里有一条干河滩，河滩急拐弯上坡就能抵达陵川，李海水和战友们非常熟悉这里的地形，利用有利条件缴获了大量粮食、煤炭和军需品。日军后来得知这些事都是李海水游击队所为后，特地在申庄附近的野川底修建炮楼，并任命原国民党礼义二区区长李希仁为礼义伪区长。李希仁和李海水同村长大，还是远房亲戚，彼此之间非常了解。可惜的是，李希仁从小就仗势欺人，无恶不作，日军侵占陵川后，更是直接为日军效力。曾经的相互熟悉对李海水来说，既是优势，又是劣势。在国共合作抗日之初，李希仁就经常找李海水的麻烦，制造了不少摩擦，两人水火不容。"野川底炮楼修成后，占领陵川的日军指挥官福田，让池川任小队长带 30 余名日军常驻这里，让李希仁收罗当地地痞流氓 100 多人，成立区伪军中队和区公所，并将驻地从礼义迁往野川底，重点对付和防范李海水游击队。"①自此，李海水游击队的行动受到日伪军各种围剿，行动越来越困难。

　　游击行动屡遭失败，李海水和战友们寝食难安。该怎么对付这群日伪军呢？走访群众、集思广益之后，终于谋划出一个好办法。从地形上看，野川底是一个三面环山一面临沟的小山庄，这里最缺的就是水，吃水用水都需到两三里地外的山沟里去挑泉水。这股泉水很奇怪，无论是干旱年还是洪涝年，泉水都不紧不慢滴滴答答，说大不大，说小不小，但够野川底全村人饮用。这里突然多出一百多名日伪军，泉水就无法满足需要。为了保障生活所需，日军独霸了这股泉水，还派专人整日在此看守。无奈之下，野川底的村民只好到村南去担水，但那边的水又臭又脏，难以下咽，去别的村挑水路又太远。为用水，伪军、日军内部还起过几次冲突。到了小年夜，李海水等人设计除掉了看水的日军，并炸毁了泉水。日军以为是为水发生隔阂的伪军干的，便让伪军到数里之外的村子担水，这更激化了矛盾。大年三十，李海水在半路拦截了正给日军担水的伪军，强迫他们往水桶里撒尿，并倒入泻药。大年初一，吃饱喝足的日军全部肚子疼得哇哇叫，不断往厕所跑，伪军却安然无恙。日军逼问伪军后得知是李海水游击队所为，日军长官池川小队长打了李希仁好几个耳光，命令他必须活捉李海水，李希仁敢怒不敢言，把所有恨都记在了李海水头上。

　　为了活捉李海水，李希仁在村里安插了不少眼线，李海水一现身，李希仁马上就能接到消息。李海水得知这一消息，专门在一天下午回了老家平川村，故意对外说要回家好好歇歇睡一觉。暗探得到消息后立刻汇报，李希仁和池川小队长率领大批日伪军迅速包围了平川村，准备活捉李海水。然而，搜遍整个村子却没有发现李海水的踪迹。于是，日伪军把全村百姓集中到村西庙里，逼迫群众交出李海水。李希仁深知赵金水和李海水关系近，试图从赵金水处找突破口，但赵金水矢口否认。李希仁残忍地让恶犬撕咬赵金水，但赵金水强忍剧痛，绝不屈服，大骂李希仁是日军走狗。恼羞成怒的日军将他绑在石柱上，活活烧死。当日，死在日军屠刀之下的还有平川村牺盟会秘书、群众等七人。

　　傍晚，李希仁他们才得知中了调虎离山计。就在日伪军于村里作恶那个

① 崔海生.陵川县抗日英雄—李海水[EB/OL].晋城党史网，2021-01-22.

时段，"李海水带领游击队在申庄河伏击了日军运输车，截获物资、烧毁汽车、打死押车日伪军……"[①]

化险为夷　巧送情报

1943年9月，一二九师的老二团夺回了日军占领的陵川东部山区。为了加强联系，晋冀鲁豫边区政府调整了原来的行政机构，新设立太行八区。随后在陵川西部和高平东部建立了陵高县，县政府设在新庄村，路宪文被推举为县长，他让李海水的父亲李漫西担任和太行八地委、专署等上级联系的新庄村情报站站长。路宪文听闻李海水的英雄事迹，也得知日军正高价悬赏活捉他，出于安全考虑，他报专署批准，让李海水撤离了礼义，接管了平顺寺头村附近的情报工作，游击队员们则加入陵高县独立营。为了解除李海水的后顾之忧，组织还将李海水儿子李天仁接到新庄村情报站，和他爷爷李漫西一起生活。

成为情报交通员的李海水，凭借聪明才智和坚毅勇敢，多次化险为夷。有一次，他和另一名情报员前往高平市山头村附近执行任务，碰上日伪军正在村中"扫荡"。李海水躲入茅厕幸存，同行的战友不幸牺牲。还有一次，李海水和寺头村情报员李贵达一起经过陵川县原庄岭，被一群日伪军缠住，李海水以一身好武艺，摞倒几个日伪军，顺手夺了他们的枪和手榴弹跑进深山树林。日军不敢贸然搜捕，只能边放空枪边搬救兵。四个据点的日军包围原庄岭，没人敢进入密林。李海水东边扔出一颗手榴弹，西边放两枪，趁东西两边日伪军猛烈互射步步合拢之机，他早和李贵达跳出了包围圈。

疲惫旅途　惨遭毒手

1944年3月18日清晨，天色昏暗，李海水在微弱的煤油灯下，仔细检查

---

① 崔海生.陵川县抗日英雄—李海水[EB/OL].晋城党史网，2021-01-22.

好缝在棉袄里的文件，与身旁的父亲、儿子告别，从情报站出发去平顺县寺头村。临走前，他还答应回来时给儿子带他喜欢吃的芝麻糖。

如往常一样，李海水顺利完成了送情报任务，马上返回。这一天一个来回，大约有百多里路，返回陵川县杨村时，已近午夜。李海水饥疲交加，进了村旁的寺庙里想休息一下。庙里的和尚早前被李希仁威胁，看李海水睡下，他将门上锁，跑去炮楼告密。李希仁和池川小队长闻讯率领一百余名日伪军把寺庙团团包围，要李海水投降。日伪军都听说李海水武功高强，他们不敢从正门强攻，从房顶上揭开瓦片，先用枪打伤李海水的胳膊腿，才敢开门进去抓人。残暴的李希仁还用刺刀刺穿李海水的双手，用铁丝穿透手掌，把李海水绑在马鞍上拖往炮楼。怕李海水沿途呼叫，还用布堵上了嘴，一路拖行了30多里路，李海水的血洒了30多里，双脚磨露出骨头，惨不忍睹。

在野川底炮楼，无论李希仁如何严刑拷打，李海水始终正气凛然，痛斥李希仁为虎作伥、残害百姓，是民族的败类！被酷刑折磨了整整两天，李海水誓死不降。恼羞成怒的李希仁残忍地割下李海水的舌头，之后又"将李海水押到后山岭上，用刀砍掉他的双手双脚、双胳膊双腿、砍头破肚，让狼狗吞吃，现场只留下斑斑血迹和衣服碎片"[1]。1944年3月21日，李海水用实际行动，践行了"我堂堂共产党员抗战到底，生是共产党的人，死是共产党的鬼"[2]的誓言，壮烈牺牲，时年37岁。

李海水牺牲当日，陵高县县长路宪文亲率独立营化装成伪军，骗过野川底炮楼哨兵，占领了炮楼，想抓获李希仁为李海水报仇雪恨。但当天李希仁正在县城向池川小队长邀功，没能抓到。

解放战争胜利后，李希仁自觉罪孽深重，遂隐姓埋名，到处躲藏，苟且偷生。1953年，潜逃在外的李希仁被捉拿归案，陵川县召开万人公审大会，枪决了李希仁，告慰李海水烈士在天之灵。

陵川县人民政府追认李海水为"人民英雄""革命烈士"，以缅怀他在抗日战争中做出的丰功伟绩。

---

[1] 崔海生.陵川县抗日英雄—李海水[EB/OL].晋城党史网，2021-01-22.
[2] 崔海生.陵川县抗日英雄—李海水[EB/OL].晋城党史网，2021-01-22.

十六　烽火巾帼　雁北菩萨：林龙

林　龙[1]

　　林龙（1891—1966）出生于朔州市平鲁区宋红沟村一个贫苦农民家庭。1937年，日军的野蛮行径引起她的强烈愤怒。10月，八路军深入敌后，动员群众踊跃参军参战，她响应号召加入抗日大军。1938年4月，林龙、王浩夫

妇果断地将儿子王尚志送去参军。此时,她自己也在家乡参加抗日活动,担任秘密交通员,为抗日同志站岗放哨。同年 5 月,经妇救会干部李桂芳介绍,林龙成为一名光荣的共产党员。1944 年秋,因汉奸出卖被捕入狱。林龙在狱中斗智斗勇,营救了 200 多名同志脱险。1945 年 7 月,林龙与丈夫王浩出狱后即以新的姿态投入革命活动之中。1966 年 8 月林龙因病去世,享年 75 岁。

生活清贫 意志顽强

林龙自幼家境贫寒,14 岁时便与邻村青年农民王浩结了婚。王浩家也不富裕,全家六口人靠耕种几亩薄田和当长工维持生活。林龙婚后就与丈夫一起挑起全家生活的重担。她每天除侍奉年迈多病、双目失明的公婆外,还要从事农活或搞一些山货编织。尽管林龙夫妇昼夜不停劳作,但为公婆看病治丧所负外债越来越重。1919 年,为偿还债务,夫妻被迫将全部家产变卖一空,含泪回到娘家宋红沟村,继续靠扛长工打短工和编织度日。恶劣生活一方面使林龙对黑暗的旧社会深恶痛绝,另一方面也磨炼了她不屈不挠、顽强拼搏的性格。

林龙一直想让儿子王尚志读书,1925 年,不顾丈夫阻拦和村里人嘲讽,她坚持送 11 岁的儿子到村办私塾读书。看到儿子读书非常刻苦,林龙更加坚定决心要让儿子读书成才。家里好吃的、好穿的都先给孩子,夫妇二人则一年四季基本以野菜充饥。就这样,忍着万般艰辛,一直供儿子读书到“七七”事变后学校解散。

1937 年 9 月 28 日,日军攻陷朔县城,烧杀抢掠整三日,杀害 3800 余人,制造了惨绝人寰的血案。日军的野蛮行径激起了林龙的极大愤慨,决不能做亡国奴!当时,八路军一二〇师七一五团二营组成的雁北支队相继收复了平鲁城、井坪镇,派出的武装工作团在群众中展开抗日救亡宣传活动。林龙由此看到了希望,很快成为八路军的拥护者、支持者。她主动加入宣传抗日救国行列,协助朔县五区战地动员委员会动员出一大批资金、物资和一部分兵员,同时送儿子王尚志与十多名青年一起到晋绥边区战动总会办事处参加革命工作。

林龙的爱国情操和满腔热情的革命行动,受到中共晋绥边区特委领导的称赞。1938年秋季，林龙光荣地加入了中国共产党。

无私无畏　坚决革命

　　林龙入党后，革命积极性更加高涨，她虽裹了小脚，走路不便，但她以惊人的毅力出色完成了党组织交给的各项任务。当时晋绥边地区党、政、军机关和群众团体常在朔县五区活动，她家成为各级干部往来接头的地下交通站。同志们衣服破了、脏了，她都马上缝补拆洗。为了保证来往同志安全，林龙还负责站岗、放哨、传送情报。1939年，战争加上严重的自然灾害，地县机关日用物品严重匮乏。林龙受党组织委托，以走亲访友作掩护，来回奔波于神头镇、朔县、岱岳镇，购买煤油、食盐、火柴等日用物品。除此之外，她还通过祝家庄村的一个警察弄回来一部分子弹和一架望远镜。这在当时是非常危险的事，林龙却办得干净利落，因此受到地委领导的高度赞扬。

　　1940年8月20日，八路军组织发动"百团大战"，为鼓舞人民群众的抗日斗志，林龙承担起向敌占区传递八路军打击日军胜利消息的任务。她装扮成走亲戚的样子，手提小竹篮，腰里藏着传单，衣兜里装着烤山药，深入同蒲铁路周围和敌据点附近的神头镇，巧妙地将各类抗日传单贴到大街小巷。日伪军指示汉奸、特务暗地里侦破此事，从未有结果。

　　1940年夏季，平鲁县妇救会秘书于洪漪和妇女干部王辅英腰腿疼得厉害，林龙便主动将于、王二人接到自己家治疗养病，每天给她们煎药、煮饭、洗头，隔几天还要帮她们洗澡。听闻有敌情，林龙便把她俩搀扶到村对面一条小山沟的土窑洞中藏起来。林龙怕她们受寒，还将家中唯一一条棉被拿给她们。在林龙的精心照顾下，于洪漪和王辅英一个多月便基本康复。离别时，她们热泪盈眶地说："林妈妈，您的大恩大德我们永远铭记在心中。"①

　　1940年12月的一天，日伪军集结兵力，向洪涛山抗日根据地发动第15次围剿，县委书记王尚志、组织部部长王一民、警卫员谢新民等同志正面迎

---

① 郭玉莲主编.雁北妇运史[M].北京：民族出版社，2000:242.

战，边打边撤中不料被敌逼到一悬崖边，他们毅然跃身跳入三四十丈深的沟里，摔得头破血流、不省人事。林龙得知消息，冒着生命危险赶到出事地点，把摔伤的同志一个一个背到山洞里。她撕破自己的衣服给同志们包扎伤口，整整抢救监护了一夜。第二天日伪军撤走后，她又把伤势较重的谢新民抬到家中，像对待自己的儿子一样精心照顾，使谢新民同志很快伤愈，重返战斗岗位。

1941 年 9 月以后，由于日军对洪涛山抗日根据地加大"蚕食"力度，加之革命队伍中部分不坚定分子相继投敌叛变，雁北地区的抗日斗争进入异常艰难时期。为保存实力，根据上级党组织决定，地、县、区党政机关于 1942 年 5 月全部撤离洪涛山。面对险恶环境，林龙没有丝毫动摇，她依旧往返于敌占区各村庄，了解日军近况，传递情报，利用一切机会在群众中宣传动员，增强群众对抗战的信心。一次，中共九地委组织部部长李登瀛让她向朔县西山区较安全的地方转移，但她执意要留下，她说："你们走后，我在这里还能给你们起耳目作用。"[1]

林龙的活动引起日军注意，朔县的日伪军和宪兵队多次窜到宋红沟村围捕林龙一家，但有群众的极力保护，日军未能得逞。日伪军无计可施，就放火烧了她家的几间破窑洞，林龙与丈夫转移到山阴南山大柴棚村。

林龙夫妇在大柴棚村打短工，开办豆腐坊，以此维持生活。为了能在这里扎下根，继续开展抗日救亡工作，她利用各种机会，千方百计帮助村里人。白德科的妻子突然去世，留下一个仅三岁的小女孩无人照顾，林龙便主动把孩子接到自己家中照顾。小女孩在林龙精心关照下，很快长得胖乎乎的。林龙的善良勤劳、乐于助人的优秀品质，打动了小山村人们淳朴的心，一致称她为救苦救难的"观音菩萨"。

乡亲们与林龙相处久了，结下了深厚的情谊，也和她一起开展力所能及的抗日活动。林龙除了经常给村民们讲爱国抗日道理，还联合几位好友侦察了解各据点的敌情及各村党组织被日军破坏的情况，再将情况及时送给朔县西山区党组织。因此，尽管这一时期洪涛山区没有我党干部活动，但地委领导机关对洪涛山区的敌情、民情了解得清清楚楚。林龙在白色恐怖下无所畏惧地开展抗日斗争活动，村里许多人根本不知道这位小脚妇女竟是一名共产党员。

[1] 郭玉莲主编.雁北妇运史[M].北京：民族出版社，2000:243.

十六　烽火巾帼　雁北菩萨：林龙

不幸入狱 宁死不屈

1945年2月9日，林龙在大柴棚村隐居的消息被汉奸密探发现。2月中旬的一天，朔县、山阴的日伪军突然窜到大柴棚村，将林龙夫妇二人抓到岱岳镇，随后转移至朔县宪兵队。欣喜若狂的日军马上就转为极度失望，林龙早就告诉丈夫一旦遇意外就装聋扮哑，什么话也别说，由她一人与敌周旋。

敌人先以甜言蜜语劝她说服儿子王尚志归降，林龙以"人各有志""儿大不由娘"等理由婉拒。日军逼她说出王尚志下落时，她义正词严地说："中国的土地这么大，王尚志到哪里我怎能知道？"[①]

一天，日军宪兵队将投敌叛变的原朔县妇救会秘书孟元筠叫来劝降林龙。望着这位前几年被她热心关照过的姑娘，林龙心中的怒火一下子燃烧起来，连声责骂"可耻！可耻！"孟元筠见势不妙，狼狈溜走。

林龙的不屈不挠、大义凛然，感染了看守她的几个伪军，他们也向林龙传递一些日军内部消息，林龙借机对他们进行抗日爱国教育，启发他们认清形势、弃暗投明。1945年7月，抗战胜利在即，朔县地下党组织趁混乱之际，经过周密策划，在争取过来的几个看守人员配合下，帮助林龙夫妇脱离虎口。

投身建设 奋斗终身

林龙出狱后不久，日军无条件投降。她不顾体弱，仍然以最大的热情投身于新的革命工作。1947年夏季，她依从党组织决定，回到宋红沟村挑起了村主任重担，团结群众开展轰轰烈烈的土改运动，很快恢复了生产，并在拥军支前方面做出显著贡献，多次出席省、地、县召开的拥军优属劳模会，多次受到上级部门表彰奖励，成为群众最尊敬爱戴的一位基层干部。

---

① 郭玉莲主编.雁北妇运史[M].北京：民族出版社，2000:244.

　　1954 年，63 岁的林龙考虑到难以胜任村主任工作，便辞去了村主任一职，到内蒙古自治区集宁区儿子王尚志家住。此时的王尚志担任乌兰察布盟盟委书记，母亲到儿子家安享晚年，理所应当。但林龙根本闲不下来，她积极参与居委会工作，经常深入厂矿、学校做报告，以自己的经历为素材，教育年轻一代珍惜当下的幸福生活，奋发图强。

　　1966 年 8 月，75 岁的林龙因病治疗无效去世。乌盟地区群众含着热泪前去吊唁，与林龙一起出生入死、并肩战斗过的老同志纷纷发来唁电，撰写怀念文章，悼念这位伟大的革命前辈。

　　林龙，这位朴实无华的妇女不仅是对敌斗争的光辉典范，更是雁北妇女的骄傲。

十七　生的伟大　死的光荣：刘胡兰

刘胡兰烈士雕像①

刘胡兰（1932—1947），原名刘富兰，出生于吕梁文水县云周西村一个普通中农家庭。刘胡兰自幼能力出众，责任心强。10岁加入儿童团成为团长

---

① 巾帼优秀事迹—刘胡兰[EB/OL].澎湃新闻，2021-06-25.

后，就视宣传动员抗日救国为己任。1945 年 11 月，刘胡兰参加了妇女干部培训班，因表现突出被任命为妇救会秘书。1946 年 6 月，刘胡兰 14 岁成为中共候补党员。

1946 年 10 月，文水县城被阎锡山军围攻，危急关头，刘胡兰主动要求留下来协助八路军向各村党支部传达消息，组织村民转移、坚壁清野，保存革命力量。

1947 年，刘胡兰遭叛徒出卖被捕，为了不牵连群众，她从容走向铡刀，壮烈牺牲，年仅 15 岁。

环境熏陶　年少确立信仰

1940 年，8 岁的刘胡兰上了村小学。10 岁，她参加了儿童团。抗战期间，刘胡兰的父亲刘景谦带领群众为八路军运送物资，即使遇到日军炮火猛烈攻击，刘景谦也从不会丢下物资逃跑保命。刘胡兰的继母是当地妇救会成员，她一边教刘胡兰识字，一边给她讲革命道理，支持她积极投身革命事业。刘胡兰就是在这样充满革命氛围和革命信念的家庭中成长起来的，从家人、前辈的先进事迹和革命行动中，她明白献身革命事业，虽死犹生。

为了早日把日军赶出中国，实现民族独立，中国共产党人在各地奔走呼告，宣传停止内战，一致对外。1938 年，中共在文水县设立抗日民主政府，在刘胡兰家对面设立了"敌工站"。文水县抗日民主政府创办了抗日小学，刘胡兰进入抗日小学学习，年幼的刘胡兰心中埋下了抗日救亡、保家卫国的种子。文水县县长顾永田经常率领游击队伏击日军，在云周西村进行抗日宣传演讲。刘胡兰常常听闻顾县长的英雄事迹，当面听他精彩的演讲，顾县长成了她心中的偶像，成为她心中的一道光！

1941 年，熟悉的一位村民在给八路军传递情报时牺牲。不多久，顾永田县长也为革命事业献出了生命。得知噩耗，年少的刘胡兰无比敬仰地对好友说："这两人死得真'钢骨'，我要是死，也是这样去死！"[1]没想到，一语

---

[1] 阎文水.刘胡兰：生的伟大 死的光荣[J].支部建设，2021（25）.

成谶。

1942 年，文水平川第一支儿童团在云周西村成立，年仅 10 岁的刘胡兰担任儿童团团长，她与村里的孩子们一起为八路军站岗、放哨、传递情报，同时还带领伙伴们查路条、运送武器弹药。1945 年，在一次执行任务中，刘胡兰和同伴得知县妇女部长在组织民兵担架队以支援前线，便请求加入支援队伍。部队首长认为前线太危险，以此为由劝阻他们，但刘胡兰不为所动，坚持要去支援前线。果然，在前线的她们发挥了重大作用，为伤员包扎伤口，给战士们送弹药，一直忙到战斗结束才安全撤回。年仅 13 岁的刘胡兰，此时已表现出远高于同龄人的机智、从容与勇敢。

不论是游击队中牺牲的共产党员，传递情报时惨遭杀害的村民，还是奋斗在运送物资途中遇难的父亲，这些普通却不平凡的"小人物"事迹，都给少年刘胡兰上了一堂堂生动的党课，使她从小就坚定了革命志向。

参与选拔 勇挑重担

抗战胜利，本以为可以过上和平日子的解放区军民，却因国民党独裁内战被迫再次拿起武器反抗，以保卫革命胜利果实。为了适应形势转变之需，中共文水县县委决定选拔培养一批妇女干部。于是，1945 年 10 月在贯家堡开办了为期 40 多天的妇女干部训练班。刘胡兰瞒着家人，只身来到贯家堡参加训练班。经过这次学习，她的革命觉悟、党性有了进一步提高。在群众大会上，刘胡兰慷慨陈词，痛斥地主恶霸残酷压迫、剥削劳动百姓的罪行。刘胡兰的精彩发言，得到区领导的表扬与肯定。回村后，刘胡兰担任了妇救会秘书，发动妇女纺线、做军鞋，支援前线，发动群众一起反恶霸、斗地主。同时，她还鼓励动员青壮年积极参军，报效祖国。1946 年春，县里下达重任，限期 20 天纺好 200 斤棉花，刘胡兰接受任务后，立刻带着妇女们夜以继日干起来，提前两天完成任务，取得全县第一名的好成绩。5 月，刘胡兰调第五区任抗联妇女干事。

在这一系列学习与实践锻炼中，刘胡兰的综合能力得到进一步提升。1946 年 6 月，由组织委员石世芳提议，区委会一致通过，年仅 14 岁的刘胡兰被批准为中共候补党员。10月，国民党部队攻打文水县城，为了保存实力，县委决定将大部分人调到山上去，只留下少部分同志继续斗争。刘胡兰以自己年纪小不易被察觉且对周边环境非常熟悉为由，主动请求组织将她留下。组织同意了刘胡兰的请求，她与留下的同志们默契配合，一边积极传达党的最新指示，一边广泛组织群众坚壁清野、保护粮食。此外，胆大心细的她还帮助武工队抓捕了一个叛徒，一定程度上打乱了国民党部队的进攻计划，因此招来国民党部队更凶残的报复。

忠诚于党 从容就义

为了报复武工队惩处叛徒，国民党阎锡山部队于1947年1月8日突袭云周西村，村干部石五临危叛变，又为这个村庄蒙上恐怖的阴影。11日晚，区里得知消息后派人来通知刘胡兰，让她转移到山上隐蔽。由于当时还有大批群众没有转移出去，刘胡兰放弃了个人转移上山的机会，决定留下来先协助群众转移。12日清晨，国民党部队包围村庄后，把村民全赶到大庙门口，刘胡兰母亲要她躲到邻居家去，因为邻居家女主人刚生完孩子，刘胡兰可以以伺候月子之名避而远之。但那时邻居家已经聚集了不少人，刘胡兰感觉不能牵连无辜百姓，就平静地来到大庙前。刚到大庙门口，她就被叛徒武金川认出来了。在大庙里，刘胡兰看到了经历严刑拷打血肉模糊的革命群众。国民党特派员张全宝从叛徒口中得知刘胡兰是被捕人员中唯一的共产党员时，就软硬兼施威胁利诱，要刘胡兰投降并说出所有知道的情报。

面对张全宝的威逼利诱，刘胡兰一概回答"不知道"。张全宝说，已经有人供出你是共产党。为不连累村民，刘胡兰痛快承认了自己的党员身份。面对张全宝的拷问，刘胡兰毫不隐瞒对共产党的一片赤诚，她大声说，共产党为穷人办事，所以她就为共产党办事。"只要还有一口气，就要为共产党办事到底！"[1]强硬态度、软硬兼施根本唬不住刘胡兰，也套不出任何有用信息，恼羞成怒的张全宝拿生死威胁刘胡兰，刘胡兰的回答掷地有声："怕死不当共产

---

① 阎文水.刘胡兰：生的伟大 死的光荣[J].支部建设，2021（25）.

党！"无计可施的张宝全当着刘胡兰的面，铡死了六个革命群众，想以此逼迫刘胡兰屈服。刘胡兰毫不畏惧，冷静地问张全宝自己如何死法。盛怒的张全宝转头命令机枪手对准全村群众，再次施压。刘胡兰一言不发走向铡刀，用自己年轻的生命换取全村百姓的安全，牺牲时年仅 15 岁。

三件遗物　少女柔情

刘胡兰走向大庙前，将一枚银戒指、一盒万金油、一块白手绢交给了母亲胡文秀。如今，这三件物品珍藏在刘胡兰史迹陈列馆中。银戒指是刘胡兰的奶奶临终前留给她的，代表着对至亲之人的思念；万金油是村里的老党员石世芳赠送的，他一直关注着刘胡兰的成长；白手绢是八路军十二团三营三连连长王本固赠给她的，王本固在一次战斗中负伤，到云周西村疗养，正是刘胡兰为他做饭、洗衣、煎药，精心照顾他的一切。日军骚扰时，刘胡兰把王本固转移到村外的一处墓穴里隐蔽。在朝夕相处中，两位年轻的革命者彼此萌生了懵懂的情愫。待王本固痊愈归队时，刘胡兰依依不舍，一直将他送到村边。王本固掏出一块白手绢，送给无微不至照顾自己的刘胡兰。谁料，这一别竟是永诀。

胡兰精神　后人敬仰

1947 年 3 月 26 日，毛泽东带领中共中央机关转战陕北途中，任弼时向他汇报了刘胡兰英勇就义的事迹，毛泽东深为感动，挥笔题词"生的伟大，死的光荣"。8 月 1 日，中共中央晋绥分局追认刘胡兰为中共正式党员。中国人民解放军战斗剧社为了追悼刘胡兰同志，创作了话剧《刘胡兰》，并在晋绥地区上演，引起广大战士和群众的强烈反响。

党的三代领导人分别给刘胡兰题了词，史无前例；而今刘胡兰生前所在的云周西村已更名"胡兰镇"，长久缅怀她短暂而光辉的一生。

十八　三种身份　一代传奇：刘少白

刘少白[1]

　　刘少白（1883—1968），出生于山西兴县黑峪口村一个地主家庭，清朝最后一科贡生。他是中国红色银行事业的创始人之一，也是一位老共产党员。

　　1908年，刘少白考入山西大学堂法律专业，接受新学教育。1911年辛亥革命爆发，刘少白率先剪掉长辫子，投身推翻封建帝制、建立民主共和国浪潮中。1918年，刘少白在太原阳兴中学和山西省立工业学校执教国文。

　　1937年8月，刘少白正式加入中国共产党，并受上级指示返回家乡，协

① 史言.刘少白：从开明绅士到共产主义战士[EB/OL].学习强国，2019-10-22.

助八路军一二〇师开辟晋西北抗日根据地。1942 年 5 月，他当选晋绥边区临时参议会副议长，从事敌后工作。1949 年 9 月，当选全国政协委员、山西省政协副主席，积极为山西现代化建设出力。1968 年 12 月 10 日，刘少白于北京去世，享年 85 岁。

历经坎坷 求知求学

刘少白家境殷实，其祖父是黑峪口村首富，父亲是秀才。刘少白 6 岁时，父亲就送他到村里的私塾读书启蒙。求学过程中，刘少白接受了新思想洗礼，赞同新事新办，反对封建迷信。他在书房门上用英文写下"自由、平等、博爱"字样，可见资产阶级民主革命思想已影响到年轻的刘少白。在山西大学堂法律系攻读的岁月，刘少白大量阅读了西方资产阶级民主思想家的论著，心中种下了民主革命的种子。

20 世纪初，中国备受欺凌，一穷二白，社会动荡，乱世里，刘少白希望自己能做一个大法官，除暴安良，为百姓惩处贪官污吏。1911 年 10 月 10 日，辛亥革命浪潮席卷而来，山西声援武昌的青年运动也如火如荼开展起来。山西大学堂积极响应革命号召，创办了革命报刊，大学生为光复山西做出了一定贡献。刘少白借此机会返回故乡兴县，在群众中大力宣扬辛亥革命的重要意义，号召乡亲们剪掉象征封建主义的长辫子，鼓励女孩子停止缠足，争取自己的权益。南北议和之后，刘少白再次回到太原。1912 年 3 月，山西省成立临时参议会，刘少白以议员身份出席成立大会，并在胡鄂介绍下加入黎元洪组建的共和党，反对袁世凯称帝。

1914 年夏，刘少白重返大学继续学业。由于贿赂成风，第二届临时议会选举中刘少白落选，暂离政坛、一心问道。不料家中发生变故，失去经济支持的刘少白只能在太原阳兴中学兼任国文教员，以每月 12 元收入支持生活。1918 年夏刘少白获得法学学士学位，同年被推举为阳兴中学董事。

恐怖笼罩　营救党员

1919 年，反帝反封建的五四运动在北京爆发，席卷全国。当时最受青年喜欢的《新青年》和《向导》两本杂志深深影响了刘少白的思想。1922 年，刘少白出任山西省工业学校秘书长及国文教员，在 6 年执教生涯中，他积极推广白话文，提议增设新文化课程，并在课上课下向学生灌输民主主义思想。在此期间，刘少白还参加了中国共产党的外围组织"互济会"。

1927 年初，阎锡山为彰显"政治开明"以招考方式"招贤纳士"。负责招考者认为刘少白靠自身条件考上是没有问题的，偏在面试时出难题："'你认为共产主义是好还是坏呢？'"刘少白毫不避讳地说出了自己的真实想法'共产主义好是好，可惜在中国实行会很困难的。"[1]他这样的回答自然引起考官不满，最终落榜。由此可见，此时的刘少白已经受到马克思主义理论的影响。

"四一二"反革命政变后，阎锡山到处残害共产党人。此时的刘少白还没有加入中国共产党，但他以助人为乐的善良本性，帮助许多共产党人脱离危险。中共山西省委宣传部部长王瀛被特务跟踪到刘少白家中避难，刘少白马上将他藏起来，后来趁机护送王瀛到北营火车站平安离开太原。

1928 年，中共领导人王若飞在包头被国民党政府逮捕，关押在归绥（今呼和浩特）第一模范监狱。正在北京的刘少白得知王若飞被捕消息，他利用与傅作义的私人关系多次上门面谈，希望狱警对王若飞多加关照，尽快释放。刘少白费尽心力，多次为了王若飞的安危奔走游说。由于王若飞身份特殊，傅作义不敢擅自作主。虽然解救计划失败，但有刘少白多次说情，王若飞在狱中少受了些无妄之灾。

1930 年，刘少白到上海看望女儿刘亚雄，此时的刘亚雄刚从莫斯科学习回国，并在中共中央组织部工作，刘亚雄把父亲刘少白的住址告诉了战友赵世兰，并嘱咐她遇到危险时可以去求助。当叛徒出卖赵世兰的弟弟、中共江苏省委负责人赵世炎时，赵世兰也被列入逮捕名单。紧急情况下，赵世兰和李惠找

---

[1] 赵政民.一生追求光明—记著名爱国民主人士刘少白[J].先锋队，2009（3）.

到了当时住在东方饭店的刘少白，刘少白赶紧在饭店另开一个房间，保护二人躲过搜捕。此外，王瀛的爱人朱志翰，贺昌的妹妹贺毓秀、贺爱莲等都受过刘少白的保护。困难时期，刘少白还积极营救被捕的共产党员，他把自己在北京的住所当作党员秘密联络点，后来因叛徒出卖，宪兵队抄了他的家，刘少白被迫远走大连避难。

刘少白在危急时刻表现出的沉着冷静、机智灵活，为搭救革命人士所作出的牺牲与奉献，得到党的认可。在与中共党员的进一步接触中，他对中国共产党有了特殊感情，为他之后加入中国共产党打下了坚实基础。

加入组织　筹措资金

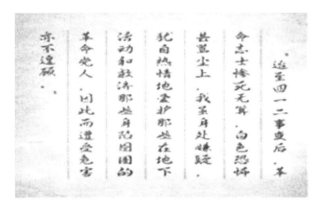

刘少白入党志愿书[①]

1937 年"七七事变"拉开了全面抗战的帷幕，与中国共产党有过多年往来的刘少白此时年届 54 岁，在王若飞、安子文介绍下，正式加入了中国共产党。由于刘少白出身地主家庭，在当地士绅及知识分子中影响较大，经北方局书记刘少奇批准，刘少白对外以开明士绅身份开展抗日民族统一战线工作。

同年 9 月，八路军一二○师进驻山西开辟晋西北抗日根据地。根据党中

---

① 史言.刘少白：从开明绅士到共产主义战士[EB/OL].学习强国，2019-10-22.

央指示，回到兴县的刘少白担任了兴县战地总动员委员会的经济部长。响应阎锡山提出的"国难当头，有钱出钱，有力出力"号召，也为了筹措更多资金给八路军建设根据地，刘少白创办了兴县农民银行，自任经理。"为尽快筹措银行资金，刘少白不仅将自己的全部积蓄拿出来，还动员全县100多家富户根据自己实力出钱，起码百元，多则不限。杨家坡地主杨邦翰将价值15000元的房地产全部捐出，蔡家崖的牛友兰一次捐出白洋23000元，粮食150石，还把牛氏家族在县城西关'复庆永'杂货铺的布匹、杂物折款10000多元入股。"[①]银行创办起来后，该行的钞票在山西西部流通。为赚取更多资金支援抗战，刘少白又以银行名义兴办了纺织厂，后改名为供销生产合作社，纺线织布、售卖商品、筹措资金。"十二月事变"后，刘少白决定把兴县农民银行改为西北农民银行，自任行长。西北农民银行为根据地的经济发展提供了大量资金支持，进一步巩固了晋西北抗日根据地。与此同时，刘少白还和张干丞县长、战动总会主任白忍一起创办"新运书社"，发行《解放》《八路军军政杂志》《论持久战》等进步书刊，宣传中国共产党抗日民族统一战线的相关政策。

1942年是抗日战争最艰难的时候，晋西北临时参议会用无记名投票方式，选举刘少白为副议长，并通过了《对于巩固与建设晋西北的施政纲领》。党组织和人民赋予刘少白更重的担子。在抗日战争的战略相持阶段，日军对抗日根据地实行更严格的经济封锁，为了克服物资短缺困难，党中央号召各界人士生产自救。此时已经快60岁的刘少白积极响应大生产运动，带头上山开荒，每天都翻倍完成任务。此外，他还向边区政府提议，广泛种植棉花。政府采纳了他的提议，仅在兴县棉花种植面积就达到数千亩，皮棉产量六七十万斤。刘少白在大生产运动中表现优异，其妻子更以"纺线织纱能手"多次成为典型登上《晋绥日报》版面，成为大家学习的榜样。刘少白还与好友牛友兰一起在兴县城关创办了蔚汾纺织厂，这些努力，极大地缓解了战时的物资困窘。

---

① 赵政民.一生追求光明—记著名爱国民主人士刘少白[J].先锋队，2009（3）.

三赴延安 坚定决心

抗日战争时期，延安成为中国革命圣地，对于集三种身份于一身的老共产党员刘少白来说更是如此。1938 年 6 月，刘少白第一次前往革命圣地延安，他的任务有两个：一是与上级党组织接上党的关系，二是给银行采买高质量的印钞用纸。

时任中央军委秘书长、统战部部长的王若飞在延安热情接待了刘少白。汇报工作后，中央指示北方局尽力解决刘少白工作中的困难。刘少白的这次延安之行获益良多。

1942 年 5 月 21 日，刘少白第二次赴延安。这一次他是作为参观团副团长和牛友兰一起带晋西北士绅参观团到延安参观学习的，顺带将儿子易成、乃成及外孙纪原带到延安入学。参观团在延安受到各界热烈欢迎，刘少白还受邀参加了陕甘宁边区银行举办的座谈会，交流了银行工作和管理经验。7 月 9 日下午 4 时，毛泽东会见晋西北士绅参观团成员，围绕国际、国内形势及"减租减息""三三制"等战时政策与参观团深入交流，畅谈了约 5 小时。

问起孩子入学的困难，刘少白害怕主席担心，连连摆手说一切问题都解决了。毛泽东主席赞许他说，把孩子从小放到延安学习，就是把孩子放在革命的熔炉里锻炼，是非常值得肯定的行为。

从延安返回后，刘少白写下《晋西北士绅参观团留别延安各界书》和《晋西北士绅参观团敬告晋西北各界同胞书》，直言此次延安之行解答了他们许久以来的困惑，坚定了革命必胜的理想信念。

刘少白第三次奔赴延安是 1945 年 7 月党的七大之后，为参加解放区人民代表会议筹委会工作而去。由于苏联对日宣战，8 月 15 日日本宣布无条件投降，筹委会工作暂停。抗战胜利后，国共重庆谈判进展不利，内战随时有可能爆发。随后发生了"四八"事件，刘少白的好友王若飞与叶挺等人突遭劫难，刘少白深感国共和谈无望，决意返回晋绥继续投入革命斗争。

1946 年 5 月下旬刘少白准备返回兴县前，毛泽东主席在王家坪单独设宴为他饯行，并在谈话中向刘少白传达了中央决定全面开展土地改革的决定，解释了中央"五四指示"的内涵，希望刘少白作为党员能起到先锋示范作用。临别时恰逢大雨，毛泽东主席冒雨将刘少白送上车，一直目送刘少白远去。刘少白一回家，马上给晋绥行署发去电报，明确表示拥护土地改革，要把自己的土地和房屋拿出来分给农民。

在革命战争年代，每一次奔赴延安，刘少白都感觉思想与境界得到升华。在革命圣地延安浓烈的氛围熏陶下，在与诸多优秀共产党员、革命家思想交流后，他更深刻地领会了党中央的精神，更加坚定了抗战必胜的信念，并最终都体现在他的革命行动中。共产党，革命圣地延安，是刘少白一生追逐光明的不竭动力。

十九　足智多谋　雁北奇才：刘苏

刘 苏[1]

　　刘苏（1913—1992）出生于山西应县龙泉村一个农民家庭。15 岁考入军校，在晋军六十六师任职，官至中尉排长。1937 年参加八路军，同年加入中国共产党。抗日战争时期，历任太原战地总动员委员会察绥军副长官，八路军一二〇师雁北支队支队长，晋察冀军区雁北支队支队长、第五军分区副参谋长、绥东纵队司令员等职。解放战争时期，任冀晋军区雁北军分区副司令员，

① 孟红.参加抗美援朝的山西籍将领[N].山西政协报，2011-03-25.

晋察冀野战军第一纵队二旅副旅长、一旅副旅长，华北军区第一纵队副参谋长，第二十兵团六十六军参谋长。1949 年后历任第六十六军参谋长、第六十七军参谋长、参谋学校校长，军事学院军事科学研究部研究室主任、训练部副部长等。[①]1964 年授少将军衔。荣获二级独立自由勋章、一级解放勋章。1988 年获独立功勋荣誉奖章。1992 年 1 月 1 日在北京逝世，终年 79 岁。

参加抗日 屡立战功

刘苏从小家境贫寒，8 岁入学接受启蒙教育，小学毕业后因家境贫寒辍学，之后又读了两年私塾。1927 年，刘苏到五台山寺院打理后勤。同年冬，给山西炮兵副司令辜仁发当勤务兵。1928 年考入北方军官学校，在步兵科学习。1930 年底军校毕业，在晋军六十六师三九三团先后任司务长、见习排长、中尉排长等职。1936 年，考入南京参谋本部举办的边务研究所学习。1937 年春，感到国难当头，放弃晋军军职，到张家口参加中国共产党领导的抗日活动。"七七事变"后，刘苏到太原参加二战区战地总动员委员会领导下的游击战，先后任军部副官长、第一支队支队长。1937 年 10 月加入中国共产党。

1937 年 8 月，战动总会成立察绥游击军，刘苏任副军长。这支队伍后被改编成察绥游击支队，是雁北抗日根据地的一支主要抗日武装。这支队伍神出鬼没，转战于雁北广大地区，在长城内外、桑干河畔、恒山脚下、同蒲平绥线上，浴血奋战，挫败日军，打击顽军，收编地主武装，为创建雁北抗日根据地、解放华北，立下了不朽功勋，被群众誉为"晋察冀西北角的一支铁军"，刘苏被称为"铁司令"。

---

① 王波、李迎选编.晋绥风云人物（党政人物卷）[M].北京：中央文献出版社，2007:418.

十九　足智多谋　雁北奇才：刘苏

保卫雁北　猛攻阎军

抗日战争进入相持阶段后，随着日军对华政策调整，国民党开始消极抗日，积极反共。阎锡山也蠢蠢欲动，由过去的"联共抗日"变为消极抗日，不断制造摩擦事端。1939年9月，阎锡山让白志沂带三个团1500人，从晋西出发，经五台、繁峙开进雁北灵丘县下关、独峪一带，欲从八路军创建的根据地"收复失地，夺取政权"，白志沂的无理要求当然被拒绝。其时恰逢三五九旅从雁北调回延安，白志沂遂下令武力夺取广灵，抢走县长大印，灵丘县县长高钦等7人被白部扣留在站上村。白志沂还下令将关押"人犯"20余全部释放收编，并沿途抓捕我抗日根据地干部、群众。

经过整训后的察绥支队遵从三五九旅和晋察冀边区五地委指示，向应县、浑源开辟更广阔的根据地。在应县、山阴地区重新建立抗日联合政府，同时和察南、雁北联合成立了应山工委。为保卫抗日政权，根据"人不犯我，我不犯人；人若犯我，我必犯人"的原则，刘苏带领雁北支队同白志沂顽固军展开殊死搏杀，雁北支队遵从办事处命令，将灵丘县政府被扣留人员全部解救出来，并将派在应县、山阴两县的武装工作队解除武装，驱逐出境。整体上虽敌众我寡，但刘苏支队屡战屡胜，白志沂部投降的投降，溃逃的溃逃，在灵丘、广灵再无立足之地。

同年11月，白志沂率余部流窜至浑源，在小寺村抓捕了浑源二区区长和一个科员。为了报复过往的失败，他们极其残忍地杀害了卢、江二人，还于浑源县罗框村抓捕了刘苏的母亲为人质，以此卑劣手段逼刘苏就范。刘苏母亲坚拒不予配合，一天后，白志沂无奈放了刘苏的母亲，借此麻痹雁北支队。

就在当天黄昏，白志沂部出动两个团上千兵力，突然向雁北支队驻地豹子口一带发起突袭。雁北支队二营被偷袭包围，刘苏亲自上阵指挥，司号员吹响了冲锋号，向数倍之敌发起冲锋。一时间，杀声四起，枪声大作。刘苏率二营营长张一波、教导员杨子安、副营长叶茂之，身先士卒，展开肉搏，阎军包围圈被冲破，在雁北支队的猛烈反攻下，阎军尸横遍野，狼狈逃窜。

豹子口战斗后，刘苏率领雁北支队在青佛寺、将台背等地活动，与白志沂部连续展开三次较大战斗，歼灭俘虏阎军200余人，缴获机步枪100余支，予敌以沉重打击。1940年1月1日，三五八旅六团、四团和雁北支队通力合作，分三路进军将白志沂部大部歼灭。白志沂仅带百余手下从应县、山阴逃回浑源。雁北支队为巩固雁北根据地，立下了汗马功劳。

巧用奇袭 智斗日伪

1940年以后，八路军三五九旅被调回陕北保卫延安，雁北五分区取消，六团调离雁北，雁北仅有雁北支队在孤军奋斗。当时部队装备十分落后，主要靠夺取敌人的枪支弹药武装自己。面对封锁围攻的艰难局面，刘苏领导雁北支队加入了著名的百团大战，在青磁窑一带打击日军，和应县、浑源、繁峙百姓并肩战斗，用奇袭办法，巧夺敌据点，打得日伪不得安宁。

太平洋战争爆发后，侵华日军为了确保其占领区，对根据地实行"蚕食""封锁""囚笼"政策，疯狂推行"三光政策"，反复"扫荡"，极其残酷。困难越大，越凸显雁北支队的斗争水平和刘苏的指挥能力。为避免被合围，雁北支队经常在距日军据点五至十里外驻扎。刘苏长于判断敌情，捕捉战机，出奇制胜。1943年6月，繁峙沙河的日伪军为与应县白蟒神部保持联系，每天有30多名日伪军，早上从沙河出发，路经杨家窑村与白蟒神部联系后，中午再按原路返回。刘苏获悉这一情报，和参谋长张一波带三个连跑步到杨家窑村设伏。杨家窑村东、南、西三面环山，北面是比较平坦的大路，利于包围敌人。

这天，日军如往常一样呈一字长龙阵形，大摇大摆走进了伏击圈。刘苏一声令下，三个连的机枪、步枪同时猛烈开火，战士们手榴弹开路，随后端起刺刀冲向日伪军。遭到突然袭击，敌人乱成一团，雁北支队从三面尾追围攻，居高临下，仅用十几分钟就全部、彻底、干净地歼灭了日伪军，缴获一批机枪、步枪等战利品，雁北支队仅一人受伤。

同年秋，日伪军四处抢粮。繁峙日军集中7个县伪军300余人，加上日军 60 余名，从沙河经卧龙峪到附近村庄抢粮。刘苏经过周密侦察，巧妙地转到日军返回路上，将日军抢去的 40 多车粮食又夺回来，并毙伤日军 30 余人，缴获武器弹药一箱，受到分区嘉奖。1944 年秋，刘苏带雁北支队配合六团在平型关附近歼灭日伪军 90 余人。同年秋，雁北支队迂回浑源，给伏击的日伪军以沉重的打击。

在抗战相持阶段，在敌强我弱的情况下，刘苏和他领导的雁北支队充分利用地利，以游击战术深入敌占区破袭交通，在外线作战中以小型、分散的方式发挥游击战威力。还通过伪军家属、朋友各种关系，用政策、亲情攻心，以思想政治工作瓦解军心，大量伪军洗心革面。与此同时，雁北支队也由抗战初期的几百人发展壮大至数千人。刘苏指挥的雁北支队，在敌人四面包围下不断取得胜利，日伪军视之为心头大患。日军挖空心思，派遣特务策反。一次，日伪军派刘苏的同村同学孙占金上山暗杀刘苏，但刘苏同村的刘培成将这一消息告诉了刘苏家人。当孙占金化名孙占全上山参军时，刘苏立即派特派员郭振邦接待他并做他的思想工作。不多久，孙占金就如实讲出来意，并交出埋在村外地里的手枪。刘苏会见孙占金，以抗日革命道理说服他弃暗投明，孙占金被成功策反。雁北支队后来收到孙占金数次送出的情报，化敌为友。

刘苏领导的雁北支队，不仅要与武器先进的日伪军频繁作战，还要同饥饿寒冷作斗争。雁北属于"蒙疆"，日军"扫荡"格外频繁而残酷。日军据点林立，间距仅 20 公里、10 公里。日军每月"扫荡"少则五六次，多则十几次。据应县一区统计，1942 年日军一个月内"扫荡"40 多次。到了冬季，日军更加疯狂，频繁出动。我军生活条件十分艰苦，干部战士常以莜面鱼鱼、黑豆、土豆充饥。冬季零下十几二十多度的天气，只有一套薄棉衣御寒。刘苏和战士们同吃同住，团结如一人。特殊年代里，由于我军思想政治工作深入人心，官兵同甘苦共患难，坚持斗争，才最终赢得胜利。

攻克据点　解放集宁

1945 年初，为响应扩大解放区号召，时任雁北军分区副司令员刘苏指挥雁北支队配合主力部队，开展了扩大雁北解放区的应县、浑源战役。按照军区作战部署，刘苏和分区司令员陈仿仁负责中路指挥。战役打响后，由于军情有变，军区又指定刘苏为南路指挥，在繁峙、沙河、大营一线作战。当时，日军在应县重新部署过兵力，以应县南秀乡南泉村据点为中心，构筑了茹越口村、东安峪村、胡峪口等扇子形据点网，对我南泉根据地实行严密封锁，企图切断应县与浑源、繁峙的联系。这时，拔掉日军南部的据点，解除日军对应县南山抗日根据地的威胁，成为进一步扩大应县、繁峙、浑源解放区的关键。

怎样拔掉日军重兵把守的南泉村据点？刘苏与支队领导经侦察分析，认为拿下南泉据点伪警察队队长贺玺臣是突破口。贺玺臣原是八路军雁北支队三连连长，1942 年经不起残酷斗争考验叛变投敌，日军委任他为应县南乡伪军头目。南泉村据点驻守有 100 余名伪军，由日军指导官原野作顾问。应县伪军中仅有的一挺重机枪就配备在这个据点，人多武器优。拔掉这个据点，可震慑日伪军，打通南乡交通，意义极大。据可靠情报，贺玺臣因为日军太平洋战争失败，兵力支援不足，加之抗日力量不断壮大，对日军的前途已不看好。刘苏把突破口放在南泉村，把争取贺玺臣的任务交给善于言辞的敌工部部长周希琪和二营营长张一波。他们经过艰苦细致的劝降工作，与贺玺臣达成夜间行动协议。双方约定以火光为信号，雁北支队事先埋伏在据点周围，看到火光后，炮楼安排人放下吊桥，雁北支队马上冲进去。里应外合，不费一枪一炮，就活捉了日军指导官原野等 2 人，生俘伪军 100 余人，缴获机步枪 100 余支。

南泉村据点一解决，雁北支队队员换上伪军服装，由贺玺臣带路又收复了东安峪村、茹越口村，胡峪口等据点，接着又攻克小石口、北楼口等据点。这一系列胜利，迫使日伪龟缩在城里不敢外出，我应、浑、繁解放区连成一片，战役从 5 月 13 日起至 7 月 3 日止，历时近两月，共攻克敌伪据点 37 个，解放村庄 563 个，解放人口 40 万，土地 323 万平方公里，为解放战争胜利奠定了坚实基础。

1945 年 7 月初，晋察冀军区决定组织一个绥东纵队和分委会开展绥东工作，先组织绥东战役，打开局面，尔后再展开。刘苏奉命任绥东纵队司令员，陈一凡任纵队政委兼分委书记。纵队组建后，于 7 月 22 日从灵丘县东河南出发，一直到平绥路以东的亮马台汇合。8 月 1 日，绥东纵队迫使张和白家营两个据点的日军撤退。8 月 9 日，来到兴和东南的高庙镇。13 日，占领兴和城。20 日、21 日到集宁，查明集宁日伪军已经撤退，但集宁城已被傅作义收编的苏美龙所带千余人占领。在刘苏指挥下，22 日以三个连兵力于黄昏时分发起攻击，先占领了卧虎山制高点，当天就拿下了集宁城。集宁城首次被解放。8 月 23 日，雁北军分区司令员陈方红和副政委赵国威率领三十四团、三十五团到集宁，刘苏部与大部队会师集宁城。8 月 24 日，刘苏按军区指示率一连骑兵到商都与苏联红军会师。日本帝国主义无条件投降后，雁北支队正式编入野战兵团，投身全国解放的伟大事业。

投身科研　撰写史料

1948 年 8 月至 1950 年 10 月，刘苏调入晋察冀野战兵团，先后任野战军第一纵队二旅副旅长、一旅副旅长，华北军区一纵队副参谋长，六十六军副参谋长、参谋长。[①]他指挥所属部队先后参加了大同战役、保定战役、石家庄战役、察南绥东战役、应县战役、绥包战役、平津战役、太原战役，为华北解放立下了卓越功勋。

1964 年，刘苏授衔少将。1974 年 1 月，刘苏调到三机部风洞指挥部任副主任，领导该基地的科研工作，组织完成了数万次试验，为发展国防尖端科技事业做出了重要贡献。

1980 年 9 月，刘苏离休，随后负责撰写了晋察冀人民抗日斗争史丛书。离休后，他还受北京大学师生邀请，多次登上北大讲台，讲授中国近现代革命史。1982 年春，刘苏写了 10 多篇战争回忆录。1983 年，刘苏担任全国政协革命史编委会委员，3 年中，整理搜集各类史料 300 多万字，审理了 10 辑应县县志资料汇编，3 辑雁北抗日战争和解放战争参考文献资料，其中不少党史军史文章由刘苏亲自撰写。

1992 年 1 月刘苏去世，享年 79 岁。

[①] 马福山，景京主编.中共大同历史人物[M].北京：中央文献出版社，2008:99.

二十　屡建奇功　双枪英雄：刘太保

刘太保①

　　刘太保（1919—2007），出生于闻喜县桐城镇西社村一个中农家庭。日军全面侵华后，18岁的刘太保参加了闻喜县抗日游击队。1938年3月，因熟悉地理环境，他协助游击队成功夜袭闻喜火车站。7月上旬，跟随柴泽民（山西闻喜人，1933年加入中国共产党，抗战时期先后任闻喜县委组织部部长兼闻喜抗日游击支队政治部主任、夏县中心县委书记兼八路军康杰支队政委、晋豫区条西地委书记、太岳区五地委书记、太岳军区五分区政委、司令员等）的

① 张引太，王长远.隐蔽战线上的无名英雄刘太保[N].运城日报，2021-08-31.

游击队歼灭土匪阎化涛部。同年 11 月，经李海泉介绍加入中国共产党。1945 年 11 月奉命打入阎锡山部，营救了多名干部群众。之后又在解放太原战役中立了功。1955 年返回家乡后，因打入过阎锡山内部，不被村里人理解，甚至在六七十年代还被扣上"历史反革命"帽子。1979 年 10 月得以平反。2007 年与世长辞，享年 90 岁。

学成归来　英勇作战

刘太保祖上留下一定家产，所以他的童年是幸福安稳的。随着卢沟桥上枪声响起，日军侵华，每个人的生活都发生了天翻地覆的变化。日军铁蹄肆意践踏中国领土，日益嚣张的劫掠令无数志士仁人投身抗日反战时代洪流。1938 年 10 月，根据上级安排，闻喜县抗日游击支队赴韩家岭编入晋豫边区八路军游击队第七大队，队长为嘉康杰。刘太保因表现出色，11 月加入中国共产党，并经八路军西安办事处安排进入"青训班"学习。"青训班"开设了基本政治常识、抗日民族统一战线的理论和实际、抗日军事问题等课程，并且依据当时青年的思想特点，有的放矢开展政治教育、军事教育等。三个多月学习结束后，刘太保重返战地，加入孙定国的新军二一二旅，任五十五团二营五连政治指导员。1939 年 8 月，在孙定国指挥下，刘太保率二营、秦瑞芝率三营"在猗氏县大阎村设伏，伏击日军运输车队，烧毁汽车 3 辆，歼灭日军 50 余人，缴获了大批被服和武器弹药"[1]，战场上英勇无畏的刘太保被评为"战斗英雄"。

1939 年 12 月，阎锡山发动"晋西事变"，在围歼阎锡山顽军三十九团战斗中，刘太保率领的五连战士果敢积极，在荣河县回龙村歼敌 200 多人，俘敌 600 多人，缴获机枪 20 挺、步枪 500 多支、子弹万余发。刘太保一人就缴获近 40 支步枪，立下了汗马功劳，再次获评"战斗英雄"。

1944 年，侯马五位同志到新绛县城执行任务，因叛徒出卖，被日伪军跟

---

[1] 张引太，王长远.隐蔽战线上的无名英雄刘太保[N].运城日报，2021-08-31.

踪并关闭城门搜捕。紧急时刻，他们向正在新绛开展工作的刘太保求救。刘太保把五位同志隐藏在自家阁楼上，整整五天五夜，日军连续地毯式搜查，一无所获，只得重开城门。刘太保设法把同志们安全送出城，躲过了大劫。

打入阎锡山部 营救干部群众

抗战胜利后，刘太保受组织派遣打入阎锡山内部，获取情报兼策反阎部高级将领。1945 年 11 月，在新绛县城被刘太保搭救过的侯马铁道办公室地下党员曹彬和傅懋惠两人，以亲戚文德政在阎锡山部担任政治部主任的方便，让刘太保顺利打入阎锡山部内部。从 1946 年到 1948 年，白天的刘太保是喝酒吃肉吹牛皮的军阀一员，晚上则是利用职务之便搜集情报、解救党员干部的地下工作者。

1946 年夏，介休游击队医官、共产党员侯中和被阎锡山部抓获受审，刘太保时任阎锡山部上尉指导员，查阅资料时看到侯中和的案卷，发现其中很多文字记录对侯中和极为不利。刘太保在宴席上设计灌醉审讯官郭纯段，暗中调换了侯中和的审讯记录，再到师部找当初帮他打入阎锡山部的文德政疏通关系，请求释放侯中和。当局再次审查侯中和案卷时，看不到真凭实据，再加上刘太保和时任连长杨永和说情，侯中和终得释放。

1947 年腊月近大年之时，阎锡山部在汾阳裴会村抓捕三十余名革命干部、民兵及其家属，多人被当场打死，剩下的被带到平遥县交四十四师一团三营看管。刘太保时任该营副营长，杨永和任营长。刘太保找到杨永和，说一下子关押这么多人，粮款不足，必然会降低官兵的生活质量，鼓动杨永和放了那些人。杨永和逐一审问被关押者，以"查无实据"让刘太保向师部请示汇报，最终全部予以释放。

如此"巧合"发生多了，难免落人口舌、遭人非议。刘太保救人心切，不长时间就先后释放了数十名共产党员，有人密告到阎锡山处，直指刘太保"通共"。阎锡山的"铁军会"把刘太保关押在万柏林，47 天里严刑拷问，或者将他绑到刑场陪斩，以此恐吓。刘太保对"通共"指控矢口否认，后经杨永和及六位阎锡山部师级干部担保，刘太保才获释放。

瓦解顽军　率部阵前起义

1948 年 10 月，解放太原第一枪打响。1949 年 3 月，刘太保和杨永和受命防守双塔寺。此前，刘、杨二人多年合作，已成挚友。二人均对国民党违背"双十协定"、发动反共战争极为反感。多年的战争经历，他们早看清了只有共产党才是真正的抗日力量，中国共产党必胜，已是他们不言的信念。

多年并肩战斗中，二人的政治立场渐趋一致，决心不再做任何反共之事，也不愿做国民党的陪葬品。了解到杨永和的真实想法后，刘太保适时提出发动起义、弃暗投明，加入人民解放军，杨永和表示赞同。至此，刘太保策反阎部的工作取得成效。

机会很快到来。人民解放军 1949 年 4 月 22 日对双塔寺发起进攻时，刘太保一枪不发，阵前起义。解放军到来，刘太保做起了向导，率解放军突击队通过暗道直逼阎锡山部碉堡，解放军因此顺利炸掉了阎锡山部火力最密集的碉堡。与刘太保达成一致的杨永和，也在解放军大举进攻之际一枪不发，全团阵前起义。一个半小时，"双塔寺要塞土崩瓦解，敌军 575 人被击毙，4408 人被俘，四十三军军长、防卫太原东南区总指挥刘效增在永祚寺西房被俘"[①]。刘太保、杨永和为太原解放立下了大功。

此时的刘太保完全可以亮明自己的身份，但他想到还有很多敌特分子，自己的身份也没有完全暴露，便毛遂自荐去做肃清敌特工作。等他要求回归队伍时，上级希望他继续潜伏，拔除残留的敌特，刘太保遂继续潜伏活动。

---

① 张引太，王长远.隐蔽战线上的无名英雄刘太保[N].运城日报，2021-08-31.

隐藏身份　遭人误解

1955年3月，在外拼搏多年的刘太保回到老家闻喜。之后，在晋南专区安排下，刘太保进入闻喜县公安局工作，但让其以普通农民身份从事政保工作。政保工作人员需要及时掌握敌对势力的所有动态，掌握原国民党"军警宪特"人员的动向。工作性质特殊，安保工作人员必须严守秘密，上不能告父母，下不能告妻儿，除了公安部门相关领导，外人对他一无所知。刘太保在该部门一干就是三十年，从未向外透露过任何关于工作的事。刘太保的真实身份不为人了解，但人们都知道他在阎锡山军队干过，"文化大革命"期间刘太保被扣上"反革命"帽子，家人也被牵连。但想到肩上的责任，考虑到党和国家的前途命运，刘太保选择了默默承受。在他离世之后，家人也只知道他和公安局的人有来往，但是具体干了些什么，家人仍是一无所知。

1979年10月24日，闻喜县公安局下达了纠正刘太保错案的正式文件。1980年2月9日，闻喜县革命委员会下发《关于邵汝霖家庭成分的批复》："经县政策落实领导小组一九八〇年二月九日会议研究决定：同意你公社对西社大队社员邵汝霖（刘太保的母亲）家庭纠正为中农成分的决定，同时撤销邵汝霖生前的地主分子帽子，特宣布执行。"①至此，多年来压在刘家人头上的石头才终于被搬掉，刘太保一家也终于能扬眉吐气生活。

2007年，刘太保辞世。运城市公安处副处长孙彦学说："刘太保同志几十年在隐蔽战线上，一直配合协助闻喜县公安局的工作。在工作中勤勤恳恳，兢兢业业，从不计较个人得失，无怨无悔，做了大量工作，作出了突出成绩和贡献……可谓公安隐蔽战线上的典范。"②这是对刘太保一生最中肯的评价。

---

① 张引太，王长远.隐蔽战线上的无名英雄刘太保[N].运城日报，2021-08-31.
② 张引太，王长远.隐蔽战线上的无名英雄刘太保[N].运城日报，2021-08-31.

二十一　枪法神勇　杀敌英雄：马应元

马应元塑像①

　　马应元（1921—1945），出生于长治市武乡县马家庄一个贫苦农民家庭。从小失去父母，靠打猎放羊生活。1938 年加入"青救会"抗战支前。1940 年，太行各区成立民兵组织，响应号召加入抗日游击队。1942 年加入中国共产党，因枪法精准担任马家庄民兵队指导员。

　　1943 年，因作战勇猛，马应元被任命为蟠武公路线飞行射击爆炸组组长，荣获太行三分区"飞行射击爆炸英雄"荣誉称号。1944 年 11 月，在太行

---

① 笔者未能搜集到马应元的个人照片。此图来自于抗日"特等杀敌英雄"—马应元 [EB/OL].新华社太原，2019-03-19.

区首届群英大会上，马应元被授予"民兵杀敌英雄"称号。1945 年 1 月在马家庄村突围时被俘，后被日军杀害。

枪法神奇 杀敌无数

马应元四岁时父亲被残酷压榨致死，母亲为了生活带着他改嫁，不多久母亲也贫病去世。马应元失去双亲庇护，靠放羊打猎过着穷苦日子。早年的磨难，养成了他不怕吃苦、宁折不屈的强硬性格，成长为一个有担当、敢打拼的热血男儿。面对日军入侵，家乡蒙难，不甘默默忍受的他 17 岁就加入了"青救会"，支援前线，给八路军带路送信，转运战利品，尽一切可能为战争胜利贡献力量。

1940 年，为应对日军围攻，缓解日益严峻的战争态势，太行军区号召各地建立民兵组织，依托群众开展游击战争。马应元积极响应号召，加入抗日游击小组，他的一手好枪法，派上了用场。破袭日军电话线，枪法精准的他两枪就能打断四根电话线，大家都赞扬他"神枪手"。还有一次路遇日军，他连发两枪，击毙一个日军，放倒战马两匹，原本耀武扬威的日军骑兵不得不仓皇逃窜。日军集结人马搜山抓人时，马应元早转移到另一个山头上去了。

马应元不仅在战斗中英勇无比，在组织民兵和大生产运动中均表现出色。抗日战争进入相持阶段，日军频繁"扫荡"劫掠，为摆脱困境，巩固根据地，"太行军民一边战斗一边生产，上自八路军总司令、部队首长，下至地方干部和普通士兵，都和人民群众共同开垦荒地，艰苦劳作，纺线织布"。[1]马应元积极组织周边民兵和群众，把劳动生产和军事斗争相结合，创造了"游击生产"方式。

《山西通史》这样介绍："敌人赶一赶，我退一退；敌人在前面打枪，我种后面的地；敌人到老巢去了，我再种前面的地。"[2]民兵运用灵活机动的战略战术，采用迂回战术与日军周旋，利用间隙时间从事劳动生产，尽力做到

---

[1] 王强.屹立不倒奋勇向前的太行精神[N].光明日报，2021-03-03.
[2] 王强.屹立不倒奋勇向前的太行精神[N].光明日报，2021-03-03.

自力更生、生产自救。

1942 年，成为中共党员的马应元更加骁勇善战，他被任命为村民兵队指导员。马家庄民兵队日夜忙碌，侦察敌情、惩恶除奸、缴获物资，等等。在与日军不懈斗争中，马应元的作战能力、指挥水平明显提高。

巧妙布雷　智斗日伪

1943 年，日军"扫荡"越来越残酷越频繁。日军每天早晨从段村出发，下午再经蟠龙公路返回。严密清剿之下，蟠龙公路沿线村庄成了"无人区"。为打破这种局面，县委决定以马家庄民兵为骨干，整训民兵武装，成立半脱产的"飞行爆炸组"，封锁蟠龙公路。

1944 年春，武乡的国民党特务郝竹亭前往潞安，引领日军进占蟠龙。蟠龙镇是武乡县的四大镇之一，地理位置优越，是粮食主产区，矿产资源也十分丰富。日军企图在此建立据点，掠夺附近的煤炭和铁矿等。6 月 14 日，日伪军进占蟠龙镇，他们本以为可以在两个月内速战速决，控制蟠龙镇。但马应元与民兵队绝不给日伪军喘息之机。蟠龙镇周围十余个村的村民全部安全转移，"粮食，坚壁清野；水窖，堵死了；门板和桌椅，大部分隐藏了。蟠龙镇是武乡的产粮区，敌人却弄不到粮食吃"[①]。我党政军民齐心协力，以长久围困战方式，把蟠龙镇打造成一个孤岛，日军缺粮断水，苦不堪言。当时，马应元带领飞行爆炸组的民兵在蟠龙公路上巧妙与日军周旋，以地雷封锁交通线。主力兵团与三分区民兵组织相结合，在蟠武公路线上布下天罗地网。民兵队也会单独行动，和敌人打麻雀战，消耗、歼灭日军有生力量。

7 月的一天上午，马应元忽然接到线报，部分日军和伪军从段村据点出发前往蟠龙镇，马应元和爆炸组民兵迅速在离马庄不远的公路上布下一串地雷，还在附近河滩上也布了雷。马应元还提出在公路明显处布设诡雷（不爆炸那种），同时将大量能爆炸的地雷埋在公路两边的草丛中。日伪军部队快到马庄

---

① 乔静涛.杀敌英雄马应元一枪击毙两敌人[N].智慧生活报，2021-09-14.

时，公路上便传来爆炸声，走在队伍最前面的几个人应声倒下。好不容易重新组织好队形继续前进，前面探路的日伪军看见路面有埋雷痕迹，便闪到路边草丛里，恰好踩中马应元他们埋在路边的地雷上，轰隆隆几声巨响，日伪军抱头鼠窜，惨叫连连。日军走不长一段，便遭遇民兵埋设的地雷，防不胜防。

到马庄后，日伪军停下，派伪军和工兵去排雷。马应元扔出几颗手榴弹，分散排雷日伪军的注意力。探雷的日军一边四处张望，一边朝山头上的游击队放枪。马应元铿锵有力地对队员们说："没有一个敌人能从民兵的陷阱中逃脱！"说罢，他便带领民兵抄近道把剩余的地雷布设在日军行动的下一个关键路段。短短一下午，"马应元的飞行爆炸组在蟠武线上埋了13处地雷，炸死炸伤鬼子90多人，缴获步枪10余支，子弹500发"[①]。马应元巧妙布雷，灵活机动，诱敌深入，步步为营，把蟠武公路线变成了日军的死亡线。"飞行射击爆炸英雄"名不虚传。

革命英雄 誓死不屈

太行军民经过多年艰苦的对敌斗争，加之蝗虫旱灾减弱，根据地整体情况趋于稳定。1944年11月，太行军区在黎城县南委泉村隆重召开"太行区第一届群英会"。经各地精心推荐与认真评选，"共选出杀敌英雄代表120名和劳动英雄代表206名"[②]。再经群英会组委会深入讨论，最终评定马应元率领的马庄民兵飞行射击爆炸组为"一等杀敌英雄"，授予锦旗，以示奖励。

马应元领导的飞行射击爆炸组威慑力巨大，日军对他恨之入骨，必欲除之而后快。1945年初，日军对马村发动突袭，马应元率领众民兵全力突围。终因寡不敌众，马应元在突围中不幸被捕。

面对日伪军的严刑逼供、威逼利诱，马应元誓死不屈。为逼迫他投降，日伪军甚至绑架了马应元的母亲和妻子，试图用亲情劝降。但马应元毫不犹豫拒绝了日军的威逼利诱，最终被杀害，年仅24岁。"1946年12月，太行区

① 李树生主编.抗战精华遍武乡[M].太原：山西人民出版社，2010:74.
② 李志江.奋斗百年路启航新征程群英闪耀太行山[N].山西日报，2021-03-19.

第二届群英大会追认马应元为'特等杀敌英雄'。"①

马应元长眠于武乡县李庄滩八路军烈士陵园。历史将永远铭记马应元的丰功伟绩。

① 杨晨光.马应元：抗日"特等杀敌英雄"[N].解放军报，2019-04-08.

二十二　舍生取义　妇女之光：上官小珍

"妇女之光"纪念碑[①]

上官小珍（1923—1943）出生于晋城市阳城谭村一个贫苦农民家庭。15岁时，她与本村青年张丙土结为夫妻。吃苦耐劳的上官小珍不畏强权，常为群众打抱不平，深得群众喜爱。

1938年，日军占领阳城后，对日军充满仇恨的上官小珍参加了抗日少年

---

① 上官小珍：妇女之光闪耀太行[EB/OL].青春晋城，2022-06-23.

儿童团。1942 年，她担任阳城县次营镇谭村的抗日妇女队队长，经常带领同村妇女为八路军侦察情报、缝制军鞋、救治伤员，做一切力所能及的支前活动。

1943 年 12 月，上官小珍被日军残忍杀害，一同蒙难的还有她腹中的孩子。

组建女兵　保卫家乡

承父母之命结婚的上官小珍婚后每天勤勤恳恳，任劳任怨，深得丈夫家人喜爱。抗战全面爆发，她加入抗日组织，动员妇女参加抗日活动，后又组织起村妇救会。1942 年，18 岁的小珍担任阳城县次营镇谭村妇女队长重任，率领妇女民兵队同男民兵一样站岗放哨、送情报、扛枪打仗，还组织妇女为八路军做军鞋、送军粮。1942 年冬天，四区抗日区公所转到谭村驻扎，小珍在区政府领导下发动了轰轰烈烈的减租减息运动，昔日张牙舞爪的地主不再嚣张跋扈。1943 年春，四区代理区长刘文敏遭遇不测后，上官小珍暗下决心，一定要向刘文敏学习，带领妇女队、民兵队保护好群众利益，守护好家乡的安宁。为此，她"组织妇女民兵队在村头各个路口站岗，监视敌人动向，一有情况便首先组织群众空室清野"[①]。在民兵队机动灵活的游击战牵制下，日军对附近村庄的"扫荡"大都以失败告终，临危不乱的上官小珍也成了群众眼中的"保护神"。

守口如瓶　生离死别

1943 年秋，日军对根据地实施"扫荡"。10 月的一天，百余名日伪军突然闯至天掌、次营镇烧杀抢掠，十几名无辜群众惨死在日军屠刀之下。事后小珍对乡亲们分析说，我们村那几个被日军杀害的人，警惕性不高吃了大亏。今后大家一定要记住，听到招呼就赶快往山上跑，千万不能麻痹大意。大家表示

[①] 郭和平.妇女之光—上官小珍[J].福建妇运史资料与研究，1987（01）.

以后全听她指挥，上官小珍更是将乡亲们的安危放在第一位，百倍警惕，时刻注意日军动向。

同年 12 月 13 日，小珍得知有百余名日军在距四区仅几里的下庄村一带活动，她"立即在村里跑前跑后，组织群众封盖所有水井，迅速驱赶牛羊，马上转移上山"[①]。让小珍始料未及的是，日军并不是沿着大路到村里来的，有汉奸上官金胜带路，他们抄了小路，十几名正向山上转移的群众被日军拦截并驱赶回村，小珍的公爹也在其中。日军进村后，看到村中空无一人，找不到饭吃，找不到水喝，便疯狂大骂，更将抓来的十几名群众轮番拷打，乡亲们最终惨死于日军屠刀之下。想到被抓的十几名乡亲生死未卜，乡亲们坐卧难安。小珍主动站出来说先回去查看一下。一些乡亲要求跟她一起回村，一些乡亲反对她孤身犯险，最终小珍决定同婆婆等少数几个人回村探看。

小珍和婆婆等人一近村，空气中就飘来浓重的血腥味。村边岔道口处，躺着她公公等 17 具父老乡亲的遗体，一瞬间泪水夺眶而出。小珍让乡亲们用玉米秆遮掩亲人的遗体，先躲起来别回村，她一个人向村里去查看。汉奸上官金胜在村里设下了埋伏，小珍走进村就被捕了："我们是专门等你来上钩的，你果然上钩了，今天你要是乖乖的依了老子，就把你放了，要是不从，哼！你别想活着出去！快说，八路军在哪里？"[②]对于日伪军的所有问题，小珍都斩钉截铁以"不知道"三字作答。她的断然拒绝，气得日军大发雷霆，一个日军举起刺刀就刺进了小珍的身体。

日伪军软硬兼施，手段频出，一会儿拿小珍的性命相威胁，一会儿又以金钱财富诱惑小珍。小珍守口如瓶不透露一丁点消息。她的英勇顽强、不畏强暴让日军兽性大发，他们将小珍的衣服全扒光羞辱她。小珍一边奋力抗争，一边破口大骂："野兽！畜生！你们不得好死！你们不会有好下场！"[③]百般凌辱和刺刀捅刺后，上官小珍永远离开了人世，年仅 20 岁。

1944 年，晋城市谭村村干部群众为纪念巾帼英雄上官小珍，自发为她举行了隆重的葬礼。太岳区四分区司令员唐天际听闻她的事迹，深受感动，题写了"妇女之光"四个大字以示缅怀。

① 郑天佑.阳城抗战英烈[EB/OL].晋城党史网，2020-06-03.
② 郑天佑.阳城抗战三巾帼[EB/OL].晋城党史网，2018-12-05.
③ 郑天佑.阳城抗战三巾帼[EB/OL].晋城党史网，2018-12-05.

二十三　赴汤蹈火 基层骨干：申过拴

申过拴①

申过拴（1909—1945），出生于长治市潞城县东邑村一个贫苦农民家庭，家无片瓦。为补贴家用，他七八岁开始讨饭、放羊，12 岁时便给地主家当长工。20 多岁时跟随村民去北平帮地主家干杂活，后来做了铜匠勉强度日。1937 年"卢沟桥事变"后，申过拴参加了抗日活动。同年 11 月，他光荣加入了中国共产党，成为潞城县最早的党员之一。1937 年，申过拴组织成立了中共潞城县东邑村支部，是最早的农村党支部之一，申过拴任党支部书记。

① 史红魁.潞城抗日英烈申过拴[N].潞城报纸，2020-09-22.

1938 年 10 月至 1943 年春，申过拴先后任中共潞城县二分区、三分区、四分区、五分区区委书记。1943 年任壶关六区武委会主任。1945 年，申过拴为保护情报壮烈牺牲，年仅 36 岁。

苦难中出生 战火中成长

申过拴幼年时家境太贫困，吃不饱饭的母亲没有奶水，他只能喝着小米糊糊长大。穷人的孩子早当家，申过拴自幼就特别勤快懂事，七八岁可以独自放羊、拾粪，帮助父母养家糊口。二十几岁远离家乡，在北平给地主家干零活，在苦难中长大的他性格刚直、好强，耳闻目睹日军的横行霸道，他义愤填膺，心里默默种下了抗日救国的种子。

1935 年 12 月"一二·九"运动后，一场抗日救国的浪潮在全国范围内兴起。受北平革命风暴的影响，申过拴决心回家乡参加革命，把抗日的火种带回山西。

回到家乡后，他发现山西太原和潞城的进步青年，已经发动群众开展了轰轰烈烈的抗日救亡运动。1937 年"七七事变"后，受山西省牺盟会和青年抗敌决死队先进青年李志刚、郭廷相、郝培苗（三人均为中国共产党党员。1936 年 7 月，李志刚以牺盟会特派员身份到潞城；9 月，郭廷相、郝培苗也到潞城。三人先后在此成立了潞城县人民武装自卫队、抗日救国联合会等进步组织，并在五里后村成立了全县最早的农村党支部）等人的指导，申过拴等 10 名年轻人加入了中国共产党。申过拴所在的东邑村村子大、年轻人多，群众抗日热情高涨。有李志刚等人影响带头，潞城县第一批党支部成立了，申过拴也担任了东邑村党支部书记。该支部的主要任务：一是在广大群众中开展组织宣传动员工作，吸引更多的有志青年加入中国共产党，扩大抗日队伍；二是同把持旧政权、压迫群众的地主恶霸势力作坚决斗争；三是带领广大青年组织、开展各种抗日救亡活动。一时间，东邑村到处弥漫着浓浓的革命气息，东邑村的共产党员人数也很快翻了一番。

潞城县于 1938 年 2 月沦陷于日军之手。为加强对潞城的控制，日军还在微子镇、黄碾镇等地设置了多处据点。同年 3 月，八路军一二九师三八六旅在神头岭对日军展开伏击战，共歼敌 1500 余人，缴获长短枪 550 余支，击毙骡马 600 余匹，而我军伤亡仅 240 余人，这是继平型关大捷、广阳伏击战之后最为成功的一次大规模伏击战。日军受到重创，对潞城县展开疯狂报复，接连对神头村、西村、五里后村烧杀抢掠，"白色恐怖"遍及潞城城乡。广大群众与各党政机关工作人员，只能暂时躲在深山，伺机而动。

为打破困局，在潞城县工委领导下，申过拴挺身而出，带领东邑村共产党员和民兵积极开展对日军斗争。他们刨了日军的电话杆，把电话线全扯断带走。日军暴怒，集结兵力包围了东邑村，烧杀抢掠，疯狂报复。潞城县武工队得知消息派兵增援，一时间枪声不断，战斗激烈。日军见形势不利，想要逃跑，但落入了申过拴他们设置好的埋伏圈，最后日军死的死、伤的伤，损失惨重。

东邑村战斗结束不久，邻村成家川村的游击队队长王根喜就来找申过拴帮忙，他们村的两个队员去破袭日军电话线，但却一去不复返。申过拴与王根喜前去打探消息，才知日军为了防止民兵再次破坏电线，便在电杆附近埋了地雷，成家川村的两个游击队员就是这样中招被炸的。为避免更多牺牲，游击队员小心翼翼把剩下的地雷全都起出来。这件事也警醒了申过拴，一有空闲时间，他就带领游击队员排查日军布设的地雷，再埋回日军必经之路，让日军自食其果。

申过拴领导的东邑村抗日活动屡创佳绩，受到上级多次嘉奖，潞城县委还特地奖给他一支手枪。在申过拴带领下，东邑村民兵越战越勇，战斗力和综合素质均有不同程度的提升。夏收时节，他们就在东邑村一带开展了轰轰烈烈的保卫夏收运动。

爱国护民 机智斗日伪

东邑村在申过拴领导下，发动群众打击日军，减租减息，铲除恶霸，取得一个又一个胜利。在斗争实践中，申过拴逐渐成长为一名优秀的骨干党员。1938 年 5 月，根据对敌斗争需要，潞城县工委决定在微子镇成立二分区委会，这是潞城县第一个区分支委，紧接着又成立了一区、三区、四区三个分支委。由于东邑村支部的每位负责人都能力出众，工作成绩显著，县委将他们全部调出，分别委以重任。以申过拴为代表的东邑村共产党员，成为潞城县早期党组织发展的领导骨干。

1942年8月，日军强化对抗日根据地的"扫荡"，企图速战速决，侵占整个华北地区。漳河两岸的敌后根据地深受其扰，尤其是宋村一带遭到惨无人道的"三光"扫荡，形同孤岛，陷入困境。为解救被困的宋村百姓，武西县委成立了五区分支委，任命申过拴为支委书记。

申过拴从二区调到五区后，先是积极发展党组织，壮大民兵队伍，随后与日伪军展开激烈斗争。此时，受日军"扫荡"影响，黄碾镇、宋村一带群众没能充分发动起来，汉奸、伪军非常嚣张，他们效力于日军，帮助日军残害百姓、抓捕抗日人士。在这种形势下，申过拴通过走访群众、动员广大群众踊跃参军参战，鼓励群众揭发检举村里的汉奸恶霸，把他们揪出来严厉惩戒。打击恶霸时，创造了"黑点法"，即被检举或被抓一次，就标记一个黑点，记够五个黑点，格杀勿论，以此警醒不少汉奸。

魏村镇有一个叫李进才的汉奸，从1939年起就为日军办事。日军在黄碾镇修大桥，他给日军当监工，狗仗人势，欺压百姓，多名民工被其活活打残或打死，黄碾镇群众敢怒不敢言；日军还派李进才打探共产党方面的情报，广大群众和基层党组织不堪其扰，盼望早日除掉这一大害。

1943年春节，申过拴接受上级指令，到魏村镇捉拿李进才。经过多方打探，得知李进才父亲生病，他会回家给父亲看病。申过拴灵机一动，扮作医生前去。这天傍晚时分，申过拴带一名通讯员从宋村启程前往魏村镇，并和当地民兵取得联系，请他们配合。晚上，夜深人静时，申过拴一行包围了李进才家。考虑到李进才身上有枪，请魏村镇民兵伪装成给李进才父亲看病的医生上前敲门。门打开的一瞬间，申过拴带领民兵迅速冲进去擒获了李进才，把他押到区政府公审后处决。

一天，申过拴和通讯员在返回宋村途中看见一小队日军也正赶往宋村。此时，二人身后就有一条山沟，他们完全有时间也有条件隐蔽起来。但申过拴想到村里人还不知道日军马上就要进村，申过拴毅然决定，与日军面对面硬刚。申过拴把身上的重要文件和缴获的武器藏起来，命令通讯员快去通知区政府和情报站里的同志迅速转移。等通讯员跑到安全地带后，申过拴马上出动，一边往村里跑，一边大声呼叫通知群众。未等群众完全转移出去，日军就进了村。申过拴急中生智，跑向寺庙后墙外，占据有利地形，一枪结果了日军军官性命。树倒猢狲散，日军边放枪边撤。申过拴沉着应对，枪枪命中日军。见此情况，所有日军一齐把枪口对准了申过拴，要活捉他。申过拴转身飞快地向山沟里跑去。千钧一发之际，连长刘瑞年带着青年连赶来增援，打散了这些日军，偷袭行动宣告失败。借白天战斗全胜的余威，申过拴决定乘胜追击，搞一场夜袭。他和刘瑞年带着青年连半夜赶到黄碾镇，撬开日军仓库，缴获了一批重要的战略物资。

在一场场实战磨炼中，申过拴成长为信念坚定、机智勇敢的优秀基层党组织干部，潞城县党组织也因之一步步发展壮大，成为抗战重要领导力量。

在战斗中永生

抗日战争时期，"中国共产党除了动员全民族的力量进行公开的斗争以外，还在秘密战线上开展了强有力的情报工作，派员打入日特机关，渗透汪伪政权，建立秘密情报网络，给中国人民的抗日战争和国际反法西斯战争提供了许多准确无误的战略情报"[①]。1943年，太行第四军分区情报处在各县城都成立了情报站。潞城情报站成立不久，便在敌占区潜伏了一批半脱产情报员和交通员，这些人后来在平顺、潞城一带做了大量卓有成效的工作。

1945年春，潞城县抗日形势转好，根据地逐步巩固扩大，日军的控制范围不断被压缩。但五区一带日伪军兵力较强，行事猖狂。根据对敌斗争需要，八路军太行第四军分区情报处和潞城县委一致决定加强四、五区一带的情报工作。由于申过拴常年在五区工作，熟悉那里的情况，有丰富的斗争经验，且英勇果敢，因此成为情报站负责人的不二人选。于是，上级组织调潞城二区区长

[①] 徐祥林，方劲松.抗日战争时期中共对日军的情报工作[J].党史纵览，1995（06）.

王岩和时任壶关武委主任的申过拴担任军分区情报处秘书。考虑到安全问题，组织决定他化名工作，申过拴接受新的指令，再回自己最熟悉的地方战斗。

当时潞城所辖的西部及屯留东北部敌情复杂，工作开展极其困难。情报站没有固定的工作地点，站内人员经常见不到面，各自为战，遇到危险彼此也无法照应。在这样艰苦的环境中，申过拴和他的战友们毫无怨言，没有工作地点就以天为被，以地为床，经常风餐露宿，冒着生命危险穿梭在日军构建的"格子网"点中；战友太少，他就动员群众，组织民兵队，向日军、汉奸、恶霸展开坚决斗争。

宋村一带的情报工作最是复杂多变，申过拴义无反顾，迎难而上。1945年2月，接到收集宋村日伪情况的命令，申过拴立马召集民兵队长开会，会议持续到凌晨。刘瑞年匆匆赶来通知，上级命令申过拴等人迅速打探黄碾镇敌情。此时的申过拴已连续工作好几天，战友们怕他吃不消，让他休息一会儿再去。但申过拴认为战事当前，情报第一，且这次任务时间紧、难度大，自己一定要亲自去办。申过拴、刘瑞年他们一路小跑赶天亮前到黄碾镇居高临下观察，"正值日军出早操，看到日军一个小队，数了数，共30人；看到日军东西炮楼都架有机枪；又打听伪军情况，队长是王成林，配备步枪24支；还了解了警察分所的情况"[①]。情报收集任务顺利完成。

申过拴和刘瑞年他们返回途中，遭遇一队日军，狭路相逢，申过拴果断举枪击毙一名日军，让敌人先炸了窝！混乱之中，申过拴命令刘瑞年向东跑赶紧把情报送回去。看刘瑞年脱身，他自己转身向北而去，吸引了所有日军注意力。关键时刻，申过拴的枪里没了子弹。眼前是一片开阔地，绝无藏身之处。申过拴掏出身上仅剩的两颗手榴弹投向日军，这下彻底激怒了日军，指挥官命令射击，申过拴中弹倒地。为了中华民族的解放大业，申过拴献出了自己年轻的生命。

申过拴牺牲的噩耗传来，宋村、东邑、潞城的群众无比痛心。他是东邑的骄子，潞城人民的骄子！生时英勇，死时壮烈。

解放战争胜利后，潞城县把烈士英名和功绩镌刻在了潞城的烈士纪念碑上，以铭记他不朽的功绩。

[①] 戴玉刚.黄土地 红土地[M].太原：北岳文艺出版社，2015:21.

二十四　精忠报国 卫国儒将：史景班

史景班[①]

史景班（1918—2001）出生于汾阳市城关镇昌宁宫村一户农家。"一二·九"学生运动促使正在河汾中学读书的史景班树立习武报国之志。1936年中学毕业后，史景班加入了山西陆军军官教导团。1937年，史景班深感挽救民族危亡迫在眉睫，毅然加入了中国共产党。随后他加入山西青年抗敌决死队，担任人民武装自卫总队队长。抗日战争时期，历任决死三纵队营长、参谋长、武装部副部长、作战股股长等职，为抗战胜利立下赫赫战功。解放战争时

① 白雁.投笔从戎的儒将军史景班[N].现代快报，2012-05-21.

期，先后参加多次著名战役，历任参谋长、副旅长、副师长、军副参谋长。解放战争结束后，史景班服从上级安排，转入地方从事建设工作。1953 年抗美援朝时，他主动请缨，带领队伍英勇杀敌，因贡献突出，"1955 年被授予大校军衔。1961 年晋升为少将。1988 年被授予中国人民解放军独立功勋荣誉章"①。2001 年 4 月，史景班因病医治无效于南京逝世，享年 83 岁。

弃笔从戎　习武报国

"九一八"事变后，日本帝国主义的狼子野心更加显露，他们在侵占东北之后并不满足，进一步将侵略的目光投向了华北地区，企图实现对整个中国的控制，中华民族危机空前严重。日军为了把华北变成第二个"满洲国"，宣布成立由日本人实际掌控的"冀察政务委员会"。北平学生发出惊呼："华北之大，已安放不得一张平静的书桌了！"于是，12 月 9 日，北平大中小学生在中共北平临时工委领导下，举行了一场规模空前的抗日救国示威游行，以此来抵抗"华北自治"，掀起了全国抗日新高潮。

"一二·九"运动使正在河汾中学读书的史景班对民族危亡的紧迫性有了更深刻的体会，他意识到中国必须强大起来，给外敌以致命打击才能幸免于难。为此，他决心习武报国。1936 年，史景班从河汾中学毕业后毫不犹豫地报考了山西陆军军官教导团，接受了较为全面正规的军事训练。次年他又参加了进步青年主导的山西牺牲救国同盟会和民族革命青年团，积极参与各种抗日救国运动，走上了为国家独立和民族解放事业奋斗的新征程。1937 年 12 月，面对国破家亡的严峻形势，史景班临危受命，奔赴晋城担任人民武装自卫总队总队长，组织发展游击队。

为适应战时形势变化之需，上级党委和省敢死纵队对"晋南游击队"加以整编，改为"决死三纵队晋城独立第三营"，任命史景班为营长。1939 年 12 月，阎锡山发动震惊全国的"十二月事变"，大肆抓捕共产党人，破坏进步抗日政权、团体，晋城的抗日力量遭到沉重打击。12 月 19 日凌晨，晋城保

① 张海鹰.史景班将军故里[N].三晋都市报，2012-09-12.

安团与县政府内部的反动势力相互勾结，在国民党四十七军协助下，突然袭击了晋城抗日县政府、公安局、牺盟会、决死三营，大批抗日人员被捕，史景班也落入顽军之手。在押往县城途中，史景班巧妙利用机会脱险。

"围魏救赵"　夜袭祁县

1941年秋，日军频繁发动"扫荡"，太行根据地面临巨大压力。9月初，八路军太行军区三分区得到消息，祁县及其周边的日伪军准备再次"扫荡"太行军区二分区，因此祁县县城只剩少部分日伪军看守。得到这一消息，时任三分区参谋长的史景班与副司令员刘昌义分析后认为，日伪军调动人员向太行军区二分区进攻，是我方攻打祁县县城最有利的时机。攻打祁县城不仅可以消灭县城内的部分日伪军，还能迫使日军回援祁县，减轻太行二分区的压力。尤其是缴获日军囤积在县城里的军用物资，极大程度上缓解了根据地物资短缺的困难。

商量好后，我军果断行动。"刘昌义和史景班立即率领三分区十四团和两个加强营向祁县进发，从东、南、西三面包围了守城日伪军，打援部队也按部署在附近待命阻击增援之敌。"[1]"凌晨3时，战斗打响了，部队向城内的敌人发起猛烈进攻，守城的日军和伪军被打得溃不成军，一个多小时就结束了战斗。"[2]战士们打扫完战场，正准备清点运走日军仓库里的物资时，前方侦察员报告有一队日军来增援。刘昌义和史景班简短商议后，命令对增援日军坚决予以阻击。"200多日军气势汹汹赶来增援，刚进入射程之内就遭到分区独立营顽强阻击，增援敌人在八路军的火力压制下无法前进。"[3]在刘昌义副司令和史景班参谋长带领下，夜袭祁县大获全胜，缴获了日军的大批武器弹药和粮食布匹。

[1]　白雁.投笔从戎的儒将军史景班[N].现代快报，2012-05-21.
[2]　白雁.投笔从戎的儒将军史景班[N].现代快报，2012-05-21.
[3]　白雁.投笔从戎的儒将军史景班[N].现代快报，2012-05-21.

雪中带头　运送伤员

1947 年 1 月 8 日，野战军第三纵队八旅向山东省鱼台县杨庄的国民党军队发起进攻，歼灭 1500 余人，我野战军也受到重创。战斗刚结束，时任八旅参谋长的史景班就接到紧急情报，说国民党的增援部队正迅速逼近杨庄。如何尽快转移余下的 150 名伤员，成了大难题。时间就是生命，八旅首长当机立断，要求全体指战员投入转送工作，大家就地取材，用门板、木床、竹椅和木条等制成简易担架，迅速集结起一支转送伤员的急救队。史景班和八旅另外三位首长抬着担架，走在运送队伍最前方，他还将自己的口粮也让给了伤员。在全体官兵共同努力下，150 名伤员均被安全转移。首长带头运送伤员的消息如同一股暖流，迅速传播开来，极大地提振了士气，增强了他们革命必胜的信心和继续前进的动力。

千里挺进　渡江战役

1947 年 8 月，根据中央挺进大别山的战略部署，史景班所在部队展开了一场跨越千里的战略行军。连续 14 天昼夜行军，部队抵达大别山区。8 月底，史景班率领先头部队仅用两天时间便抵达了皖西地区的战略要地杜家寨，在这里与国民党部队展开激烈战斗，击毙团长一人，俘虏士兵近千。同年冬季，时任中原野战军三纵队八旅副旅长的史景班，在率领部队回师途中，出其不意在张家店一带包围了敌军一师部和一旅部，俘敌两千余，并活捉了六十二旅副旅长唐家楫。

1949 年春，二野十一军三十二师（原三纵八旅）副师长兼参谋长史景班奉命指挥渡江战役。先头部队九十四团的船只进到江心处时，遭遇国民党军舰袭击拦截。在岸边现场指挥的史景班果断命令岸上的部队加强火力支援，同时要求先头部队加速渡江。史景班率领的增援船队向敌舰靠近并加强了火力，迫使敌舰南逃。两小时激战后，九十四团成功渡江。"4月23日，史景班所在师分路追歼逃敌，昼夜兼程，连续作战，行程一千五百余里，途经两省十三县，历时二十二天。在追歼战斗中，俘敌一万三千余人，缴获汽车一百二十多辆，军用物资无数。"①渡江战役的胜利，突破了长江防线，为进军华南、西南创造了先决条件。

再穿戎装 抗美援朝

1949年10月，全国大部分地区已经解放，史景班在率领部队向西南地区进军途中，时任二野政委的邓小平同志找史景班谈话，对他过去的军事贡献高度认可，同时希望他脱下军装，参与地方建设工作，为基层建设发挥更大作用。史景班服从组织安排，到川东万州担任首任专员。当时的万州区作为川东地区门户，经常遭土匪袭击。史景班深知责任重大，到任后兢兢业业，"从征粮、剿匪开始，到开展减租减息、清匪反霸、建立和巩固各级地方政权、维护治安、恢复生产、发展地方经济"②，一刻也不敢松懈。一年后离任时，史景班圆满完成了组织交给他的各项工作任务，为万州区基层政权建设打下了坚实基础。

抗美援朝战争爆发后，已经脱下军装的史景班主动请缨。1951年3月，史景班被任命为十一军三十三师政委。带领部队严格军训后，奔赴朝鲜古山区，严阵以待。在与美军的多次交手中，史景班所在部队很快摸索出一套灵活多样、克敌制胜的战术，收复了大片沦陷区。史景班率领的部队参加了中朝军队发起的夏季反击战，消灭了大量美军，加速了停战协定的签署。由于史景班率领的部队功勋卓著，1954年他被朝鲜政府授予二级国旗勋章。

① 白雁.投笔从戎的儒将军史景班[N].现代快报，2012-05-21.
② 白雁.投笔从戎的儒将军史景班[N].现代快报，2012-05-21.

二十五 身先士卒 炮兵骨干：宋培文

宋培文（1911—1942）出生于太原一个普通农民家庭。7 岁接受启蒙教育。1930 年高中毕业后，他投笔从戎，考入阎锡山创办的学兵团，学了一年多炮兵技术后，又在炮兵团干了半年。目睹军阀混战、鱼肉欺压百姓，嫉恶如仇的宋培文离开了炮兵团。在上北京大学的哥哥宋劭文影响下，1935 年 10 月宋培文加入了中国共产党。1936 年参加中国工农红军，1937 年春进入抗日军政大学学习，8 月从抗大毕业后，分配到八路军总部特务团山炮连任连长。1938 年 4 月，宋培文调任八路军总部炮兵团参谋，负责日常训练工作。1940 年春，在彭德怀的极力推荐下，宋培文前往晋察冀军区筹建炮兵营，同年 10 月，担任晋察冀炮兵营政委。1942 年 11 月，宋培文率部参加满城韩庄战斗时，被日军炮弹片击中牺牲，时年 31 岁。

嫉恶如仇 追求进步

宋培文 19 岁完成高中学业后，怀着救国图存理想，投笔从戎，考入阎锡山创办的学兵团。那时军阀混战，民不聊生，宋培文亲眼见证了国民党内部的派系纷争，对官僚统治更加愤恨，对底层劳苦大众更加同情。早在上中学时，得知学校肆意克扣学生伙食，他义愤填膺，带头抗议。在炮兵团当差那段时间，宋培文经常看到长官打骂士兵，上级欺压下级，引发他的强烈不满。有一次阎锡山的炮兵司令周玳小题大做，对下属拳打脚踢，宋培文当面指责他滥用职权欺压下级，遭周玳嫉恨，被关禁闭数日。通过这件事，他对封建军阀的黑暗更加愤恨，不久，他便毅然决然离开了炮兵团。

宋培文向哥哥宋劭文写信求助，信中表达了追求进步的愿望。当时已是中共地下党员的宋劭文阅信感觉非常欣慰，给弟弟多加鼓励。在哥哥影响下，宋培文阅读了很多马克思主义进步书刊，思想觉悟不断提升。1935年10月，经人介绍，宋培文加入了中国共产党。

身先士卒　勤政爱民

1937年春，宋培文进入抗日军政大学学习。8月，宋培文顺利从抗大毕业，他感觉收获颇丰："这次进抗大学习，脑子开窍多了，懂了不少革命道理，长了不少新的知识。我要到前线去，用我学到的东西为国效力。"[1]

1937年秋，八路军总部为应对日益严峻的形势，决定扩大炮兵队伍规模，在现有山炮连基础上，组建总部炮兵团。为此，山炮连从1937年10月上旬开始，从五台县奔赴临汾为炮兵团扩建工作做准备。转移、扩编，山炮连面临人员构成复杂、马匹短缺、武器装备落后诸多问题。为尽快完成任务，宋培文与代指导员钟元辉商议，立刻召开了党团会议和军人大会，号召党团员充分发挥先锋模范作用，做好表率。由于宋培文领导有方、工作细致，最后仅用十天时间，山炮连就圆满完成了转移任务，顺利到达临汾。宋培文和相关负责人也因工作出色，受到团领导和八路军前方领导的肯定与表扬。

1938年4月，炮兵团接到中央指示，再次转移到陕北洛川接受整训。此时宋培文已调到团司令部任参谋，负责日常训练工作。因为他系统学习过炮兵教程，实践经验也较为丰富，基本上全面负责起了专业授课任务。宋培文对待教学工作严谨认真，每门课都制定周密的学习计划，精心设计训练方案。此

---

[1] 周子玉主编，解放军烈士传编委会编.解放军烈士传（第6集）[M].北京：长征出版社，1993:524.

外，他还经常深入连队与战士谈心，能力出众的他得到首长的赏识及同事的拥戴，成为炮兵团的中坚、骨干。为期四个月的洛川整训很快结束，炮兵团又成立了参谋训练班，上级指派宋培文负责此项工作。在办训练班期间，他与学员共同生活，白天训练，夜间与学员交流思想，听取汇报。宋培文告诫学员一定要多学知识："当参谋知识面要宽，不仅要熟悉机关业务，而且要掌握炮兵的各项专业技能。"①理论知识讲解之外，他还经常结合自己的实践经验，给学员提供生动具体的示范，即如马鞍配置、饲养马匹需要注意的事项一类生活常识和生存技能，他也不厌其烦反复讲，因为这是事关炮兵移动的大事，马匹问题在炮兵可是大问题！宋培文的耐心细致给受训人员留下了极深的印象，大半个世纪后，一些老同志谈起当年培训的情景时，对他仍记忆犹新，赞不绝口！

1939 年 7 月，日军主力部队向晋冀豫抗日根据地发起大规模"扫荡"。宋培文时任炮兵团作战参谋，率领部队配合四连与敌周旋。晋冀豫抗日根据地的太行山区大部分地区山高坡陡，沟壑交错，自然环境恶劣。每到夏季下大雨，山洪冲刷，道路中断；冬季则经常大雪封山，炮兵辎重多，要行军打仗难上加难。每次行军过程中，宋培文和连长姜彩斌、指导员丁本淳都走在队伍的最前面。有一次要过漳河，赶上滂沱大雨，河水涨势凶猛，宋培文身先士卒，带领通讯员率先过河，为全连探察水情。还有一次夜间行军，在陡峭湿滑的山路上爬行，宋培文始终与指导员丁本淳手拉手走在队伍最前边，为战士们探路。经过一夜艰难跋涉，全连安全抵达宿营地。

1939 年 11 月 1 日，宋培文所在的四连奉派到昔阳县拔除东冶头镇外围王家山日军据点。天未亮，四连人马全部出发，长途跋涉 50 多里后，到达预定地点，立即展开战前部署。宋培文带领观测人员实地勘探，预测标记火炮射击最佳位置。精准定位后，他又协助连长指挥士兵射击。功夫不负有心人，三发炮弹全部命中目标，摧毁了日军的重点防御工事。此次战斗能在短时间内获胜，炮兵的精准射击功不可没，为后续士兵地冲锋扫清了障碍。

宋培文是炮团的参谋，更是称职的好教员。他经常深入连队与士兵聊天谈心，充分利用战斗间隙和宿营休整空闲，为干部战士讲授时事政治，提高大

---

① 周子玉主编，解放军烈士传编委会编.解放军烈士传（第 6 集）[M].北京：长征出版社，1993:525.

家的政治认识和思想觉悟。他待人随和，连队里的人都很愿意与他亲近，认为他不仅是军政工作的好领导，也是战士们的好朋友、贴心人。

注重教育 团结士兵

1940 年春，随着抗日战争深入发展，晋察冀军区意识到炮兵在战斗中的重要地位，决定组建炮兵营。然而，炮兵干部短缺，严重制约炮兵营建设。聂荣臻深知问题的紧迫性，他向彭德怀副总司令作了汇报，请求支持。彭德怀当即决定从总部炮兵团抽调一些干部前往协助，并特别点名推荐了宋培文，彭德怀说："宋培文熟悉炮兵，脑子灵活，有政治头脑。"①就这样，宋培文来到了晋察冀军区，与张志毅等人一起筹备建设炮兵营。

在筹建炮兵营的过程中，人员和火炮均十分短缺。为了解决这两大难题，宋培文与筹备组的十多名同志四处奔波，分别前往各分区充分沟通交流，商量抽调干部事宜，尽一切可能从各区收集火炮、器材。经过半年的紧张筹备，晋察冀炮兵营 10 月于河北曲阳正式建成。张志毅、宋培文分别被任命为炮兵营营长和政治委员。炮兵营成立初期，日军正在进行大规模的"扫荡"。为了确保装备和人员安全，宋培文深情演讲，作战前动员："我们的火炮、弹药，是步兵老大哥用鲜血和生命从敌人手中夺来的，一门炮、一发弹也不能被敌人抢走。现在情况紧急，驮骡很少，我们就是手拿、肩扛，也要把它运出去、隐蔽好。"②在宋培文带动下，炮兵营连夜将炮弹和器材全部转运到距营地十公里以外的山沟里隐蔽起来。

宋培文在炮兵营组建过程中展现了卓越的政治工作能力。炮兵营成立初期，面对复杂的人员构成，为了内部和谐稳定，能团结协作，宋培文采取了一系列针对性措施：经过细致查档及调查梳理，全面了解了炮兵营成员的详细背

① 周子玉主编，解放军烈士传编委会编.解放军烈士传（第 6 集）[M].北京：长征出版社，1993:526.
② 周子玉主编，解放军烈士传编委会编.解放军烈士传（第 6 集）[M].北京：长征出版社，1993:527.

景：有的当过炮兵，有的从步兵转行过来；有的是老红军战士，也有从阎锡山部队过来的旧军人。为此，宋培文坚持在部队中进行理想信念教育，培养集体荣誉感。在此基础上，他把开大会号召与个别谈心相结合，在深入交流中不断增强战士的归属感。经过不懈努力，炮兵营形成了团结协作、共同进步的良好氛围，成为一个坚强有力的战斗堡垒，每次都能圆满地完成任务。在配合步兵作战时，宋培文组织干部向步兵学习技术技能，主动建立维护与步兵的良好合作关系，确保战略部署得以高效执行。部队疏散到村里修整房屋田舍时，宋培文总是率先垂范，干在前面，还利用休息时间向群众作抗日宣传。

1941年秋至1942年冬，日军以"三光"政策疯狂"扫荡"我抗日根据地，烧杀抢掠，无恶不作。加之太行区根据地遭遇特大干旱，衣食不继，斗争形势十分严峻。按照中共中央关于巩固部队的指示，宋培文组织全营各支部大力开展思想政治教育工作，他多次登上讲台，给战士们讲时事政治、战争形势，讲革命传统与军队文化，结合《中共中央抗战五周年宣言》等几个重要文件精神，把各项教育工作深入人心。宋培文还在"七一""八一"纪念日之际，指导将士们把思想教育材料变成话剧、快板等文艺作品，以喜闻乐见的方式走上街头开展宣传。这些寓教于乐的方式见效很快，增进了拥军爱民的和谐军地关系，更增强了军民共同抗日的信心。

宋培文做政治工作强调抓好党支部和干部这两个中心环节，要求各支部、各级干部要改善管理教育方式、执行官兵一致原则，并要求贯彻落实，以此作为巩固部队的重要环节。当时有位连长管理风格是"一刀切"，连队战士意见较大。宋培文及时找这位连长谈心，既严肃批评又耐心教育，最后使其心悦诚服，纠正了自以为是的缺点，密切了同战士的关系。还有一位副指导员，为了培养战士们的行动力，别出心裁地搞了个吃饭（速度）比赛，宋培文对这位副指导员说："我们八路军干部对战士如同亲兄弟，做每一件事都要关心爱护部属，决不能做有损大家身心健康的事。"[1]

革命战争年代，物资短缺，战士们常常忍饥挨饿，只能靠黑豆和麦麸充饥。由于长期营养不良，队伍中疟疾、伤寒等疾病时有发生。宋培文想方设法

[1] 周子玉主编，解放军烈士传编委会编.解放军烈士传（第6集）[M].北京：长征出版社，1993:528.

改善部队的物质生活水平，尽可能减少老百姓的支前负担。宋培文以身作则，带领战士们上山砍柴，开荒种田。还费尽心思让炊事班用石磨把黑豆磨碎做豆腐，或用黑豆面和红枣一起做成窝窝头给战士们补充营养。宋培文恪尽职守，把每一位战士都当家人一般关心爱护。当有人身体不适时，他都抽空前去看望。在艰苦的斗争形势下，宋培文和同志们苦中作乐，团结、巩固了革命队伍，他的做法深得军区首长赞誉，军区《子弟兵》报还专门刊登了宋培文开展政治工作、增强部队凝聚力的经验，供全军区学习推广。

智斗敌军　献身革命

宋培文不仅是一名优秀的政治工作者，更是一位出色的军事指挥员。1941 年至 1942 年间，他与营长张志毅共同带领炮兵营参与作战二十多次，次次圆满完成任务。

1941 年入夏后，日军调集大量兵力对我根据地实施"铁壁合围""梳篦清剿"，企图将晋察冀根据地割裂开来。日军谋划挖掘两条封锁沟，通过加设据点，"蚕食"我抗日根据地。一时间，边区工作遇到极大困难。1941 年 10 月，北方局决定行动起来反"割裂"。捣毁日军灵寿县南寨堡垒是关键一战，宋培文率领炮兵二连与第四军分区五团相互配合，于夜间打响战斗。炮兵二连在距日军 300 米外开炮，连续数枚炮弹炸开，日军堡垒分毫未损。第二天一大早，宋培文带队排查所有可能影响炮火效果的因素。仔细筛查后得出结论，最大可能是九四式火炮初速大而后又使用了延期引信，导致爆炸力度不足。找到原因，部队将山炮位置后移，加大至距日军堡垒 1000 米左右，同时应用瞬发引信。当天傍晚，宋培文率部二次射击，两发炮弹就摧毁了日军堡垒。此次战斗，我军以零伤亡代价歼灭日军一个中队。战斗结束后，宋培文带人查看射击效果，验证了早些时的分析判断。为避免同类事情再次发生，他与营长协商决定，对各连队初速不同的火炮加以调整，以期配置更加合理。

1942 年入冬后，为缓解边区危机，巩固敌后根据地，宋培文再次率领炮兵二连与第一军分区的将士们在河北满城韩庄抵御日军。战前，他向士兵们传达了上级指示，作了战前动员。为占据有利地形，他与连长窦金波一起仔细勘察阵地，认真做好各项战略部署。

战斗打响后，宋培文协助连长现场指挥，不顾个人安危上一线勘测。日军一发炮弹打来，炮弹碎片击中了宋培文头部左侧，伤势过重，光荣牺牲，年仅 31 岁。

宋培文壮烈牺牲，令炮兵营全体指战员悲痛万分。为悼念英魂，部队举行了隆重的追悼大会。军区司令员兼政委聂荣臻、副司令员萧克发出通令，对宋培文在炮兵建设、思想政治工作方面的突出贡献给予充分肯定和赞扬，对其牺牲深感痛惜。同时号召所有党员干部向他学习，对党忠诚，为人民负责！

二十六　奋勇当先"花木兰"：王九焕

王九焕[1]

王九焕（1925—1986）出生于山西武乡北社村的一户穷苦人家，父亲早亡，生活的重担压在母亲一个人肩上。12岁时，她被卖去做童养媳。14岁时险些被公爹打死，后得到中共地下党的救助活了过来。同年秋，王九焕化名王子清，女扮男装投奔八路军。

1938年到1944年六年中，王九焕驰骋沙场，无人知其是女性。直到

---

[1]　王林山.王九焕："当代花木兰"[EB/OL].学习强国，2022-02-09.

1944 年作战中负伤，做手术过程中院长才发现她的秘密，组织遂安排她去被服厂工作。1950 年，王九焕奉命送受伤的丈夫复员回乡。由于丈夫瘫痪需要全天照顾，王九焕此后一直未能再回部队。

1984 年，山西省民政厅在调查中发现了王九焕这位"花木兰"。1986 年，61 岁的王九焕与世长辞。

家境贫寒　苦难中成长

王九焕自幼家境贫寒，全家 11 口挤在一孔十多平方米的破窑洞里。穷苦的生活压垮了她的父亲，生活的重担全落在母亲一个人身上。为了活下去，12 岁的她被卖给武乡许家垴一位 34 岁的李姓男子当童养媳，但她在李家的日子同样十分艰难，长年辛苦劳作却难得温饱，还常挨打受气。

由于长年过度劳累，缺衣少食，王九焕的身体非常虚弱，经常头晕目眩，甚至昏厥。婆家认为买她这个童养媳是亏本买卖，对她的打骂更频繁。一个鹅毛大雪天，公公用擀面杖打完王九焕，把单薄衣服的她撵到院外罚站，不多时，王九焕眼前一黑便一头栽倒在雪地里。

黄昏时分，地下党员李向海路过，被门前的雪堆绊倒了。一扒拉雪堆，看见快冻成冰棍儿的王九焕。李向海将她带回家，给她灌下一碗热汤，过了好久，人才苏醒过来。王九焕再也忍不住心里的委屈，哭诉起来："这世道比黄连还苦，李叔叔，哪里才是我的出路呢！"李向海说："去找八路军吧！那是一条出路。"[①]他告诉王九焕，八路军是专门解放贫苦百姓的队伍，能与贫苦百姓同甘共苦。只有与八路军并肩作战推翻三座大山，才有穷苦人的活路。

第二天一大早，王九焕就随李向海来到村外。李向海告诉她，八路军穿着灰色的军装，打着红色的旗帜。沿着村外这条路，一直向北走，就可以找到八路军。带着李向海塞给的窝窝头，更带着对未来生活的希冀，王九焕踏着积雪，一路向北。一路上，万般艰辛，谁也不能阻止她找到红旗的决心。

---

① 毛文戎，王作进.当今花木兰[J].中国民兵，1985（12）.

二十六　奋勇当先"花木兰"：王九焕

不畏严寒　找寻那面旗

王九焕顶风冒雪走了一整天，快天黑时，终于到了郭家沟村。拖着疲惫的身体，她在茫茫暮色中看见两位身穿灰色军装的战士，他们正拉着装满菜和粮食的小推车赶路。想起李向海对八路军的描述，她心想这两位肯定就是八路军了，便急忙跑上前去帮着推车。两位战士回头看见衣着破烂、蓬头垢面、瘦瘦小小的王九焕，知道她想和他们一样当八路军，就将她带到连部去见连长。连长看到她就知道这是个穷苦人家的孩子，但还是善意地提醒她，当兵可不轻松，行军打仗一天走百八十里是常事，问她能吃下这个苦？王九焕毫不犹豫地答道："当然能行，我一点儿也不怕吃苦，多苦我都能行！"[1]连长不忍看王九焕衣着破烂、蓬头垢面，赶紧让连里的卫生员带她去理发、换衣服。

王九焕当时留着男孩的短发，穿着男人的衣服，再加面黄肌瘦，根本看不出女孩样儿。全连上下，都把她当成小男孩待。王九焕这边，则是怕被人认出是女孩不能当兵打仗，连长登记她名字时，她故意说了村里另外一个小伙子的名字王子清。晚上，班长怕这个新来的小战友睡在边上受冻，便把她安排在中间位置。这一夜，她感受到从未有过的温暖。睡在厚厚的干草上，贴身是暖和的军被和棉衣，还有战友们一张张笑脸相对，生活，原来可以这样过！

为实现信仰　隐瞒女儿身

王九焕觉得部队虽然训练辛苦，但是没有婆家的打骂侮辱，还有同志们的关怀呵护，每天都过得很开心。让她偶感忐忑的是，全连除了她，清一色都是男同志。为了保守秘密，她每天都积极表现，不论是唱歌、开会，还是列队、跑操，包括行军打仗，所有任务她都拼尽全力去做，样样不输男兵。

---

① 毛文戎，王作进.当今花木兰[J].中国民兵，1985（12）.

一次，王九焕所在的连队刚登上一个山头，远远看见日军在附近一个村落里烧杀抢掠。看着一孔孔冒着黑烟的窑洞，被侮辱、被屠杀的群众倒在地上奄奄一息，王九焕和战友们气得七窍生烟。一声令下，一连人怒吼着冲向村庄、冲向日军，将那些滥杀无辜的日军打得四处逃窜。事后，战友和连长都夸王九焕胆大心细，杀敌人英勇无比。

连长见她个子小、人灵活，就安排她当通信员。一天，连长交给她一封信，让她尽快送到八路军总部。王九焕把信装入贴身口袋，骑马隐入夜色里。路过日军哨卡时，她毫不犹豫拍马强闯。日军朝她开枪，她机灵地俯伏在马背上，成功脱险。朱老总听闻王九焕的事迹，直夸她勇敢机智。见她鞋底已磨破，还奖励了她一双新鞋。王九焕开心极了，将这双鞋视为完成任务的荣誉象征，走哪带哪，就是舍不得穿！

王九焕有勇有谋，深得组织器重。一天，指导员问她愿不愿意参加共产党。她毫不犹豫回答："只要不回家，我就愿意！"[1]指导员听到她的回答，笑了。作为一个家境贫寒的农村妇女，吃苦耐劳自不在话下，但要成为一名共产党员，她的素质还欠缺不少。指导员开小灶为她讲理想信仰，补充她的理论知识。与此同时，各党小组也在加强像王九焕这样新兵的理论教育。在指导员、党小组及身边同志言传身教下，王九焕思想认识迅速提高，自主意识开始觉醒。她意识到，当兵不应该只是谋生的手段，更是为了赶走日本帝国主义，保家卫国；参加战斗是为了所有受苦的平民百姓都翻身解放，有好日子过。思想境界得到提升的王九焕，斗志昂扬地投身于时代洪流，日常训练更加勤奋投入，打仗行军勇往直前，一言一行，都在向优秀的共产党看齐。

岁月渐长，王九焕越来越担心自己的秘密被别人发现，害怕以后不能冲锋陷阵，甚至不能留在部队。但她得天独厚的条件帮助了她：她是天生的粗嗓音，小时候得天花还在脸上留下一些小印子；长期的营养不良加上战时紧张艰苦的生活，她发育很晚；形势严峻，连里所有人从来都是和衣而眠……

要想完全隐瞒，当然也很困难。要在这么多男同志眼皮子底下女扮男装，难度越来越高。王九焕长期用裹腿布把胸部一圈一圈紧紧裹起来，清洗内衣也多趁战友们入睡后进行，次日穿湿衣出发，辛苦异常。

---

[1] 毛文戎，王作进.当今花木兰[J].中国民兵，1985（12）.

二十六　奋勇当先"花木兰"：王九焕

秘密意外揭开　邂逅美丽爱情

1943 年秋季，日军对太行山区发动大规模"扫荡"，以野蛮的"三光政策"制造大片无人区。我太行军区针锋相对，决定铲除日军在左权县的一个大据点。

王九焕的任务是和几位战友一起把守左权上庄的一个路口，围堵逃窜之敌。狭路相逢，双方激烈交战，枪声和手榴弹爆炸声此起彼伏，双方形成拉锯战态势。王九焕瞅准时机，将手榴弹丢了出去，炸死几个冲在前面的日军。突然，指导员跑过来让她护送受伤的连长和其他六名伤员到白岸乡医院。王九焕二话不说，带领抬担架的老乡上了路。半道上，他们刚走进一个村子准备休息一下时，村头响起了密集的枪声。情况紧急，连长命令王九焕和老乡们将其他伤员转移出村，自己断后掩护。王九焕服从命令，先和老乡们把伤员一个个背到山洞里，再迅速返回找连长。天色渐黑，王九焕终于在老乡家院子里找到了连长。就在她背着连长离开村子时，刚一转弯，迎面来了一个日军。王九焕下意识向日军撞去。反应过来的日军则把他们逼到了村口的悬崖边。王九焕一狠心，抱住连长顺势滚下旁边的悬崖。只听一阵枪响，王九焕失去了知觉。不知过了多久，王九焕和连长被雨淋醒。王九焕挣扎要爬起来，却觉得右胳膊剧痛，这才发现鲜血早已染红了衣袖。

王九焕强忍疼痛把连长背到伤员们藏身的山洞，随后带着担架队艰难抵达白岸乡医院。院长看到王九焕被鲜血浸染的右臂，要为她安排手术。王九焕说自己伤口不严重，拒绝手术。院长察看她的右臂，发现伤口较深，而且血还在往外渗，命令她马上接受手术。医生给她注射了麻药，用剪子剪开她的袖子，这才发现王九焕是女儿身。手术第二天，王九焕醒来发现同屋的男战士已经搬走，她知道辛苦保守的秘密已完全暴露。痊愈出院后她去参加支部大会，原以为会受到处分，但连部却给她记了二等功。考虑到她的实际情况，决定留她在后方医院工作。再也不能和战友们一起冲锋陷阵，上前线杀敌，这让王九焕异常伤心。医院领导反复给她做思想工作，告诉她前方后方都是干革命。王九焕很快调整好心态，在新的岗位上为抗战大业挥洒青春。正是在这家医院，王九焕邂逅了爱情。在医院工作时，她结识了比她大两岁的八路军干部张玉龙。张玉龙因腿部受伤住院，王九焕负责他的术后护理。一来二去，两人渐生情愫。医院领导见状，一心撮合他们。恢复身份的王九焕在部队工作了六年，先后转战山西、河北、陕西、四川等省。先后 12 年部队生涯，她参加过上百次战斗，立过两次大功，受过几十次嘉奖。1950 年开春的一天，王九焕和丈夫张玉龙返回家乡。张玉龙因多次负伤，尤其是脖子上的弹片无法取出导致瘫痪，后半生只能与床为伴。二人不想给组织添麻烦，所以申请回乡。王九焕原想等张玉龙身体恢复好一些自己再返回部队，没想到张玉龙的身体毫无起色，最终她也没能返回部队。

在乡里，王九焕白天耕田种地，晚上回家纺纱，生活仍很艰苦。街坊邻居看他们生活清苦，就让他们以"老八路"身份申请国家照顾。王九焕夫妇听后，一笑置之，从来不给组织添负担。几十年后，民政工作人员下乡了解情况，才得知王九焕夫妇都是八路军的战斗英雄，不计功名一心为国的王九焕大名这才传开，"花木兰"美名赢得世人一片赞扬。

王九焕和丈夫张玉龙 1953 年的合影①

---

① 毛文戎，王作进.当今花木兰[J].中国民兵，1985（12）.

二十七　血洒冀中 英名永存：王远音

学生时代的王远音[1]

　　王远音（1916—1942），曾用名王鸿业，出生于五台县豆村镇泗阳村一个普通农民家庭。幼时在村小读书，后考入豆村镇高小修完小学课程。1931年因成绩优秀被太原成成中学录取，参加驱逐反动校长的学生运动。1934年考入三晋中学高中部就读。1935年8月加入中国共产党领导的革命组织"社联"，1936年10月正式成为中国共产党党员。受上级指示，王远音到东北军学兵队做政治宣传工作。次年春，受东北军顽固派排挤返回北平。七七事变后

① 彭良主编.缅怀[M].河北：河北人民出版社，2012:85.

加入北平西郊的抗日游击队，后游击队重组为晋察冀军区第五支队，任第五支队党支部书记。1938年，五支队被改编为独立师，王远音任政治部主任。1939年，王远音先后在冀中军区三分区、八分区任政委。1942年5月，日伪军集中五万兵力"扫荡"冀中抗日根据地，王远音与八分区司令员常德善均牺牲于肃宁县西张庄战役。

自幼上进　投身革命

王远音自幼聪明好学，机智上进。1931年进入成成中学后，抗日战争爆发，王远音积极参加革命组织，宣传抗日救国。当时，一批地下共产党员和进步人士在成成中学任教，他们在教科学知识的同时，也积极传播民主革命思想，引导青年救亡图存。1931年12月，山西"学生抗日救国联合会"组织盛大游行活动，"要求国民党取消禁止学生抗日救国的法令与措施。经过这次抗日反蒋运动，一定程度上打击了国民党的严密统治，促进了革命的发展"[①]。王远音和许多学生加入游行，保家卫国的激情就此被点燃。

1933年5月，成成中学校长武新宇迫不得已离开太原，阎锡山的亲信推荐亲戚段丽卿充任校长。段丽卿一上台，就辞退或迫害进步教员，解散进步社团，其反动言行激怒了进步师生。中共地下党在成成中学策划驱逐段丽卿的学生运动，王远音作为学生自治会的一员，积极参与了此运动。驱段运动结束后，王远音成为成成中学学生运动的骨干。除参加学生自治会外，王远音和其他同学一起组织进步青年学习时事，精读社会科学和革命文艺书刊，主张反对帝国主义，团结抗日救国。他们举办的读书活动、演讲及座谈会紧跟时代主题，受到大批进步学生的追随。

1935年初中毕业后，王远音升入太原三晋中学高中部。不久，国民政府为加强对学生的管制，派教官到学校主持军训。王远音作为高一年级学生代表，参加了反对学生军训会议。随后他成为党领导的"中国社会科学联盟"

[①] 中共山西省委党史研究院.图说中国共产党山西历史100年[M].太原：山西人民出版社，2022:28.

（简称"社联"）之一员。1935年，华北告急，国民党当局却依然坚持"攘外必先安内"的不抵抗政策。王远音根据"社联"指示，积极发动学生成立抗日救国会，以声援北平的"一二·九"学生运动。

1936年3月，阎锡山掀起反共浪潮，逮捕共产党员与进步青年，王远音亦在被通缉人员之列。迫于形势，山西"社联"由公开转入地下。王远音作为"社联"主要负责人，继续带领学员开展革命工作。有一天，他发现学校门口出现陌生人，立刻意识到情况危急，便穿着拖鞋，提着水壶，装作寻常样子去打开水。避开人们的视线后，他立刻从锅炉房的烟囱中爬出来逃回老家。回到家乡的王远音并没有停止宣传革命思想，他在家乡群众特别是在豆村镇高小学生中宣传抗日救亡图存，不少人经他引导走上了革命道路。月末的一天，王远音正在学校里讲演，追捕他的人追到了豆村镇。危急时刻，父亲将王远音藏在装柴草的木车中出了村，王远音成功摆脱了追捕。

王远音辗转来到北平，继续从事革命活动。随着理论知识的提升，实践经验的增加，社会阅历丰富，王远音深切感受到国民党政府的腐败无能，更加坚信救中国于危亡之中，只有革命一条路可走。1936年10月，他秘密加入中国共产党后，接受党的指示前往东北军学兵队学习并开展抗日宣传工作。东北军学兵队是张学良接受了中国共产党提出的抗日民族统一战线主张后，为培训抗日骨干而增设的一支队伍，学兵队军纪严格，训练有素，队员们思想活跃，政治氛围浓厚。王远音在这样的环境中深受启发，和同学们经常讨论抗日问题，传播抗日思想。11月中旬，日伪进犯绥远。学兵队在党总支领导下，组织了抗日策略讨论会，会上大家踊跃发言，各抒己见。"王远音则提出了到绥东、晋西北做战地群众工作的意见，而这也成为他日后开展抗日工作的重要内容之一。"[1]

北平西郊 奇袭日军

西安事变后，王远音被编入抗日宣传队，任队长。虽然他担任宣传队长

---

[1] 郝国玮.八路军冀中军区第八军分区政治委员王远音[J].文史月刊，2015（9）.

时间不长，却在官兵中做了大量"停止内战、一致抗日"的宣传动员工作。1937 年初，蒋介石将东北军调到安徽，王远音被编入军官差遣第二队。在安徽期间，王远音除了上政治课，还到怀远县组织演出抗日话剧，去学校举办读书交流会，办板报大力宣传革命思想。5 月，军官差遣二队解散后，王远音在中共北方局安排下返回北平。

七七事变后，王远音和其他一批积极分子，接受党组织派遣到北平西郊，参加由抗日义勇军赵侗等人组建的群众抗战武装。这些共产党员的到来，尤其是在东北军学兵队中任过职的王远音、尚英、王建中等人，为义勇军这支力量注入了新鲜血液，提高了抗日义勇军的作战能力。

日军占领北平不久，因其兵力有限，部分地方并未派兵接管。王远音所在的义勇军队伍便找准时机，向北平德胜门外第二监狱这一日军统治薄弱地区发起进攻。8 月 22 日晚，乔装打扮成日军的队员来到第二监狱，让日伪狱警开门后，几十名队员蜂拥而至，不费一枪一弹，控制了所有日伪狱警。这次行动，成功营救了一大批被关押的共产党员，还缴获了多支马枪、套筒枪、轻机关枪、捷克式机关枪和三千多发子弹。这一壮举很快惊动了北平城，身处华北前线的英国记者詹姆斯·贝特兰称："这是中国人自日军占领北平以来所做的最有胆识的事情。"[①]

9 月 5 日经整编，王远音所在的义勇军正式定名为"国民抗日军"。党组织也逐步建立起来，但由于党组织与党员身份都保密，加上这支队伍学生居多，便任命王远音为少儿队队长。9 月 8 日，"国民抗日军"行动消息走漏风声，在黑山扈遭到日军激烈攻击。王远音带领战士们利用有利地形对日军展开游击战，最终毙伤日军 20 多人，还用轻武器击落了一架日军飞机。这一惊人战绩，使全北平为之轰动，打击了日军的嚣张气焰。

"国民抗日军"在一个多月时间里由最初的二三十人，迅速壮大为三千多人。革命势头如此之猛，主要归功于军事上的胜利和政治上的大力宣传。"国民抗日军"一方面严肃军纪、加强军队人员素质教育。一方面在群众中大搞宣传工作，组织队伍中的青年学生唱歌、演讲、表演戏剧，以通俗易懂的形

[①] 中共北京市昌平区委党史办公室编.中国共产党北京市昌平区历史[M].北京：中共党史出版社，2021:85.

式开展宣传，号召群众制作军鞋军衣、参加抗日队伍。10 月，随着党员人数不断增加，为了进一步加强党的领导和管理，上级组织决定改队委会为中心队委会，每个总队和直属队下设 4 个分队。王远音受命担任中心队队委书记。

为了建立抗日民族统一战线，八路军总部给抗日义勇军总司令赵侗送去朱德、彭德怀的亲笔签名信，表明合作发动游击战的意愿。赵侗收到信后一直犹豫不决，最终在王远音等共产党员动员下，同意与共产党联合作战。经反复联络商讨后，11 月中旬，国民抗日军开赴蔚县，补充被服与弹药等物资。12 月，开赴晋察冀抗日根据地阜平县整训，同时改编为晋察冀军区第五支队，王远音担任第五支队政治部主任。

整编后的晋察冀军区第五支队焕然一新：装备了先进武器如轻重机枪 50 余挺、钢炮及电话、电台等通信设备，清除了一些叛变者和不坚定分子，全面加强了党的领导。朝气蓬勃、斗志旺盛的第五支队奉命返回平西，在日军力量较为集中的区域建立根据地，展开新一轮斗争。4 月 2 日，五支队接近二道河时收到消息，说日军的辎重运输队将于次日去涞源城。王远音等指挥人员立马对日军的兵力分布情况作细致侦察，详细部署后发起进攻。此次伏击，歼灭百余名日军，再次击落日军飞机一架，整编后取得首战大捷。

在血与火的实战历练中，王远音成长为一名优秀领导骨干。他任职第五支队党总支书记期间，以搞好思想统战工作为抓手，以提升士兵政治信仰、增强党对军队的领导力为己任，着手整顿地方政权与私人武装，消灭了部分汉奸武装，实现了党中央和八路军总部对平西地区的有力领导。

身经百战　血洒冀中

1938 年 10 月，广州、武汉相继沦陷后，日军进行战略调整，将进攻重心逐步转移至中国共产党领导的敌后抗日根据地。冀中平原因其地理条件优越，更是受到日伪军、国民党军队的重兵封锁与包围。"此时冀中平原的抗日队伍人数虽多，但其成分十分复杂，出现了'司令遍天下'的奇特局面。"①为巩固冀中根据地，扩大我军在冀中地区的影响力，中央不仅让一二〇师挺进冀中加强防御力量，同时还从晋察冀军区及一二〇师抽调大批党员骨干，以便对冀中各部队进行改编。工作能力较强的王远音被调到了斗争环境十分险恶的冀中抗日根据地，任三分区政委。

长期开展统战工作的王远音，上任后高度重视军队的思想政治工作。他给队员们详细阐述政治建设的精髓，还让宣传部门将有关内容编纂成册，分发下属各单位广泛宣传。凡是政治部的会议或讨论，他从不缺席。行军扎营时，王远音常主动到军中了解情况，帮助大家解决问题。王远音不仅注重军队内部的政治建设，还很重视对群众开展宣传动员工作。他经常带领党员干部深入乡村，通过唱歌、演戏、讲故事，在报纸杂志上登传抗日英雄事迹等方式，宣传抗战统战。在王远音与三分区其他党员的共同努力下，三分区常活动的"任河大"地区（任丘、河间、大城）群众基础很好，老百姓经常组织起来帮助我军站岗放哨打掩护，军队和群众鱼水相依，建立了深厚的友谊。

1940年，王远音调任整编后的八军分区政委，但他的工作远不止于思想政治教育，还经常参与军事指挥。经过长期磨砺，他指挥经验丰富，且对战术也很有研究，总能想出奇策攻坚克难。每一次分区组织战役前，他和指挥员都要仔细分析形势，制定详细的作战计划，坚持从实战中学习总结作战策略。同年8月，为打破日军的"囚笼政策"，八路军发动了规模空前的百团大战。在以破坏交通线为主要任务的一二阶段，王远音所在的八军分区因处于冀中地区东部，毗邻连接日军各据点的多条公路，双方争夺十分激烈，八分区主要负责攻击任丘、河间、大城、肃宁地区的日伪军。在对日军据点发起进攻时，王远音领导的冀中军区二十三团，通过与右翼常德善指挥的八军分区司令部、左翼魏近文副团长指挥的九分区紧密配合，形成夹击之势。最后经过三十多次大小战役，"打死、打伤日伪军1127人，俘日伪军339人，缴获长短枪315支，破毁铁路5公里，公路150公里，拔掉据点29个"。②经此一役，极大地削弱了日伪军势力，巩固并扩大了冀中抗日根据地，鼓舞了抗日根据地军民继续战

① 肖平.冀中抗日根据地的对敌斗争[J].抗日战争研究，1994（02）.
② 王向阳主编.抗日英烈事迹读本[M].郑州：大象出版社，2015:150.

斗的信心和勇气。

1941年，随着太平洋战争爆发，日军试图将华北转变为其大东亚战争的军事据点。1942年5月，日伪军集结5万余人对冀中抗日根据地展开残酷"扫荡"，王远音和司令员常德善领导第八军分区军民拼死抵抗。

6月7日，面对日益严峻的形势，王远音和常德善决定带二十三团与三十团联合作战。会战前一天晚上，王远音和常德善听完侦察员的汇报后，推断二十三团的行踪已经暴露。为避免遭日军合围，讨论后决定连夜转移部队。但事与愿违，"次日拂晓，常德善和王远音率领二十三团在肃宁县东南窝北镇顶汪村遭日军包围"[①]。危急时刻，王远音、常德善沉着冷静率队伍向东北方向突围。二十三团的战士们也毫不怯懦，奋勇杀敌。但遗憾的是，村北面是一片开阔地，没有任何可以躲避的地方。激烈战斗中，常德善头部被击中重伤牺牲，腿部已受伤的王远音仍竭尽全力带战士们突围。混战之际，王远音的另一条腿也中了枪，整个人倒在地上，裤腿上鲜血淋漓。王远音自知伤势严重无法成功突围，为了不拖累战友，他将挎包往一名战士怀里一塞，命令战士赶快撤离，自己断后掩护。当日军向他包抄过来时，王远音宁可战死也不做俘虏，最后饮弹自尽，以身殉国，时年26岁。

今天华北军区烈士陵园内，聂荣臻元帅亲笔题写的"常德善、王远音烈士永垂不朽"，程子华题写的"为人民利益而英勇牺牲的王远音烈士英名永存"，时刻昭示后人：有奋斗就会有牺牲，烈士永生在人民心中！

[①] 徐嘉.抗战时期的纪律故事[M].北京：中国方正出版社，2019:216.

二十八 殚精竭虑 抗联英烈：魏拯民

魏拯民①

　　魏拯民（1909—1941），原名关有维，出生于长治市屯留区王村一个普通农民家庭。自幼聪慧好学，刻苦努力，打小跟随父亲识文断字。9岁时，他以优异成绩进入屯留区第一高等小学读书。1924年，魏拯民在父亲安排下结婚娶妻，但他依然渴望读书。同年夏，到太原省立一中继续读书。省立一中浓厚的革命氛围，对魏拯民影响深远。1925年，魏拯民加入由一中学生会创办

① 吴龙虎.抗联英烈魏拯民[J].新长征，2021（07）.

的青年学会。1926 年，魏拯民作为共青团团员参与了中共组织发动的反对阎锡山军阀统治的革命活动。1927 年 1 月，魏拯民成为一名光荣的中国共产党党员。1931 年抗日战争爆发后，魏拯民受上级委派到东北开展工作。1935 年，魏拯民率领人民革命军第二师南征到长白山区，在通化与杨靖宇会面，组织了中共南满临时省委，魏拯民担任省委书记和第一路军政治部主任。1940 年秋带病打仗半年后，魏拯民离开部队到桦甸市四道沟养病。1941 年 3 月 8 日，因叛徒告密，重病的魏拯民带领 7 名战士突围，终因敌我力量悬殊全部遇难，时年仅 32 岁。魏拯民将自己年轻的生命，献给了中华民族的解放大业。

刻苦求学　播撒革命种子

魏拯民，又名魏明生，为了从事革命事业方便，先后用过十个名字，魏拯民是他奔赴东北之后一直在用的名字。魏拯民上学前，在家里跟着父亲学识字。父亲教他背诵的第一课是《少年的责任》："我和你，是少年；为国家，争生存。精神好，身体健；为自己，求安全。"[①]魏拯民从小就刻苦学习，爱动脑筋。父亲看他聪明好学，9 岁就送他到屯留区第一高等小学读书。在班里，虽然他的年龄最小，但学习成绩却总是名列前茅。当时正值五四运动时期，由知识分子掀起的新文化、新思想席卷全国，反帝反封建的新思潮很快传到具有良好青年运动基础的山西，影响到少年魏拯民，激起了他对国家民族最质朴的感情。在高小读书学习，魏拯民不仅积累了文化知识，更是启蒙了他的反帝反封建思想。

魏拯民的父亲关宏元曾经是个有抱负的知识青年。在他年轻时，经人推荐到靠近俄罗斯边境的北方边陲小城木兰县担任过政府小职员，当时想干出一番事业。然而民国时期混乱黑暗的社会现实让他大失所望，最后只得怏怏而归。这段经历让他变得消沉，也改变了他对儿子的期望。之前他竭力支持孩子求学上进，后来让 16 岁的魏拯民娶妻成家，不想让他继续上学。但已经接受

[①] 李潞玉著，长治市革命文物收藏协会编.雪落长白：从上党走出的抗日民族英雄魏拯民[M].香港：华夏文艺出版社，2017:5.

过新思潮影响的魏拯民，怎么也不肯听从父亲的安排，一着急上火，病倒在床上，连续数日烧得昏迷不醒。魏拯民的外祖父是个木匠，没有儿子，又非常疼爱外孙子，在得知魏拯民继续读书的想法后，外祖父说服关宏元，承诺魏拯民继续读书的费用全部由他负责。就这样，魏拯民得以继续去学校学习。

1924 年夏，魏拯民只身前往太原求学。因为路费对他而言太过昂贵，便背着干粮走了两百多公里，翻山越岭历经十几天才抵达太原。魏拯民以优秀成绩顺利考取山西省立第一中学。省立一中是山西党组织的摇篮，魏拯民深受学校氛围影响，喜欢阅读进步书刊，研究革命理论，认真思考社会问题。1925 年魏拯民加入青年学会后，认识了许多志同道合的朋友，他们经常在一起探讨马列主义和孙中山的三民主义，阅读进步书刊，如《向导》《新青年》《民国日报》等。

1926 年春，军阀混战，阎锡山在山西雁北大败，他为了拉拢人心，准备在太原召开"追悼雁北阵亡将士大会"，太原党组织决定借此机会把阎锡山反动统治的真实意图揭发出来。省立第一中学的学生们在彭真等人带领下，积极投入这场斗争。当时魏拯民 17 岁，他满怀革命热忱，与同窗好友连夜赶工，撰写标语、传单。追悼会当天，他们尽力将传单发给参会的群众。

传单像雪花一样在大厅里飞来飞去，会场里贴满了反对军阀统治的各种标语，"反对军阀混战""不要再为军阀卖命"的口号此起彼伏。见此情景，阎锡山的部下只得草草结束了这次大会。魏拯民经过这场斗争的洗礼，参加革命的热情更加高涨，斗志更加昂扬，因而于 1926 年 6 月在太原省立第一中学加入中国共青团；次年，加入中国共产党。从那以后，他就积极投身中华民族的解放事业，奉献出自己毕生的精力。

1927 年，蒋介石发动了"四一二"反革命政变后，随之，阎锡山对山西党组织也强行镇压，很多进步群众被关押入狱，太原市党组织受到极大的损失。在白色恐怖统治下，魏拯民遵照党的指示，于 5 月返回故乡，和他一样被迫返回家乡的共产党员们，在屯留区关帝庙内汇合。面对严峻的革命形势，他们毫不退缩，商量后决定在家乡继续开展革命斗争。白天，魏拯民通过演讲、发传单等方式，到群众中揭发国民党专制统治的反动行径，传播革命思潮。晚上，他和志同道合的朋友一起讨论分享，撰写传单。魏拯民写了一副对联：流血是家常便饭，牺牲为无上光荣。他把对联挂在庙墙上，用以自勉并鼓舞士气。

魏拯民把一切都奉献给了革命事业，即使妻子病重，他也无暇回家探望。等他初一课业结束返回家乡时，妻子已因病重撒手人寰。魏拯民悲痛不已，却于事无补。不久在"清党"运动中，屯留区外地返乡学生多数被列为清查对象，魏拯民被迫暂时转入榆社县中学读书。

1927年夏天，魏拯民辗转到北平私立弘达学院学习。在这里，他很快成为佼佼者，不仅在学校给同学们传播革命思想，做学生思想工作，还经常到街上张贴标语、散发传单，揭露国民党的种种恶行，宣传革命主张。尽管这里警戒森严，但魏拯民机警灵活，"他经常深更半夜悄悄去把标语贴到市中心的百货商店，有时让其他同学假装问路把警察引开，趁机张贴标语，发传单，甚至还在人潮拥挤的街头，把'打倒国民党'的标语贴在警察后背上"。[1]在北平学习期间，受屯留区党组织委托，魏拯民还和宋冠英、李长路、赵秀龙这几位同乡共同创办了刊物《锄耕》。因当时屯留没有编辑、印刷条件，便由这几位在北平上学的共产党员负责刊印。

1930年11月，魏拯民在北平的革命活动被国民党发觉，他再次成为搜捕对象。当时国民党第十三军军长石友三企图网罗一批知识青年为其服务，在河南安阳开办了军事干部学校。北平党组织便安排魏拯民打入该军事干部学校学习，一是离开北平躲开追捕；二是为革命进一步发展做准备。尽管军校环境严苛、军阀风气盛行，但魏拯民始终没有动摇革命决心。在军校求学时，魏拯民不仅认真学习军事知识，还积极宣传革命思想、团结进步青年，甚至还发展了4名党员。他在日记中写道："真正革命的人，做事要光明磊落，要做常人所不能做的工作，要忍受常人所不能忍受的苦。"[2]这是魏拯民革命生涯的真实写照，也是他不屈灵魂的真实声音。魏拯民所有的隐忍都是为了集聚更多力量，等待时机成熟。正如他写的另一句话："要革命，要推翻旧社会、建设新社会必须积蓄力量，必须为之做好准备。"[3]

[1] 郭肇庆.抗日英雄魏拯民[M].辽宁：辽宁人民出版社，1959:7.
[2] 刘红明.英烈浩气干云霄—记抗日英雄、以身殉国的魏拯民烈士[J].支部建设，2003（10）.
[3] 中国中共党史人物研究会编.中共党史人物传（第10卷）（再版）[M].北京：中国人民大学出版社，2017:39.

远赴东满　领导抗日

1931 年 4 月，魏拯民因病离开军事干部学校返回北平，继续从事革命活动。到北京后，他借来老朋友的学生证到北京大学听课，利用这个机会和进步青年交流，向他们传播革命思想，在学生中宣传抗日。

一天早上正在上课，教室外面忽然嘈杂起来，传来几声呼喊，还在上课的同学们也都坐不住了，纷纷跑出教室。魏拯民挤到人群中，听到其中一个同学正在读报纸上的一条消息："南京中央社 19 日电：日军于昨晚突袭沈阳，同时占领长春、营口、安东。沈阳损失重大，长春死伤众多。国府蒋主席，谓日此举不过寻常挑衅而已，已电示东北军绝对不许抵抗，望国民镇静以救国……"[1]

魏拯民听完，气得浑身发抖，愤恨日军的野蛮侵略行径，更可恨国民党的不抵抗行为。因此，他很快加入北大学生为反抗国民党不抵抗政策而举行的示威游行。他不顾病弱的身体，四处奔波，整天忙于街头演讲、宣传、游行，直到喊得嗓子沙哑，双眼熬得通红，他也未休息片刻。魏拯民迫切盼望着党能派他到东北同日军正面交锋，决一死战。

1932 年 4 月，中共中央决定派遣一批优秀的共产党员赴东北开展抗日武装斗争。魏拯民如愿接到了党的指示，成为其中光荣的一员。5 月，魏拯民踏上了东北这片被战火焚烧的土地。他在哈尔滨中共满洲省委里先后担任了市委组织部部长、区委书记、市委书记等职务。魏拯民在担任区委书记时，区委没有固定办公地点，区委的大部分工作人员分散在学校、工厂里办公。因此，魏拯民常常要一个人完成大量的工作，白天到市区，冒着危险深入工厂、学校和街道了解情况、给其他成员布置任务，发动和组织群众参加抗日斗争。晚上，还要对了解到的情况进行分析汇总，找出问题和解决之策。部署安排下一步工作。此间需要写很多报告和请示，经常彻夜加班工作。

1934 年，魏拯民登上去往牡丹江的火车，接替光荣牺牲的童长荣同志的

① 郭肇庆.抗日英雄魏拯民[M].辽宁：辽宁人民出版社，1959:9-10.

工作。魏拯民到汪清、延吉等地经深入调查了解后发现，当地统战工作中的"左"倾关门主义错误十分严重。当时的"民生团"是日军间谍机构买通一部分朝鲜族奸细、政客建立起来的特务机关，专门针对中共领导的东满抗日武装。东满区党组织对"民生团"的活动警惕性很高，这是正确的。但他们在开展反"民生团"斗争时，将问题扩大化，错误地认为东满党组织内部混进了大批"民生团"人员，一些党内同志受到牵连，造成党内、游击队内干部战士间相互猜忌，人心涣散，令亲者痛仇者快。这样的混乱局面，对东满地区革命局势的发展产生了很大的负面影响。

为解决此问题，魏拯民特意开办了东满党政干部学习班，在学习班上给党员干部们普及、宣传党的抗日民族统一战线政策，在此基础上将反"民生团"运动中存在的问题也加以深入剖析。

1935 年 1 月，召开了东满党团特委扩大会议，会议对东满区的经验与教训作了深刻总结，并对过去的一些过激做法加以修正。改组了党团特委领导机构，魏拯民当选为特委书记。对反"民生团"运动加以约束和改进，制订了"八条纲领"和"三条政纲"，逐渐缩小斗争规模，一大批被误判为"民生团"人员的党政军干部、战士得以平反，100 余名被关押审查的疑似"民生团"人员被释放并再次编入抗联队伍。

由魏拯民领导的东满党委所实施的一系列政策措施，贯彻了党的抗日民族统一战线政策，提高了党组织的凝聚力及威望，保存了革命力量，壮大了东满统一战线力量，斗争形势进入高潮。

1935 年 7 月，魏拯民受满洲党组织指派，代表东北抗日游击队参加了共产国际第七次代表大会。在克里姆林宫召开的会议上，他感受到了各国无产阶级对中国抗日斗争和革命运动的支持，这使他热血沸腾。当晚给友人的信中，他写道："我第一次感到这样的幸福，全世界六十五个兄弟党的代表，欢聚一堂，来讨论和制定制止血腥的侵略战争，保卫人类命运的大策……同志们，这太感动人了！"[1]

看到正义的事业得到广泛支持，魏拯民无比激动，他对取得战争胜利更加信心满满。

---

[1] 郭肇庆.抗日英雄魏拯民[M].辽宁：辽宁人民出版社，1959:19.

远征南满 打击日军

1936 年 1 月，魏拯民回国后到东北会见了东北反日联合军第五军军长周保中，传达了中共组建东北抗日联军的指示。

同年 3 月，遵照中共中央指示，东北人民革命军第二军改编为东北抗日联军第二军，王德泰任司令员，魏拯民任政委兼军党委书记，带领抗日军民在南满开辟新的游击区。

魏拯民与王德泰率领第二军转战于安图、武松、临江地区，出没于崇山密林之间，组织兵力奇袭了日军的小杨河、七道沟、庙岭等重要据点，大量日伪军被歼灭，打破了日军多次谋划的"讨伐"计划。

经过一个多月浴血奋战，魏拯民带领部队历经艰险，突破日军重重阻拦，终于抵达金川县河里基地，与杨靖宇领导的红军会合。两人一见面，就如同久别重逢的旧友，他们聊着当前东北地区的抗日局势，畅想着将来革命胜利后的美好前景。二人相谈甚欢，离别的时候，魏拯民送给杨靖宇一本从莫斯科带回来的《共产党宣言》，杨靖宇深知这本书的珍贵，当即从腰间掏出一把崭新的小手枪赠给魏拯民。

由于魏拯民正确贯彻执行了加强和扩大抗日民族统一战线的政策，南满的抗日武装力量壮大，东满和南满的游击区连成一片，斗争形势出现喜人的局面。魏拯民多次率领部队攻打日军重要据点，先后多次挫败了日军，给长白山区的日军以有力打击，推动了东满南满地区抗日游击战争的发展。

1936 年 11 月王德泰壮烈牺牲后，魏拯民不得不一人担负起领导指挥第二军的重任。即使在这样的艰难时期，魏拯民依旧率领第二军主力多次奇袭日军，击毙了无数日伪军，激励了地方上的抗日军民。

1937 年 7 月 25 日，抗日战争形势更加严峻，魏拯民为抗日军民撰写了《为响应中日大战告东北同胞书》，以示与全国人民一起团结抗日、驱逐日本帝国主义的坚定决心。

身患重疾　壮烈殉国

1938 年 6 月，由于东北联军一师长叛变，第一路军陷入危险之中。但久经沙场的杨靖宇和魏拯民临危不乱、镇定指挥，根据具体情况很快调整了第一路军的作战计划。8 月，在杨靖宇、魏拯民的通力配合下，第一军于集安县歼灭了被称为"满洲清剿之花"的日军军团，接着在桦甸的柳河子、木箕河林场、安图县的腰岔沟等战斗中又数次俘虏和歼灭日军，打击了日军的嚣张气焰。

1939 年 7 月，第一路军将其所属部队分成三个方面军，由杨靖宇和魏拯民确定各自的活动区域，并组织各方面军开展大规模的游击战争。8 月，魏拯民率部突袭大沙河，这是安图和明月沟之间的重镇。魏拯民依照大沙河的地形及日军的兵力布置分三路进攻，并设伏打援。

我军在桦甸以东的大蒲柴河据点遇到了日军"讨伐队"，这是一股劲敌，游击队一时难以前进。"讨伐队"这颗"钉子"，魏拯民早就想拔掉它了。经仔细侦察，决定用围城打援的战斗策略。魏拯民在敦化至大蒲柴河要道寒葱岭设下埋伏，9 月 6 日，我军派一支小部队在大蒲柴河镇虚晃一枪，引诱防守在敦化市的日军前来支援。果然不出所料，9 月 7 日，500 名日军与 250 多名伪警合作，匆匆杀到大蒲柴河镇。9 月 8 日早晨 9 时，敌军赶往寒葱沟时，踩中了我军事先埋设的地雷，先头部队被炸得血肉横飞，整个队伍乱作一团。左右山脊上埋伏的我军士兵，从高处对着日军不停射击，最后击毙日军松岛中将及所属 270 多名官兵，摧毁车辆 11 台，缴获大批军需品。寒葱岭伏击战，在抗联的历史上留下了浓墨重彩的一笔。

为了挽回连续失败的不利局面，日军特意制定了"特别治安肃正计划"。魏拯民为保存有生力量，不得不带领部队深入山区。由于战争环境恶劣，工作繁忙，加之常年风餐露宿，魏拯民的胃、心脏都出现了严重问题。但他始终以坚强的毅力支撑着羸弱的身体，依然和战士们并肩战斗，从不透漏半点身体不适的信息。

战友们发现他日益消瘦，步履蹒跚，甚至因心脏病发作昏厥了几次，才得知他病情严重。即使这样，魏拯民依然拒绝任何优待，坚持拄着拐棍行军也不愿意躺在担架上，他把警卫员俘获的马匹用来驮伤员，把炊事员送给他调剂养胃的米面分给战士们一起吃。

10月，魏拯民的病情加重，被迫到桦甸市四道沟抗联秘密营地调养身体。1940年2月，一个不祥的消息传来：抗日联军一路军总指挥杨靖宇在一次战斗中英勇牺牲。魏拯民得知此事，伤心欲绝，带着满腔悲伤和愤怒，毅然拖着重病的身体离开了秘密营，接过了领军的重担。

日军原以为杨靖宇战死，一路军失去领袖会一蹶不振，但他们怎么都不会想到，魏拯民会奋起代替杨靖宇继续指挥，抗日联军越战越勇，抗日的火焰越烧越旺。

1940年秋，魏拯民领导的队伍取得了多次战斗胜利，但残酷的战争环境、繁重的工作都使魏拯民本就严重的病情雪上加霜。他不得不再去夹皮沟东部一个秘密营地休养。即使饱受病痛之苦，魏拯民依旧夜以继日地撰写公文、报告、总结。同志们都很关心他的身体，有时候甚至把纸和墨都藏起来，逼着他去休息。好像魏拯民已知道自己时日无多，说不定什么时候就会长眠不醒，所以他加班加点，要为党多做点事。魏拯民总是深情地对身边战士说："时间对我太宝贵了，工作怎么能停止呢？请把纸和笔给我吧。"[1]他的密友金日成在《忆魏拯民》中写道："魏拯民一直手不停笔地写报告，写游击斗争的总结，起草有关第一路军工作的文件，直至生命的最后一刻……"[2]

1941年初，驻守在夹皮沟附近的日伪军为了切断抗联部队的日常供给，对当地百姓实行严格的配给制度，并残酷杀害一些给抗联部队送过东西的群众。在敌人的强力封锁下，营地失去了与外界的联系，断了粮，魏拯民和战士们只能靠吃松子、树皮度日。即使陷入吃不上饭的艰难境地，魏拯民仍勉励身边的战士说："你们都很年轻，革命就靠你们呐……革命是艰苦的，要打倒敌人，就要流血牺牲。可是，我们的血不会白流，我们的革命红旗，会插遍全中

---

[1] 中国中共党史人物研究会编.中共党史人物传（第10卷）（再版）[M].北京：中国人民大学出版社，2017:249.
[2] 中国人民政治协商会议屯留县委员会，文史资料研究委员会编.屯留文史资料（第十辑）（内部资料）[M].屯留：政协屯留县委员会文史资料研究委员会，2002:25-27.

国！"①

魏拯民本就身患重病，又没有粮食可吃，身体状况越来越差，最后全身浮肿，1941 年 3 月 8 日病逝，年仅 32 岁。

魏拯民同志去世后，因叛徒出卖，日军找到魏拯民的遗骸，残忍地砍下他的头颅，为虚张声势，日军还制造了枪杀魏拯民的假象。还把魏拯民的遗体运到桦甸，挂在树上示众。

中华人民共和国成立后，为缅怀魏拯民为革命为事业拼尽最后一丝力气的伟大献身精神，1961 年 10 月 23 日，在他牺牲的地方，重新举行了葬礼。2000 年 9 月，吉林市革命烈士陵园将魏拯民骸骨迁回，并举行了隆重的安葬仪式。

魏拯民长眠于长白山，他的精神像长白山郁郁葱葱的森林，生生不息。

① 郭肇庆.抗日英雄魏拯民[M].辽宁：辽宁人民出版社，1959:55.

二十九 骁勇善战 抗日英雄：武克鲁

武克鲁①

　　武克鲁（1921—1945），原名武师曾，出生于祁县夏家堡村一个开明士绅家庭。自幼聪慧，活泼调皮，有强烈的爱国情怀。1937年秋，武克鲁以优异成绩考入太原进山中学，在这里阅读进步书刊，接受新文化运动熏陶。1938年，他进入"民族革命学校"学习，同年，成为一名中国共产党党员。1940年至1945年，武克鲁先后担任祁县独立营连长、营长及祁县抗日政府县长，领导祁县人民的抗日武装斗争。1945 年 6 月 6 日，武克鲁被叛徒出卖，在阎家山村被日军包围，为不牵连群众，在与日军激战后壮烈牺牲，时年 24 岁。

列强入侵　种下革命火种

武克鲁的曾祖父是经商之人，受传统儒家文化影响，商人社会地位并不高，因此家人给武克鲁取名师曾，全家都希望师曾能肩负起重担，振兴家族。但武克鲁自小不愿意生活在古人影子中，更厌烦被束缚，长大后的他非常执拗、"叛逆"，他将自己的名字改为"克鲁"，意思是要超过古人。1937 年秋，武克鲁到进山中学读书，犹如久旱逢甘霖，在这里他如饥似渴地阅读革命书刊，接受新文化运动的精神熏陶。

1937 年 11 月，进山中学因受战火影响已无法正常教学。日军的铁蹄踏进山西晋中地区，身处战乱中的武克鲁目睹耳闻日本帝国主义的种种残暴罪行，国人承受的屈辱与苦难让他深感愤怒，年少的他决定寻找并加入抗日队伍，用自己的力量捍卫国家主权和做人的尊严。

但是，寻找抗日队伍却没有他想象的那么顺利。首先是遭到父母的坚决反对，其次是被军阀阎锡山的人拦截，武克鲁前后四次入山寻找抗日队伍的计划都以失败告终。尤其是来自家人的坚决反对让他无法直面。他的父母甚至想用婚姻来拴住他，特地为他找了一个贤良温柔的妻子，希望他成婚以后可以放弃抗日理想。但武克鲁心意已决，决定了的事九头牛都拉不回来。即使要独自面对硝烟中无数的变数与危险，武克鲁也坚持要去找抗日队伍。新婚后不久，武克鲁在温普三等人帮助下设法出走，在来远山参加了祁县抗日游击队。

1938 年 4 月，武克鲁进入牺盟会主办的"民族革命学校"学习，这是一所专门为抗日民族统一战线培养干部而设立的学校，革命的氛围非常浓厚。深深受到革命浪潮影响的武克鲁，经过系统训练后，迅速成长为一名有胆识、有志气的革命战士。

次年，武克鲁加入了祁县交通队，职责主要是护送往来于陕甘宁和晋冀鲁豫边区的党的中高级干部平安通过平遥、祁县、太谷这一段的同蒲线。在交通队里，武克鲁和他的战友们护送过许多党的高级干部，后来才知道其中有化名胡服的刘少奇，有朱总司令。某个秋夜，武克鲁的姨娘刚熄灯躺下，突然听到门口传来急促的敲门声，一时间恐惧涌上心头。她慢慢打开房门，发现门口站着一个穿着大黄皮的"日军"，顿时吓得浑身发抖。正不知所措时，这个"日军"走到她身边低声说："姨，带上干粮，其他人还在外面等着呢，快！"姨娘这才认出这个"日军"是自己的外甥武克鲁，又惊又喜，后来她得知，外甥的这身装扮是为了吓唬伪军。

武克鲁不仅自己坚定投身革命洪流，还将革命的火种传递到他的家族中。在他的动员和影响下，家族有12位亲人先后参加了八路军，投身抗日斗争。正如毛泽东主席所言"星星之火，可以燎原"，革命的圣火便是这样一传十、十传百地蔓延开来，直至中华民族解放大业取得最后胜利。

机智骁勇　谱写抗日奇迹

1940年到1945年底，武克鲁先后担任祁县抗日组织和抗日政府的领导人。这个20岁出头、一心想着保家卫国的热血男儿，在晋冀鲁豫边区太行二专区，率领武器装备简陋的祁县抗日游击队，用自己的聪明才智和过人胆识，团结身边的一切武装力量，谱写下一首首不朽的抗日战歌。

1941年，武克鲁担任祁县独立大队第七连连长。这年春天，日军在同蒲线、白晋线交汇处设立要塞据点，修筑堡垒，意在消灭中共抗日力量，"治安肃正"，祁县的抗日斗争形势日益严峻。为了保存实力，独立大队的人被迫在山谷中风餐露宿，大家衣服单薄难以御寒，食物不足补给短缺，少数领导缺乏斗志，导致全队士气低迷，战斗力大打折扣。临危受命，武克鲁接任了独立营副营长一职，他以极快的速度率领独立营战士侦破了一起23人参与的投敌大案，严厉惩处了7名汉奸，极大地振奋了部队士气。

不久之后，武克鲁又率领独立营战士采用八路军的游击战与日军展开争夺拉锯，"先后进行了打击白晋路、袭击同蒲线、伏击军车、攻打古县、围困子洪等数十次战斗，巩固了祁县路东革命根据地，开辟了路西游击区，独立营也由 100 人发展到 500 余人"①。正由于武克鲁有勇有谋，善于指挥，才取得了这数十次战斗的胜利，巩固发展了路东革命根据地，扭转了不利局面。

1942 年初春，日军为了监视白晋铁路沿线及附近村庄的动向，在祁县城东南方 20 公里处的鲁村设了一个重要据点。该据点设在鲁村地形最高的地主大院里，视野开阔，向南可以和子洪镇日军据点隔河呼应，向北又与东观镇南团柏村炮楼形成互助。鲁村地处太行根据地通往延安的交通要道，这个据点对周围抗日根据地的安全形成重大威胁。驻扎于此的日军人数虽然不多，但他们依仗精良武器和炮楼，时常骚扰过往人员和附近村庄的群众，抢掠财物，弄得过往人员人心惶惶，当地群众无法正常生产生活。为了端掉这个日军据点，武克鲁对该地作严密侦察、准备奇袭。

武克鲁胆识过人，善用谋略，深得战士们和周围群众的喜爱与拥护。2 月 22 日，武克鲁带领 8 名战士乔装打扮组成了一支自行车"日军便衣队"，他们从太谷方面骑车向北义城镇鲁村日军据点疾驰而来，到达目的地，等日军哨兵举枪行礼后便大步进入日军据点，结果发现大部分守军都在睡觉，"便衣队长"武克鲁大发雷霆，用生硬的中国话向伪军队长薛成发出整队集合命令。就在薛成慌忙集合伪军时，"便衣队"开始了搜查。在街上闲逛的伪军以为是宪兵来了，急忙赶回集合队伍。这时在一处偏僻房屋中，有一名伪军因为缝补裤子没能及时加入集合队伍，但他认出了武克鲁！就在他慌乱向外逃窜时，我方战士眼疾手快一枪放倒了他，集合在院子里的 20 多名伪军和屋里的 2 名日军也被生擒。武克鲁这支"便衣队"只用十几分钟、一发子弹，就活捉了全队伪军，缴获了 15 支步枪和几盒弹药。"一颗子弹打鲁村"，成为周围群众广泛传播的故事，武克鲁也因之成为远近闻名的传奇人物。

1943 年 1 月，武克鲁经多方侦察，并结合一个投诚伪军的情报，详细掌握了古县据点伪军的活动轨迹。在一个风雪交加的夜晚，武克鲁率领二区独立营和基干连战士，反穿棉袄，白色一面朝外，借风雪掩护，于夜深人静时潜入据点一间草房里。第二天早晨伪军晨练开始，游击队员从草房里一涌而出，毫无戒备的伪军全部做了俘虏，还缴获了大批武器与补给。交通队员们一次次生俘敌伪的故事，很快就在抗日根据地及敌占区传播开来，受到了中共太行区党

---

① 田玮.抗日英雄—武克鲁[N].晋中日报，2021-09-06.

委的嘉奖，老百姓则交口称赞。

武克鲁有勇有谋，是战士们学习的楷模，日常生活中，他更是被战士和乡亲们当亲人待。独立营小战士申春元在一次奇袭中受伤被武克鲁从战火中救出，之后他格外关心照顾小春元，行军路上经常可以看到申春元骑马、武克鲁牵马的温馨画面，在申春元眼中，武克鲁就是父兄一般的存在。受过武克鲁照顾帮助的乡亲更是不计其数，经常有乡亲给武克鲁送来珍贵的鸡蛋和白面感谢他、慰问他，武克鲁通常都以"生病"不能吃为由，谢绝乡亲们的好意。

在武克鲁的影响下，他的妻子、弟弟等12位亲人都加入了抗日队伍。被日伪军盯住后，家人不断受到威逼利诱和监视。为了尽量减少家人的压力，武克鲁在与日军战斗的7年中，几乎没有和自己的家人团聚过。仅有一次，部队转移途中，他抽空见到了双目失明的母亲，他跪在母亲面前，帮母亲梳理了一下散乱的头发，诉说着对家人的想念。但为了革命事业，没待多久他毅然转身回了部队。

以身殉国　英魂永在

1945年6月5日，武克鲁部署好盘陀警务段一带打击日伪军工作后，一行人返回县政府。途中，遇到了自称在太谷经商的祁县人赵成儿，因没有直接证据也无法判断赵成儿的身份，只对其进行了一番爱国教育后便放走了他。让人想不到的是，这个赵成儿蒙混过关后直奔盘陀日伪据点去告密。当晚，部队在东峪沟阎家山村休整，武克鲁半夜出来查哨时，发现树下有人影晃动，立刻和哨兵叫醒其他同志查看情况。他们发现附近有埋伏，本来武克鲁可以利用对村中地形熟悉的优势迅速转移，或在群众的掩护下隐藏起来，但武克鲁认为那样会牵连到村中的无辜群众，遂决定带独立团冲出山庄。

武克鲁他们从东面沟底向南跑去时，发现沟口已经布满了日军的枪炮，他们只能折向东面的神岭村。不料日军和伪军迅速集结了盘陀附近的兵力，包围了神岭村，并从东峪沟西面向东峪沟东面集中火力全面射击，4名游击队员不幸被炮弹击中，英勇牺牲，武克鲁和警卫员也受了伤。此时的武克鲁和警卫员心知肚明，他们顺利突围的可能性微乎其微，于是他们灵机一动，故意吸引日军火力，掩护班长赵吉寿和独立大队队员回去报告。

后续的激战过程中，警卫员牺牲了，武克鲁负重伤陷入层层包围。武克鲁将随身携带的重要文件撕碎，放在嘴里咀嚼后埋进土里，继续投入战斗，最终光荣牺牲，年仅 24 岁。

武克鲁，这位优秀的共产党员，杰出的抗日英雄，就这样离开了那片生他养他的热土。武克鲁牺牲后，祁县、太谷一带老百姓创作了《武克鲁歌》：

六月六鬼子又行凶，克鲁同志神岭附近英勇牺牲，
牺牲为的是老百姓，咱们要为他报仇恨……
克鲁爱国爱人民，他是咱们的抗日英雄，
伟大精神万古存！

这首传唱至今的民歌，就是对这位爱国爱民、英勇善战、屡立奇功的抗日县长的最好纪念。

1945 年抗战胜利后，武克鲁的遗体被安葬在河北邯郸烈士陵园内，供后人纪念瞻仰。

三十 以身作则 模范校长：武新宇

武新宇①

武新宇（1906—1989），又名武杰，武汉三，出生于阳高县一个没落的封建家庭。1908年武新宇父亲病逝后，孤儿寡母备受欺凌，养成了武新宇自尊自强的性格。1923年，武新宇冲破家庭禁锢，独自到北京以优异成绩考入北平师范大学。1924年，在学校组织下，武新宇到北京西站迎接北上的孙中山。1925年武新宇加入共青团，随后转入中国共产党，参加了声援"五卅"

① 晓立.父亲武新宇革命的一生[J].北京党史，2006（6）.

惨案的演讲活动。1926 年，武新宇组织参与了反对段祺瑞政府反动统治的游行示威。此后辗转华北、辽宁、山东等地，以教书为掩护从事地下革命活动。1931 年，武新宇任太原成成中学校长，因参与革命活动遭阎锡山通缉，辗转至日本。1934 年回国后，武新宇在北平继续从事革命活动。1937 年，武新宇回太原担任北方局交通员。1940 年，武新宇被调回晋西北，担任行署民政处处长。从 1940 年到 1948 年，武新宇在晋绥边区担任多个领导职务。1948 年 5 月后，任晋南工委书记与行署主任等职。中华人民共和国成立后，历任政务院内务部副部长兼党组副书记，政法委秘书长、党组书记等职。1989 年在北京逝世，享年 83 岁。

刻苦求学　投身救亡

武新宇两岁丧父，母亲独自带着两个幼子，备受欺凌，这使武新宇从小养成了独立自主的坚韧性格。从小学到中学，他一直保持着优异的学习成绩。1923 年，武新宇不顾家里反对，考入北平师范大学。求学过程中，他的生活十分拮据，经常食不果腹，只能与拉洋车的劳工一起在路边小摊上买点食物充饥。武新宇由此接触到底层劳动人民的悲惨生活，更看见没有衣服穿而冻死街头的百姓。中国在北洋军阀反动统治之下，连年战争使老百姓生活苦不堪言。这一切，使武新宇心生大悲悯，他决心要寻求救国救民之路。

五四运动之后，北平师范大学成为传播新文化、新思想的重要阵地，武新宇如饥似渴地阅读《共产党宣言》《新青年》等进步书刊，接受并认可了马克思主义，逐步确立起共产主义信仰，投身于大革命的时代浪潮之中。其间，武新宇踊跃参与党组织的各项社团活动。作为新华学会负责人，他更是主动承担起联合其他进步同学向反动势力作斗争的任务。在反帝反封建的斗争实践中，武新宇的马克思主义信仰更加坚定。

武新宇入党后，积极开展工作，先后担任过北师大党支部和西城区党组委员。"五卅"运动中，武新宇到处宣讲，以实际行动声援上海工人。1926 年，段祺瑞反动政府制造"三·一八"惨案，武新宇带头加入游行队伍请愿示威抗议。1927年，以蒋介石为首的国民党背离北伐革命初衷，大规模搜捕、屠杀共产党员和革命人士，武新宇并没有被吓倒，坚持继续出版《国民晚报》，向国民党展开不屈不挠的合法斗争。

投身教学 坚决抗日

为了躲避白色恐怖统治，武新宇先后辗转多地，并以教师身份作掩护继续从事地下工作。他回忆道："那时进行地下工作十分危险，为了避开特务和密探，有时装成商人在旅馆租房开会。"[1]在北平的一次集会活动中，为了躲避军警搜捕，他的腿部受了重伤，匆忙间躲进一个街边小铺才得以逃脱追捕。

"九一八"事变爆发时，武新宇正执教于辽宁凤凰城，亲眼见证了日军的残暴，内心的愤懑压抑不住，毅然发动学生与日军殊死拼搏。学校当局察觉他的存在就是危险，武新宇被迫离开这家学校。随后，武新宇到太原担任成成中学校长，任职期间，为学校聘请了大批共产党员和进步知识分子做任课老师。随着党员人数增加，武新宇在学校里成立了教师党支部。在教学过程中，学校十分注重对学生进行爱国主义教育，号召同学们走出校园，深入大街小巷，广泛宣传抗日救国。这一举措，起到了宣传抗战、唤醒民众的作用，也培养了大批具有爱国情怀的青年学子。

不久后，在武新宇的积极推动下，"太原抗日反帝同盟会"正式成立，主要向群众宣扬联合抗日的重要性，批判国民党"攘外必先安内"的不抵抗政策。武新宇他们的活动引起了极大的社会反响，山西当局惶恐不安，势必除之而后快。1933年初，由于武新宇组织的革命活动影响较大，阎锡山到处通缉捉拿他，武新宇不得不连夜跳上去北平的火车，不久，辗转抵达日本。

武新宇到达日本后，革命热情并没有丝毫减退，他号召积极进取的留学生一起组建"师大留日同学会"，继续投身于抗日救亡革命活动。武新宇顺利考上东京帝国大学后，很多人都劝他读完书以后再回国，但武新宇只想早日回到祖国的怀抱，一心一意保家卫国，最终他不顾个人安危，毅然踏上归途。此

[1] 晓立.父亲武新宇革命的一生[J].北京党史，2006（6）.

时国内的"一二·九"运动正处于高潮，武新宇回来后立即接受党组织安排，协助阎秀峰等人领导"北平文化界抗日救国会"组织的抗日救亡运动及抗战慰问活动。身为国民大学教授的武新宇视名利如云烟，毅然舍弃较高的社会地位和经济收入，义无反顾地加入了反抗日本帝国主义的斗争行列。武新宇的抗日行为受到国民党反动派的排挤打击，强迫学校解聘他并下令逮捕。面对国民党的打压，武新宇毫不畏惧，更加坚定了抗日的决心。

动员师生　奋战前线

1936 年秋，在中国共产党的积极主导下，阎锡山不情愿地答应了共产党建立抗日民族统一战线的主张，以继续维持其在山西的统治地位。全面抗日战争爆发后，党中央为建立抗日民族统一战线、壮大抗日力量，迅速派遣周恩来奔赴山西，与阎锡山共同商讨建立第二战区战地总动员委员会相关事宜。在商讨过程中，周恩来提出了中共参与战动总会的人员名单，其中就包括武新宇。虽然阎锡山知道武新宇是被通缉过的中共要犯，但他只能同意这份名单。

在党组织安排下，武新宇回到太原。山西战动总会成立后，他便被委任为分配部副部长，负责动员广大民众踊跃参军、全力支援抗战前线。在武新宇的不懈努力下，战动总会在很短时间内就筹集了足够的粮草，还组建了担架队负责搬运伤员，招收到的新兵也比原计划多出两千多名。除此之外，武新宇还与武装部部长程子华一同创办了抗日培训班，培养军政指挥员，使之成为游击队的骨干力量。

1938 年夏，中共中央决定开辟大青山革命根据地。随后，一二〇师师长贺龙与政委关向应决定组建大青山支队，为根据地建设奠定武装力量基础。为配合支队工作，武新宇以边区工委主任和中共大青山特委书记的身份参与其中。

全面抗战开始后，成成中学便成了太原的"红色堡垒"，成成中学的教员与学生在党组织号召下，建立起师生抗日游击队。全校师生投笔从戎、奋勇抗敌的事迹也为社会各界人士广泛瞩目。外国友人赞叹道："古今中外，第一次看到整个学校组成游击队抗击侵略者的壮举。"①

1938 年 8 月初，接上级党组织指示，大青山支队决定由驻地向敌占区挺进。由成成中学师生游击队改编而成的战动总会抗日游击第四支队随大青山支队一同挺进绥远敌占区，参与大青山根据地创建。刚出发时，武新宇正患着重感冒，连续几日高烧不退，但他仍旧带病远征，不顾病痛，背着沉重的装备与物资始终走在队伍前列。成成中学的师生们虽然第一次行军远征，但在武新宇的带动与鼓舞下，师生一路斗志昂扬，情绪高涨。途中部队为尽快冲破日军包围，选择在夜幕掩护下紧急行军。路上下起大雨，他们冒雨翻过一座座山峰，武新宇是近视眼，常常因视线模糊而摔倒，但即便满身泥泞，仍继续前行，无惧前路漫漫。

经过一个多月的艰苦行军，部队抵达大青山。初到此地，首要任务是与群众搞好关系，只有得到群众的支持，才能在新来乍到的地方立稳脚跟。所有的师生均严守纪律，自觉听从上级指挥，宁愿自己忍饥挨冻，也不拿群众一针一线。面对军纪如此良好的部队，百姓知道自己将来要依靠的正是这样一支纪律严明、作风优良的革命队伍。他们很快放下戒心，选择相信共产党，更将战士们视为"自己人"，主动帮他们站岗放哨、提供情报。

武新宇把学生分成一个个工作组到群众中去做工作，动员大家团结起来，共同抗击日军。大青山支队在艰难战争环境中多次向日军发起进攻，歼敌无数。

随后，各个县区在边区工委领导下，相继成立动委会和抗日武装组织。在此基础上，先后开辟了绥中、绥西和绥南等抗日根据地，总共包含了十八个县市，共同组成了大青山抗日根据地。

武新宇经常怀念起那段峥嵘岁月，想念那些为了根据地建设而奋不顾身的学生们。学生们后来大多数都成了党的高级干部，每当回忆起那段艰苦的奋斗岁月，他们都心存感激，挂在嘴边最多的话是："是武校长带领我们参加了抗日，走上了革命的道路。"②

---

① 晓立.父亲武新宇革命的一生[J].北京党史，2006（6）.
② 晓立.父亲武新宇革命的一生[J].北京党史，2006（6）.

三十 以身作则 模范校长：武新宇

扎根晋绥 功绩斐然

1939 年夏天，武新宇被中央组织部调到延安，给毛主席当办公室秘书。在与主席的日常交流中，他深刻领悟了主席反复强调的干部与工农相结合的重要性。感到自己之前在战斗中把干部与工农结合起来的历练较少，他想重回前线锻炼，毛主席赞同他的想法。

1940 年，武新宇经请示组织部门后调回山西担任晋西北行署副主任等职。"在晋绥公署的主任续范亭去延安养病期间，一直由武新宇主持这里的工作。"①他始终遵循党中央的指示与要求，贯彻落实"三三制"原则，筹备并召开了临时参议会，会议最大限度地团结了一切抗日力量，充分彰显出共产党建立抗日民族统一战线的决心。会后，武新宇带领干部检查督促根据地的各项制度、条例，改进工作，为抗日政权的建立夯实了制度基础。为了保障前线供给，改善边区百姓生活，武新宇组织广大军民开垦荒地，兴修水利，开展大生产。在他们的辛勤劳作下，边区粮食不断增产，人民生活水平不断改善，为晋绥根据地的巩固与发展奠定了重要物质基础。

1944 年，边区近一半的劳动力加入了互助组。仅这一年，开垦的荒地就达到了 100 万亩，粮食增收了 8 万多石。此外，边区还大力推行减租减息政策，将地主阶级中的开明分子也团结到抗日民族统一战线之中；多次举办群英会，对在战斗和生产中涌现出的英雄模范予以表彰，极大地激发了群众保家卫国、积极生产的热情，为全边区的持续发展提供了强大动力。

解放战争初期，武新宇再次发动晋绥边区广大群众投身捍卫抗日战争胜利果实的斗争。边区的杰出工作，为晋绥野战军和西北野战军提供了坚实的后勤保障，得以调动大量人力、物力、财力以支援解放战争。

武新宇在工作中注重实际。他深入基层，经常到老百姓家问寒问暖，帮助解决实际困难。自己生活中，武新宇向来艰苦朴素，秉持清正廉洁，从不享

---

① 晋绥边区革命纪念馆编.晋绥边区人物春秋[M].北京：新华出版社，1996:38-39.

受任何特殊照顾。他从未领取过每月津贴中的三斗小米，甚至将部队冬季分发的皮大衣也退了回去。他常对干部们说："我们的生活虽然还比较艰苦，但已经比老百姓好多了，千万不能再增加他们的负担。"①

晋绥边区的广大军民通过不屈不挠的顽强抗争，在十分艰难的战争年代，不仅发展巩固了晋绥边区，还支援了陕甘宁边区，保卫了党中央。

主持立法 恪尽职守

1949年后，武新宇主要负责全国基层政权建设及救灾抚恤等工作。1954年，武新宇调全国人大常委会工作，彭真找到他说，中央决定马上开始各项立法文件起草工作，希望由他负责。尽管任务十分繁重，时间不充裕、人手也不足，但武新宇毫不犹豫地接下了这份重担。他一边处理人大常委会的日常工作，一边在立法工作上倾尽全力，这一干就是30多年。

武新宇组织工作人员广泛搜集各个国家的法律文本，深入研究中国历史上较为成功的立法范本《唐律疏议》与《大清律例》，从中汲取经验教训。但在立法中，他更强调从我国国情出发，总结本土经验，以制定出更加符合我国国情、世情、党情的切实可行的法律。

武新宇深知立法工作的重要性，他常说："制定法律不仅每个条文要认真研究，而且每个字都要反复推敲，一个字用得不恰当都不得了。"②制定法律既需要强烈的责任感，更需要严谨细致的工作态度与精益求精的钻研精神。为了更好地体现社情、民情，在起草法案的过程中，武新宇发扬民主精神，广泛征集各种意见，经反复慎重的论证后，最终才写入法案中。

1966年后一段时期内，社会动荡不安，"四人帮"叫喊着要砸烂"公检法"，立法工作受到前所未有的严重破坏，政法战线的同志们也受到空前的迫害，武新宇被诬陷为"走资派""社会黑帮"，受到持续审查、批判，身心备受摧残。即便在如此逆境中，武新宇仍坚守信念，深信法律的尊严不容侵犯，

① 晓立.父亲武新宇革命的一生[J].北京党史，2006（6）.
② 晓立.父亲武新宇革命的一生[J].北京党史，2006（6）.

三十　以身作则　模范校长：武新宇

坚信中国一定会回归依法治国轨道。

1978年党的十一届三中全会召开，党中央将法治建设摆在了十分重要的位置上。此时的武新宇虽然年事已高，但他仍旧返回到立法工作第一线，并以顽强的毅力和高度的责任感对即将提请五届全国人大二次会议审议的几项立法工作提上议事日程。"武新宇先后担任了全国人大常委会常务副秘书长、法制委员会副主任兼秘书长、中央政法委员会委员和中国法学会第一任会长，并在中共十二大上当选为中央顾问委员会委员、中央纪委常委。"[①]他呕心沥血，积极投身于《宪法》《刑法》等多项法律的制定与修正完善工作中。特别是他主持起草的《刑法》，历经数载，反复推敲，前后修改了33次，1979年被全国人大审议通过。

1983年，身患重病的武新宇无法再主持立法工作，但他仍旧心系于此，作为特邀顾问经常提出建设性的意见和建议。他认为加强社会主义法治建设是治国之本，也是强国之路上必不可少的奠基石。同时，想要实现依法治国，只加强立法工作是远远不够的，还必须重视司法工作。只有建立起完整的法律体系，真正做到"有法可依""有法必依""违法必究"才能发挥法律的效力，使立法、司法、守法三个环节相互依赖、相互促进、共同发展，才能推动国家法治建设水平的提高。

回顾武新宇献身祖国发展事业的一生，他始终忠诚于党，忠诚于人民，从不计较个人的利益得失，克己奉公，清正廉洁。即使在和平年代，他仍然保留着勤俭节约的生活作风，过着粗茶淡饭的简单生活。他的一生，都在为党和国家的前途未来而奋斗，为改善人民的生活而努力。

武新宇于1989年离世。他的高尚品质，已成为留给后人的宝贵精神财富。

---

① 晓立.父亲武新宇革命的一生[J].北京党史，2006（6）.

三十一 坚忍不拔 巾帼英雄：邢培兰

邢培兰烈士

邢培兰（1912—1940）出生于怀仁吴家窑村一个普通农民家庭，自幼在私塾读书。1925 年，她所在的吴家窑村开办了一所高等小学，从小聪明好学、性格倔强的邢培兰，凭借坚定的信念，说服父母进入高小继续读书，成绩一直名列前茅。1932 年，怀仁开办了师范学校，并特设女子师范班，邢培兰从 100 多名考生中脱颖而出，如愿考入师范学校就读学习。母亲去世后，她被迫辍学回家操持家务。1935 年邢培兰嫁到小峪村，成为家里的顶梁柱。1937 年，邢培兰加入妇救会做支前工作。1938 年，邢培兰成为一名中国共产党党员。1940 年，邢培兰在组织全区妇救会主任会议时，因叛徒出卖被日军包围，英勇牺牲，年仅 28 岁。

聪明好学 探索新知

邢培兰的父亲是清末县学生员，熟读诗书，但一生未能入仕为官，只好以教私塾为业。邢培兰自幼便在父亲的私塾里学习。她出生的吴家窑村地理位置优越，地下有丰富的煤炭资源。晚清民国时期，周围有许多开办煤矿和经商的富户。辛亥革命后，随着新思想新观念广泛传播，进学堂上学的孩子逐渐增多。1925 年，村里开办了高小，并开设了女子班。作为公办学校，前来上学的孩子比私塾的多，开设的课程也更加广泛，针对不同年级和班级开设课程，日常文体活动也比较丰富。13 岁的邢培兰一心想到高小读书，不断向父亲表达自己对读书的渴望，父亲也同意让乖巧好学的邢培兰去公办学校上学。思想传统的母亲则希望女儿能多帮家里做点家务，学做针线活，拒不同意她去上学。一心想读书的邢培兰和母亲多次争吵后，最终如愿入校读书。邢培兰在学校里没有辜负父亲的期望，她刻苦努力，勤奋好学，连续多次获得女生班第一名的好成绩。

1932 年，怀仁师范学校派老师到全县各大村庄招生，招生考试极为严格，参加考试的足有百余人，但最终仅 14 人被录取，邢培兰便是其中之一。看到女儿有出息，母亲东拼西凑给她凑齐了学费，高高兴兴地让邢培兰到县城去读书。女生师范开设的课程使邢培兰增长了见识，开阔了视野，尤其是这里开设的马克思主义理论课，对她以后走上抗日救亡之路有极为深刻的影响。从老师的讲授中，邢培兰了解了孙中山发动的辛亥革命，知道了共产党领导的、为穷苦老百姓打天下的工农红军，对屠杀中国同胞、企图侵占整个中国的日本帝国主义极为痛恨。在老师的启发下，邢培兰开始进一步认识世界、思考人生。不久，她的母亲病情危急，邢培兰毅然放弃自己钟爱的学业，返回家中照顾母亲。然而，父女两人千方百计寻医问药，历时半年仍然无效。母亲去世后，父亲又去外村教书，邢培兰就留在家里操持家务。

母亲病重期间，邢培兰的高小同学彭殿明了解到她的遭遇，对她多有关照，时常到邢培兰家里帮忙，最后还帮她料理了母亲后事。两颗年轻的心，慢慢走到一起。1935年，邢培兰嫁给了彭殿明。婚后，邢培兰成了彭家的顶梁柱，家里的大小事情都要邢培兰最后决定。对于村里的乡亲，有文化又热心的邢培兰尽力帮忙，她告状打官司帮村里人讨要过工钱，还有写信算账、教小孩子读书写字、逢年过节组织村民唱戏扭秧歌排节目等，邢培兰真正成了上得厅堂下得厨房的贤内助，深受广大村民的喜爱。

抗战伊始　投身革命

一天彭殿明进城，从同学那里看到一本宣传共产党抗日主张的小册子，便拿回家和邢培兰一起阅读。从书中夫妻二人了解了日军为什么占领东三省，以及中国共产党全面抗战的政策和主张，看到了中国共产党抗日的决心，及对劳苦大众的无比关怀。

卢沟桥事变后，日军大举进攻华北。8月下旬，日军突破居庸关，攻陷张家口，进逼雁北。9月5日，日军分路向晋北进攻，很快就占领了雁北地区的阳高、天镇、灵丘、广灵。9月13日，日军侵占大同，14日占领怀仁，18日占领左云县城，制造了惨绝人寰的大屠杀：县城内外，大街小巷，尸横遍野，血染山城，300多名无辜百姓遇难，很多妇女被强奸，老妇和幼女均未能幸免。日军在城内烧杀抢掠、无恶不作，所犯罪行罄竹难书。

邢培兰的家乡吴家窑村地处山阴县、左云县、怀仁县交界处，距离左云县城不过30公里路程。日军在左云县城滥杀无辜的消息很快传到吴家窑村。邢培兰夫妻听说后，对日军的罪行感到无比愤恨，下定决心要加入八路军，发誓一定将日军赶出中国。8月28日，朔州地区的六个县已全部沦陷。在此危急时刻，活跃于太行区的一二〇师三五八旅七一六团接到命令，将第二营改编为雁北支队，由宋时轮团长带领向雁北地区进军，建立大怀左抗日根据地。宋时轮所率领的雁北支队的到来，让这里的百姓看到了希望，有了可依靠的主心骨。邢培兰夫妇主动找到宋时轮支队长、团长刘国梁、政委王再兴，表达了加入抗日队伍的强烈愿望。首长看到两人满腔报国热情，欣然接收了他们，并将彭殿明分配到左云县抗日游击队，让邢培兰去妇救会工作。

邢培兰在妇救会主任带领下，迅速投入站岗放哨、织布做鞋、宣传动员等战勤支前工作中。在她的动员下，越来越多的妇女加入了支前队伍。邢培兰教她们学习文化知识、做军鞋、筹集公粮、救助八路军伤病员。她们还成立了一支文艺宣传队，在左云县的部队和乡村为战士群众演出，以喜闻乐见的方式慰问八路军战士，向群众宣传抗日政策，以凝聚起更多的抗日力量。左云县抗日根据地很多领导都看过她们的演出，并给予高度评价。

1938 年 5 月，雁北支队 500 多名战士奉命撤离雁北，东进平西，彭殿明也在其中。接到命令后，他匆匆赶回家同父母妻子告别。邢培兰的内心非常不舍，但她对丈夫的抗日行动大力支持。

邢培兰因为工作表现出色，担任了妇救会主任一职，成为左云县发展的第一批女党员之一。1938 年 10 月，日军对根据地的"扫荡"更加频繁，左云县根据地内部发生了非常严重的叛变事件，两名干部身份暴露被日军残忍杀害，组织名单被泄露，抗日根据地革命形势发生了急剧变化，岌岌可危。危急时刻，在左云县工作的大部分同志奉上级命令陆续撤离，只留下少数同志转入地下继续开展工作。

为隐蔽身份，更为保护家人，邢培兰只能从家里搬出来住。有一次，她偷偷回家看望儿女时，被追踪的两名日本特务发现，他们尾随而至。地下工作经验丰富的黑耀华同志带领两名游击队员暗中保护邢培兰，见那两个特务对邢培兰紧追不放，便声东击西朝山谷开枪吸引他们的注意力，趁机将日本特务击毙。被日伪发现是共产党员后，邢培兰的工作异常艰难，经常处于险境之中。差不多同时，丈夫彭殿明在河北一次对日作战中，壮烈殉国。噩耗传来，邢培兰伤心欲绝，崩溃大哭。但哭过之后，她擦干眼泪，将所有的伤痛化作抗日的动力，以更加坚毅顽强，更加无我的状态投入抗日斗争中。

1938 年 7 月，由延安派到大青山工作团的李桂芳同志带领工作团奔赴绥远开辟根据地，在凉城县营盘梁村镇遭遇日军重兵包围。李桂芳同四名女同志带着三支步枪、一把手枪，借夜色掩护突出了日军包围圈，随后前往吴家窑一带休整，邢培兰和几个女同志奉命接待她们。李桂芳因疲劳过度，加之身上有伤，只得暂住吴家窑老乡家里养伤。在养伤的一个多月时间里，她通过与邢培兰多次交流、接触，了解到邢培兰参加抗战决心坚定，在群众工作和对敌斗争方面也有一定的经验。因此，在李桂芳担任区妇救会主任后，就把邢培兰调到区里担任妇救会秘书，协助她开展工作。邢培兰挥泪暂别了三个年幼的孩子和两位年长的老人，跟随李桂芳到区里继续革命事业。在那个年代，作为一个农村妇女，能舍下家中的幼子与年迈的父母公婆，毅然决然参加革命，足见其坚强的革命意志与坚定的使命初心。

鉴于晋绥地委所辖各县妇女干部普遍较为缺乏，李桂芳上任伊始，便与邢培兰一同深入西雁北地区，将动员、选拔和培养妇女干部作为工作的重心。经过半年多奔波劳累，雁北区和县里的妇女干部就发展到了30余人，各联合县妇救会组织又重新恢复，开展工作。

视死如归 壮烈牺牲

"1940年春，中共晋绥地委根据上级指示，在各县开展了征收'粮食、现金、兵员、军鞋'活动，也称'四项工作'动员。"[1]为贯彻落实地委指示，3月5日，李桂芳在张崖沟村主持召开了全县妇救会主任会议。此时，该地区革命形势较之前虽有好转，但日军仍在不断"扫荡"抢掠，伪军为个人私利卖国的行为依然猖狂。为保证会议准时顺利召开，各地的妇救会负责人提前动身前往既定地点，邢培兰负责接待从各区县赶来的妇女干部。

然而就在会议即将召开之际，日军对西雁北地区发起了声势浩大的第八次"扫荡"。得知消息后，当地地委迅速把消息传达给她们，让她们转移或分散隐藏。鉴于会议的重要性及人员组织不易，李桂芳等人决定11名妇女干部共同转移，并藏身于张闫村某一煤窑中，同在窑下的还有五名八路军伤病员。但由于伪军出卖，他们的躲藏地点很快被日伪军知悉。100多名日伪军全副武装，开着汽车和摩托车径直来到他们躲藏的煤窑坑口。起初，日伪军朝着窑洞内喊话，再三劝说窑洞里的人缴械投降，但任凭日伪军怎样喊话，窑下的同志

---

[1] 李尧主编.朔州历史文化研究文集[M].太原：三晋出版社，2017:247.

始终一动不动。日军见窑洞里毫无动静，紧接着便开枪扫射，扫射时间长达十几分钟，窑洞下依旧毫无动静。

日军见无计可施，便使出了最歹毒的一招，向窑洞内释放有毒气体瓦斯。16 位革命同志紧紧抱在一起，全部中毒身亡。

邢培兰遇难时，年仅 28 岁。

3 月 20 日，晋绥地委在张崖沟村为烈士们举行了隆重的追悼会，以缅怀这些为革命事业英勇献身的同志。地委书记、专署干部、八路军战士、西雁北各群众团体代表、各县区村镇群众 400 余人齐聚追悼会，大家眼含热泪，低头默哀，沉痛悼念为抗击日军而牺牲的烈士。

后来，晋绥地委和十一专署将张崖沟村更名为"烈士沟"，以纪念在此牺牲的烈士们。

三十二　一心向党　人民领袖：阎秀峰

阎秀峰[1]

阎秀峰（1914—1983），原名阎伟，出生于大同市天镇县张仲口村一个普通农民家庭。1931 年夏天，阎秀峰高小毕业后，顺利考进太原成成中学读

---

[1] 高尚品格感人心　良好家风传后代——追记中纪委原常委阎秀峰的俭朴品格和廉洁家风二三事[EB/OL].大同市党纪教育基地　党风廉政教育网上展馆，2024-10-28.

书。1933 年加入共产党外围组织，后因从事革命活动被捕入狱。1936 年 9 月在狱中加入中国共产党。1937 年被营救出狱后，阎秀峰先后担任中共雁北工委书记兼中共大同县工委书记、雁北牺盟会主任特派员、晋南洪赵河东工委书记等职，积极参加抗日斗争。抗战胜利后，阎秀峰调任晋绥五专署专员，后任绥蒙区政府副主席及中共绥蒙区党委委员，并兼任晋绥支前后勤部政委，负责发展生产，解决军需物资。1949 年 5 月，阎秀峰调任晋南行政公署副主任兼党组书记，负责南下入川的准备工作，后带领部分地方干部随军入川。中华人民共和国成立后，阎秀峰一直在西南地区工作。1983 年 11 月，阎秀峰于北京逝世，享年 69 岁。

热爱祖国 走向革命

阎秀峰幼时家中人口多，生活全靠自耕的几亩薄田才能维持生计。由于家境贫寒，阎秀峰早早就帮助父母干农活，上学较晚。国民党政府的腐败无能，军阀连年混战，使得农村经济濒临破产，农民常年劳作却不得温饱。阎秀峰身临其境，苦不堪言，从小就对军阀统治不满。1931 年夏天，阎秀峰从县立高小毕业后，在胞兄资助下到太原成成中学读书。开学没几天，发生了"九一八"事变，青年学生爱国热情高涨，太原全市大中学校发动了总罢课，要求国民党政府将山西那几个苟且卖国的头目逐出山西。受学校"教育救国论"熏陶，成成中学于 12 月 18 日前往国民党省党部和省政府请愿，深受压迫的阎秀峰在这场斗争中，始终站在队伍前列，表现非常勇敢。

"九一八"事变不久，共产党员武新宇到成成中学任教，1932 年下学期任校长。武新宇任校长后，聘请了一批共产党员和进步分子担任教职，校内革命氛围浓郁，党的多个外围组织经常在学校举办活动，学校面貌焕然一新，成成中学因此被称为太原市的"革命摇篮""红色堡垒"。在共产党员的言传身教及学校良好的革命氛围影响下，阎秀峰很快走上了革命道路。

1933 年初，武新宇组织领导的"抗日反帝大同盟会"被阎锡山破坏，武新宇校长也被国民党派来的反动校长取代。在中共山西工委领导和校外进步力量声援下，成成中学发起了驱逐反动校长斗争，最终迫使阎锡山撤换掉反动校长。校内外的进步分子推选学校训育主任、共产党员刘墉如担任校长，学校领导权再次转入共产党手中，阎秀峰就是这场胜利斗争的领导者之一。

斗争胜利后，在阎秀峰组织倡导下，同班 20 余名同学组织了读书会"前夜研究社"，学习社会科学、苏联革命史和中国革命运动、时事政治。同年秋，学校组织创办了党的外围组织"社会科学者联盟"支部，阎秀峰作为组织委员，积极参与校内外的革命活动，并逐渐成为学生运动的中坚力量。同一组的同班同学认为他工作能力出众，非常善于做组织工作，讲话时总是和颜悦色，待人诚恳，十分重视战友之间的团结，举止庄重，遇事冷静镇定，很受同学们尊重，已显示出出色的工作能力。在以后的革命生涯中，阎秀峰一直保持、发扬着这种与人为善、沉着冷静的工作作风。

意志坚定　不屈不挠

1934 年 4 月 30 日，"社会科学者联盟"支部组织的活动被国民党发觉。第二天，阎秀峰和另两位社员被当局抓捕。警察动用刑罚，多次拷问，一无所获，阎秀峰被转押到太原地方法院监管。在监狱中，阎秀峰的革命意志愈加坚定，革命热情愈加高涨，他把牢房看作学习马列主义和从事革命实践活动的另一所学校，积极参与监狱党组织领导的反对叛徒、反对虐待政治犯绝食斗争，斗争历经半年，最终胜利。1934 年 10 月，由监狱中的党组织介绍，阎秀峰加入了共产主义青年团。后来，阎秀峰被判三年徒刑，1936 年 1 月转入反省院。在反省院中，阎秀峰积极完成党支部交给的任务，教育争取了一个年轻看守，通过他与外面的党组织取得联络，传送党的文件，为监狱中的共产党员购买书籍等。阎秀峰还鼓动狱友们团结起来，拒绝唱反省院规定的反共歌曲。

1936 年 2 月，红军东渡黄河征战山西，反省院对关押人员施行更加严厉的控制，采取威胁利诱、软硬兼施各种手段，阎秀峰经受了各种严峻考验，无论狱方怎么做，他都不为所动。同年 3—4 月，他加入了党的外围组织"赤色革命者生活团"，并于 5 月正式加入中国共产党。9 月，阎秀峰经山西工委营救获释。出狱后，阎秀峰到老家休息了几天便返回太原，参加了由牺盟会开办的村政协助员训练班。培训结束后，阎秀峰被派往岚县任村政协助员。不久，接受上级指示，调回牺盟总会办的特派员训练班学习。此时，反省院仍有少数关押人员在绝食斗争，阎秀峰和群众一起公开声援，结果他又被阎锡山势力抓住关押了两天。经过锲而不舍的斗争，迫使反省院释放了全部关押人员。其间，担任阎锡山总参议的张慕陶到训练班搞破坏。在党组织领导下，阎秀峰等人被推举为代表，当面反驳张慕陶的反动言论，把他驱逐出了训练班。

1937 年 5 月，中共山西省工委为开展雁北十三县工作，委派阎秀峰前往大同，担任牺盟会大同特派员。中共雁北工委成立后，阎秀峰被任命为工委书记。任职期间，他以牺盟会这个公开合法的团体名义，宣传抗日救国主张和党的抗日民族统一战线政策。

发动群众　铲奸除恶

全面抗战爆发后，日军侵略的铁蹄踏进大同，阎秀峰被山西省工委调回太原，参加了八路军驻太原办事处组织的党员干部学习游击战战术培训。通过系统学习，阎秀峰对为什么开展游击战争、怎样开展游击战等关键问题有了更深刻的认识。9 月下旬训练班结束时，日军已逼近太原，党中央预计太原很有可能变成敌占区和游击区。于是，上级组织派阎秀峰去领导雁北中心区游击大队。在游击大队，阎秀峰同队员们同吃同住、患难与共。

许多农民游击队员不断向阎秀峰反映，大多数农民都很愿意加入游击队打日军，但由于家里受土豪劣绅、恶霸地主剥削压迫，生活难以为继，迫切希望党组织帮他们解决这一问题。阎秀峰借牺盟会工作职务之便，借力阎锡山提出的"制裁坏官、坏绅、坏人"主张，经过仔细摸排，发动群众清查了赵村（乡）基层干部的贪污腐败，并把赵城管理者换成牺盟会的干部，使村政权掌握在共产党人手中。

与此同时，阎秀峰响应中央号召，在全县范围内发动群众开展反霸斗争、减租减息。同时，他组建农民抗日救国会和自卫队，发动农民铲除了大恶霸郭辅唐，大快人心，赢得群众普遍赞誉。从此，全县群众运动蓬勃发展，抗日热情急剧高涨，党在群众中的威信不断提高，此次运动亦成为"群众运动的典范"。

1938年4月，日军沿同蒲路南下，洪赵地区以汾河为界被分割为汾河东西两块。为加强汾河以东地区的抗日工作，洪赵牺盟会中心成立河东办事处，阎秀峰任军事部部长。5月，洪赵特委成立河东工委，阎秀峰任工委书记，领导五县在河东地区的对敌工作，并大力发展党员，在农村建立党的基层组织，为河东根据地的发展巩固奠定了组织基础。在发展党组织的同时，阎秀峰还积极巩固发展游击队，将河东游击队由一个中队发展为有三个中队的大队。一方面，他在周边地区组织游击小组，对骚扰农民生活的土匪地痞武装予以歼灭。洪洞自卫队曾被一股土匪武装包围，在危急时刻，阎秀峰亲率游击队冲入土匪所在的院内，将这股土匪歼灭，使自卫队成功脱险。另一方面，阎秀峰发动大批农民积极参军，扩大八路军和山西新军的武装力量。八路军通过同蒲路前往华北时，阎秀峰亲率游击队配合新军保护八路军安全通过日军封锁线。

1938年9月，阎锡山精心筹划反共、分裂与投降活动，企图消灭山西新军和牺盟会中的共产党员。1939年3月下旬，阎秀峰根据牺盟会通知参加阎锡山召开的军政民高干会议时，发觉事态在恶化，他马上向晋西南区党委及洪洞、赵城特委作了汇报。根据党中央和北方局"反对投降、反对分裂、反对倒退"的相关指示，阎秀峰和特委一起紧急出动，把牺盟会和其他群众团体的工作人员以及政治可靠的农民积极分子武装起来，对阎锡山的阴谋活动作无情揭露，同时在思想上、组织上、工作上做了充分准备以应对突发事变。

12月，阎锡山公开发动反共破坏活动，调动兵力向新军进攻，发动了令人震惊的"晋西事变"。针对阎锡山发动的反共摩擦，新军根据党中央指示，开展了反顽固斗争，粉碎了阎锡山军队的进攻。这时，晋西北根据地的一二〇师和新军一起，已成功将晋西北一带的日伪军歼灭或击退。12月下旬，晋西南区党委和决死二纵队领导机关北上晋西北，成立晋西北行政公署（后改为晋绥边区行政公署），阎秀峰担任牺盟会晋西北办事处主任。

深入基层　亲力亲为

1940 年 5 月，晋西抗日救国联合会成立，阎秀峰改任主任、党团书记（办事处撤销，工作并入"抗联"），领导军民建设晋绥边区抗日根据地：一是发动群众参军报国、支援前线、开展反"扫荡"斗争；二是致力于组织变工互助，发展农业生产；三是发动群众减租减息，尽力扩大抗日民族统一战线；四是向群众深入普及党的各项政策，广泛宣传坚持抗战、团结进步的重要性，并教育群众坚决反对投降、分裂、倒退等消极行为；五是开展群众性的文化活动，寓教于乐，建设良好的党群关系。在阎秀峰的全力领导推动下，党的工作方针和政策在根据地得以落实。

抗联是以农会为中心开展群众运动的组织，阎秀峰经常风尘仆仆地活跃在农民中。在农民家中、田间地头，都可以看到阎秀峰和群众促膝谈心的身影。在反"扫荡"后，阎秀峰带领行署和群众代表组成的工作组到灾区做善后工作，慰问、救济受难群众。为培养群众团体干部，"抗联"还成立民运干部学校，作为校长的阎秀峰对干部的学习抓得很紧，尤其在干部的思想作风方面，要求甚严。经过几年实践理论教学，学校培养造就了一批群众基础良好、信仰坚定、积极肯干的领导干部。

1943 年春，阎秀峰根据晋绥分局的部署，在抗联干部中开展整风。1944 年 2 月，晋绥分局成立了兼管群众运动的生产委员会，阎秀峰任副书记。1944 年 5 月 5 日，阎秀峰又担任了晋绥边区新民主主义教育实验学校校长一职。学校规模较大，有 500 多名教职员、学生。同年下半年，阎秀峰又调任晋绥边区行政公署民政教育处副处长，主管民政工作。阎秀峰从事政府工作，始终坚持走群众路线，教育干部要支持群众运动，依靠群众完成任务。为制定好民政工作政策、规定，阎秀峰经常和下属干部共同商量，到基层走访调研，参与田间生产劳动，尽量制定出符合国情民意的正确政策。为了提高边区各级政府机关的劳动效率，扩大抗日民族统一战线的范围，在政权机关人员配备上，实行"三三制"原则，一位开明士绅担任了民教处副处长，阎秀峰与其携手，共同开展民政工作，团结了更多群众加入根据地建设之中。

踏实苦干 尽职尽责

1945 年 8 月 15 日，日本帝国主义投降。阎秀峰带领几个得力干部，9 月初奔赴五分区任专署专员，党内任地委委员。五分区不仅是晋西北根据地北部的屏障，是通向绥蒙区、晋察冀边区的重要通道，而且是与绥蒙国民党军队斗争的前沿阵地，支援前线的任务十分繁重。作为专员，阎秀峰首先考虑的是让群众安居乐业，尽快发展农业生产。因为这里是刚解放的新区，大多在日伪占领期间遭受过"三光"政策荼毒，日伪军与大地主联手残酷剥削压榨，生产受到过严重破坏，人民群众困苦不堪。阎秀峰指出，不解除群众痛苦、发展生产，支援前线的任务就无法完成。在地委统一领导下，阎秀峰根据党的七大"放手发动群众"的决议，带领群众"开展轰轰烈烈、声势浩大的除奸清算、减租减息、回赎土地的斗争"[①]。这些措施，打掉了群众身上的枷锁，群众的生产积极性和支援前线的积极性大为提高，巩固了绥蒙前线的后方基地，1946年的晋绥分局高干会议上，阎秀峰的突出贡献受到表彰。

1947 年 10 月，五分区与绥蒙区合并，阎秀峰调任绥蒙区党委委员。1948年 9 月，阎秀峰调任绥蒙政府副主席兼财政处长，主要任务是在财政、粮食方面支援解放大军进军绥远，此时阎秀峰还兼任晋绥支前后勤部政委。为了解决部队的粮食供应问题，阎秀峰带领工作队在归绥前线附近发动群众征粮、征兵。为起草紧急征集军粮政策文件和布告，阎秀峰两天两夜没有休息，一度因劳累过度导致休克，倒在厕所里。

在绥蒙政府工作时，和阎秀峰朝夕相处的绥蒙政府主席、内蒙古老党员杨植霖回忆阎秀峰时说："看问题全面，老练稳重，工作踏实，埋头苦干，和干部相处，平易友善，随和可亲，从不发脾气，对干部的过失，总是用开导的方法，对那些说他不好的人也不计较，干部很乐意和他接近。"阎秀峰自奉俭约，严于律己。在塞外天寒地冻、风雪交加的严冬季节，他仍穿着破旧棉衣

① 马福山主编.中共大同历史人物[M].北京：中央文献出版社，2008:16.

裤，管理人员准备给他换一件新棉军衣，他拒绝了。他说："我们不能搞特殊化，看老百姓是怎样生活的。"

1949年4月，绥蒙区划归华北局领导，晋绥分局决定让阎秀峰入川，担任晋南行署党组书记主持行署工作。11月，阎秀峰和其他南下干部一起从临汾出发，随贺龙、李井泉和解放军十八兵团向四川前进。12月27日，成都完全解放。1950年1月1日，中国人民解放军成都军事管制委员会成立，阎秀峰任副主任兼财经委员会主任。20日，中共川西区党委正式成立，阎秀峰任常委。

成都市是全国最后解放的大城市，接管任务非常繁重。军管会成立后，阎秀峰的工作便是接管国民党在成都的省、市政权和国民政府驻成都的派出机构。他按照进军途中已准备好的接管办法和工作班子，实行按系统对口接管。对政务和军事管理部门（权力机构）予以彻底"打碎"，由军管会各处行使政府职权；对经济、生产等业务部门和文教单位派军代表进驻，进行教育改造。按照中央、西南局和毛主席关于接管旧政权和处理旧人员的政策指示，军管会结合成都的实际情况，制定具体规定，要求各接管委员会和下属各处严格遵照执行。

阎秀峰对接管工作抓得很紧、很细，多次召集各接管会（处）负责人听取情况汇报，对接管工作的步骤，对旧人员的政策，对负责接管工作人员的立场、观点、作风、态度等，都作了具体指导，使复杂的接管工作得以有条不紊进行。到3月初，接管工作和旧人员的安置处理工作基本结束，为建设新成都奠定了基础。

一心向党　至死不渝

1949年后，百废待兴，百业待举。阎秀峰在四川辛勤工作，昼夜不辍。1960年冬成立西南局。1961年3月，阎秀峰调西南局工作，任书记处书记，分管计委、经委和工交政治部。阎秀峰以精明强干、办事稳当、肯动脑子钻研问题著称。为了更好地完成繁重艰巨的任务，阎秀峰白天紧张工作，晚上也常常熬夜加班，为此机关干部戏称他为"夜猫子"。

1966 年"文化大革命"逐渐进入高潮，西南局和"三线建设"委员会已不能正常工作。1967 年 1 月，造反派夺权。在此期间，为使工作少受损失，阎秀峰在被批斗的空隙，仍坚守岗位，尽可能继续抓工作，为使三线机密档案不被盗窃、毁坏，他密使正直的下属将档案存在保险柜里，派人妥善保管。

5 月 7 日，红卫兵召开批斗包括阎秀峰在内的西南局、省委领导人大会。批斗大会杀气腾腾，阎秀峰在台上凛然挺立，面不改色，无论红卫兵做什么都不肯屈服。随后，阎秀峰被禁闭起来。次年 5 月，阎秀峰又被带到北京实行军事监护。

1972 年 11 月，阎秀峰抱病上书党中央，一方面汇报他工作时的经历，另一方面揭发"四人帮"违法乱纪的错误行为。此时的阎秀峰已因身心遭受百般折磨，哮喘病发展为肺心病，不能进食，双脚浮肿，步履艰难，十分虚弱。1973 年 4 月，周总理得悉后批示：解除监护，送北京医院治疗。11 月 7 日，阎秀峰离开医院返回成都和家人团聚，在家休养学习。

1978 年 5 月，阎秀峰担任四川省委顾问。同年 12 月，在党的十一届三中全会上，阎秀峰当选中央纪律检查委员会常委。阎秀峰抱病参加省委常委会议，参与省委重大问题的决策，对拨乱反正提出中肯的意见建议。阎秀峰因"文化大革命"失去工作十一年，晚年的他依旧渴望为党再多做点贡献，但由于健康状况日益恶化，他羸弱的身体已无法继续工作。尽管身体每况愈下，但他仍坚持仔细阅读中央重要文件和群众来信。1981 年，中组部通知省级干部向中央提交一份自传，尽管阎秀峰当时已昼夜离不开氧气瓶，组织上也提出他可以缓一缓再写或免写，但阎秀峰仍时写时停、断断续续执笔写完了较详细的自传，这是他最后一次向党报告他的革命经历。

1982 年 2 月，阎秀峰自知时日无多，吊着氧气瓶，他亲笔写下遗嘱说："我从十八岁参加革命，到现在已近五十年，我非常珍视和坚信我们党的伟大革命事业。我希望我的有志气的儿女们，能继承我们老一代的共产主义事业，为党所领导的建设社会主义物质文明和精神文明作出应有的贡献，成为高尚的、大公无私的、有益于人民的人，那是我最大的欣慰。"[①]遗嘱最后说，

① 中国人民政治协商会议山西省大同市委员会学习文史委编.大同文史资料（第 31 辑）（内部资料）[M].大同：政协大同市委员会学习文史委，2001:18.

三十二　一心向党　人民领袖：阎秀峰

"我来去一身清，没有任何财产可言"[①]。

写完医嘱，阎秀峰召集妻子和儿女，在录音机前留下口头遗嘱，内容为：第一，不许搞遗体告别仪式，不开追悼会不送花圈，不能再麻烦党和国家了；第二，丧事要注意节约，为国家节约开支；第三，遗体交医院供医学上对这种病作研究之用；第四，在四川工作时间最长，骨灰可以撒在成都附近的江河里。两份遗嘱，充分表现了阎秀峰高尚的革命情操。

1983年2月，正值四川省党代会召开之际，阎秀峰在病榻上向省委致信，他坦诚地写道，由于身体罹患重病，已无法继续为党的事业和国家的"四化"建设贡献力量，因此恳请省委在人事安排上不再考虑他。得知这一情况后，大会主席团立即致电慰问，对阎秀峰长期以来在革命和建设事业中对党和人民的忠心表示崇高的敬意，并表示尊重他的意愿，让他安心养病。

1983年11月28日，阎秀峰因病与世长辞。这位为党和人民的事业奋斗了半个世纪之久的共产主义忠诚战士、离开了他热爱的党、人民、亲人，长眠于他为之奋斗了后半生的四川。

阎秀峰鞠躬尽瘁、死而后已的高尚革命情操，是留给后人最宝贵的精神财富。

---

① 中国人民政治协商会议山西省大同市委员会学习文史委编.大同文史资料（第31辑）（内部资料）[M].大同：政协大同市委员会学习文史委，2001:18.

三十三 视死如归 党的女儿：尹灵芝

尹灵芝①

尹灵芝（1931—1947）出生于寿阳县赵家垴村一个穷苦农民家庭，被称为"刘胡兰式的女英雄"。她自幼聪慧好学，6 岁丧母，养成了坚毅倔强的性格。1940 年，中共抗日宣传动员工作开展到她的家乡，她的父亲尹尔恭秘密加入中国共产党。1945 年，14 岁的尹灵芝担任了寿阳县赵家垴村妇救会副主任。1947 年 7 月，16 岁的她加入中国共产党。1947 年秋，阎锡山部占领寿阳，10 月 19 日，赵家垴村突然遭到阎军袭击。尹灵芝为了保护公粮和无辜村

① 赵燕.尹灵芝：宁死不屈女英雄[EB/OL].学习强国，2021-12-01.

民被捕，11 月 3 日，宁死不屈的尹灵芝被阎军铡死，年仅 16 岁。

1965 年，尹灵芝被山西省人民委员会追认为革命烈士。

幼时艰辛 走向革命

尹灵芝幼时家境贫寒，她的父亲尹尔恭靠走街串巷给人打铁、弹棉花赚来的微薄收入维持一家生计，尹灵芝的母亲则进城给别人当奶妈。年幼的尹灵芝只能与二姨相依为命，还要照顾弟妹、料理家务。

麻绳专挑细处断，厄运偏找苦命人。尹灵芝 6 岁的时候，母亲和弟弟相继去世，年纪尚小的尹灵芝深深感受到了人间的悲惨与辛酸。童年时期受过的生活苦难，让尹灵芝有了与实际年龄不相符的成熟心智和极为坚强的性格。

1940 年，寿阳县抗日政权成立后，周围村子包括赵家垴村亦随之建立了抗日组织。当地群众纷纷响应共产党的号召，尽可能地为抗日事业奉献自己的力量。尹灵芝一家更是走在时代的前面，其父尹尔恭担任农会主席后秘密加入共产党，“与本村的进步青年一起从事割电线、埋地雷、抓汉奸、抗粮减租等抗日活动”[①]。尹灵芝在父亲的耳濡目染下，开始跟着父亲做抗日支前的琐事，如收军鞋、传文件、站岗放哨等。尹灵芝的二姨杜二凤是党的地下交通员，她家成了抗日干部的重要落脚点。在大人影响下，革命星火也在小灵芝的心中悄悄燃起。每当大人在杜二凤家召开秘密会议时，尹灵芝便主动在附近望风放哨。

尹灵芝 13 岁时，凭借成熟冷静的性格，以及之前做抗日工作所积累的丰富经验，当上了赵家垴村的儿童团团长。她经常带领小伙伴学唱抗日歌曲，练习霸王鞭，站岗放哨，传递情报，给村民宣传抗日政策。对待抗日工作，年龄尚小的尹灵芝就表现出一丝不苟的严谨态度。

[①] 尹君.刘胡兰式的女英雄尹灵芝[J].党史文汇，2020（6）.

坚定信念　光荣入党

1945 年日军宣布投降。然而，中国百姓渴望已久的和平建国愿望很快化为泡影，国民党阎锡山军队将枪口指向了中国共产党及其领导下的八路军。1946 年 9 月，包括尹灵芝父亲在内的六名共产党员在保卫群众革命胜利果实时，遭到被清算的地主及汉奸的残忍报复，他们组织的"复仇队"将六名共产党员全部杀害，尹灵芝 15 岁便成了孤儿。尹灵芝从父亲、二姨的身上，从身边党员干部以及八路军战士身上，体会到信仰的巨大力量。她明白共产党、八路军就是自己的亲人，她想倾其所有奉献革命，只有如此，才能让逝去的亲人安心。坚强的尹灵芝从失去亲人的悲痛中快速调整好心情，郑重地向党组织递交了入党申请书。

尹灵芝独自一人前往太平村阎军乡公所外张贴"打倒阎锡山"标语。乔装打扮后，她又勇敢地到芹泉汽车站散发传单，为革命事业勇往直前。

1947 年，寿阳县区委举办"反奸清算"运动训练班，尹灵芝在训练班中学习了"五四指示"，阅读了毛主席的很多名篇著作，掌握了更多的革命理论，阶级觉悟有了质的提高。学习结束后，尹灵芝回到村里，积极发动群众清算本村的地主、汉奸。清算过程中，她铁面无私，大义灭亲，一切按照党的规章办事。即使对自己的伯父尹尔温和堂兄尹政也一视同仁，她还到邻村帮助开展反奸清算工作。一时间，尹灵芝的大名传遍方圆几十里，她成了太平沟的"红人"。同年 7 月，经历重重考验，16 岁的尹灵芝凭借过人的胆识、出色的组织动员能力及丰富的实践经验被党组织接收为中共正式党员。

临危不惧　以身殉国

1947 年 7 月，我军在战场上不断取得胜利，从战争发展形势看，我军需撤离寿阳转战其他地方。解放军的离开，给了阎锡山部队以可乘之机，他们趁

三十三　视死如归　党的女儿：尹灵芝

机重新占领了寿阳县城及附近地区。尹灵芝迅速组织当地群众，巧妙布设地雷开展游击战争，与阎锡山军队进行殊死斗争。

然而，由于敌我力量悬殊，革命形势不容乐观。为确保群众安全，党组织果断决策，首先将群众转移到山中。随后在尹灵芝指挥下，10000多斤粮食也被群众顺利转移到村头的麻地沟掩藏。

1947年10月19日，正值秋收时节，为了当地群众的粮食不被阎军抢走，尹灵芝决定带领少数人回村抢收。途中，被反动分子察觉，他们的行踪被秘密上报到乡公所。叛徒李凤翥闻讯后，带着伪警及阎锡山部四十九师一个营闻风而来，400余人全部进入寿阳县和宗艾镇（宗艾镇是阎锡山四十九师和其所属"自卫队"支队部及特务机构驻扎地），分别向太平沟、赵家垴村抢粮、抓人。很快，反动军警兵分两路包围了赵家垴村，挨家挨户搜查抢掠。由于群众早有防备，粮食和人都已经掩藏起来。找不到人，找不到一颗粮食，恼羞成怒的反动军警一把火烧了房子泄愤。有些村民看到村里一片火海，也不管阎军有没有走远就急忙往回跑救火，尹灵芝和村干部担心阎军会突然返回，急忙返回村里动员群众撤离。一行人带着群众向山洞撤退，尾随的阎军发现后一路跟来，藏匿群众的山洞暴露了。

阎军在洞外喊话，以开枪射击威胁村民们出洞。尹灵芝心想，僵持不是个好办法。如果一个人也不出去，阎军肯定会硬行冲进山洞，到时候群众生命安全难保，尤其是罗世宽负责保管的12000多斤公粮更可能被抢走。尹灵芝决定自己一个人出去，用一条命换取群众的性命及公粮的安全。想到这里，尹灵芝微笑着对大家说，要相信共产党一定会带领我们取得胜利的，反动派嚣张不了几天。随后就向洞口走去，群众见状拉住尹灵芝的手，表示要和她一起共进退，但尹灵芝毫不犹豫加以拒绝。她说自己是党员是干部，是他们"扫荡"的主要目标之一，只要她出去，就能解大家的危难，她不能拖累了大家。

群众与尹灵芝僵持不下，阎军再次喊话威胁。话音未落，尹灵芝的身影出现在了洞口。

刚出山洞，尹灵芝就被牢牢捆绑起来。押送到宗艾镇后，阎军四十九师政训主任罗迅直接审问尹灵芝。一开始，他见尹灵芝年纪尚轻，还是个小姑娘，以为她好说话，赶紧松绑，招呼人倒水，想用和颜悦色收买尹灵芝。但尹灵芝根本不吃那一套，并大声斥责他们。软的不行，便上硬的，为逼尹灵芝交代出藏匿公粮的位置，"用钉竹签、烙铁烫、坐老虎凳、浇开水等酷刑"[①]折磨了长达 15 天，尹灵芝遍体鳞伤，疼痛难忍，但她从未吐露一个字。

11 月 3 日，尹灵芝和几名革命者被阎军押送至设于宗艾镇上瑞祥寺的刑场。阎军对她威逼利诱、不停恫吓，但尹灵芝面无惧色、迎风而立，始终不吐露丁点儿消息。恼羞成怒的阎军下达了处死令。"……鲜血染红了铡刀，也染红了尹灵芝身下的土地……"[②]尹灵芝鲜活的生命永远定格在了 16 岁，她将短暂一生完全无私地奉献给了人民解放事业。

1965 年 3 月，山西省人民委员会正式追认尹灵芝同志为革命烈士，以此纪念她对党忠诚、不负人民、践行初心的高尚情操。

为了警醒后人永远怀念为国捐躯的英烈，1970 年，寿阳县革命委员会将原清泉公社更名为尹灵芝公社，将赵家垴村改为尹灵芝大队，永资纪念。

① 尹君.刘胡兰式的女英雄尹灵芝[J].党史文汇，2020（6）.
② 尹君.刘胡兰式的女英雄尹灵芝[J].党史文汇，2020（6）.

三十四 文韬武略 铁骨英烈：岳勇

岳勇[①]

　　岳勇（1902—1942）原名张步瀛，出生于平定县岳家庄一个普通农民家庭。家境贫寒的他养成了吃苦耐劳、正直善良的品德。1937年5月，组织学生参加革命活动的岳勇，在太原参加了国民兵军官教导团第七团，接受军政训练。受北方局工作人员的影响，1938年春，他加入了中国共产党，不久便担任了岳家庄村党支部书记、县农民抗日救国会主任等抗日组织领导职务。1941年，根据地形势变得异常严峻，岳勇受组织安排赴晋察冀北岳区展开工作。12

---

① 史富泉.岳家庄抗日英雄岳勇[J].文史月刊，2020（5）.

月 2 日，岳勇在辛庄村被日军抓捕，他对日军的威逼利诱嗤之以鼻，虽历经严刑拷打，仍宁死不屈。黔驴技穷的日军得不到任何有用消息，遂于 1942 年 1 月 18 日残忍杀害了岳勇。

幼年好学 勤于文武

岳勇的父亲是一个老实的庄稼人，每天起早贪黑、勤劳耕作却难以养家糊口，更没有多余的钱供岳勇上学。由于家里困难，身处窘境的岳勇农忙时要回家耕作，闲暇时才得以继续上学。晚上家中没钱买灯油，他就到屋外借着月光读书；没钱买纸笔，他就用树枝当笔、泥水为墨汁、方砖为纸张，勤奋练字。少年时期的岳勇听说城里的学校教授新学，充满求知欲的岳勇便恳求父亲同意他到城里读书，父亲拗不过岳勇的坚持，只好答应他。岳勇背着几斤芝麻进城考学，却因为村里原来所教知识过于落后，更没有教过数学、化学，他落榜了。名落孙山的岳勇并没有灰心，回到家中他就开始攻读数学和化学。

除了读书学习，岳勇也很喜欢习武，他经常与村里的年轻人一起练习拳艺，舞棍弄棒。岳勇为人忠厚，对朋友讲义气，虽稍有武艺却从不仗势欺人，村里无论男女老少，都很敬佩他。有一次，一户人家的倭瓜被偷，抓住小偷后吊起来就要打，岳勇弄清情况，从自己家拿了倭瓜补偿给主人，向主人求情说这人实在是太饿了才小偷小摸的，好在丢瓜数量不大，且饶过他吧！岳勇的仗义让小偷深感惭愧，发誓从此再也不会做这种丢人的事了。

崇敬岳飞 精忠报国

岳勇还在少年时，耳闻了不少岳飞精忠报国的故事，在他脑海里留下了深刻印象。岳勇家乡名岳家庄，这让他骨子里对岳飞的敬仰又添了三分。少年岳勇立志报效国家，要为祖国独立和民族解放奉献自己全部的力量。于是，他将自己的名字张步瀛改为岳勇。在他的影响下，凡是从岳家庄动员出来的抗日战士，大多数人都改了名字，以"岳"为姓，另起名为岳忠、岳真等。从岳家庄源源不断走出来的有志青年，组成了抗日游击队的骨干力量。

1931 年"九一八"事变爆发时，岳勇在村小学任教员。看到祖国的大好河山被日军侵占，而国民党政府却腐败无能、一味退让妥协，岳勇心生悲愤，失望不已。听闻城里的进步青年都在组织抗日救国活动，他也想在这个国破山河碎的时代做点什么。1937 年春天，深知"天下兴亡匹夫有责"的岳勇，拜别了家乡的父母亲朋，与王培效等进步青年来到太原东岗村大营盘，进入牺盟会创办的军政训练班学习。受训时，岳勇认真聆听了在北方局工作的刘少奇、杨尚昆、周恩来等人的抗日动员演讲及报告，了解了共产党的抗日政策，明白了只有跟着中国共产党，才能挽救正处于水深火热困境中的家乡和祖国。

回到家乡后，1938 年春，岳勇和王培效等人组织起"抗日游击队"，并动员家乡的父老乡亲一同奋起抗日。1938 年 4 月 24 日，在王培效介绍下，岳勇加入了中国共产党。在岳勇的积极筹备下，岳家庄村党支部得以创建，他担任首任书记。随后，岳勇领导村民推进减租减息、废除苛捐杂税、优待抗日家属等中心工作，将岳家庄建设成了抗日模范村。

不辞劳苦　勇挑重担

岳勇入党不久就担任了县农会主任，当时普通农民的文化水平有限，且忙于生计无暇关心政治，普遍思想觉悟较低，很多人在思想上对抗日缺乏认识，也无法理解参与农会组织活动的意义，参加人数不足。为了打消群众的抵触情绪，动员大众积极抗日，岳勇每天要跑好多地方，不停地开会，作宣传员演讲。不仅如此，岳勇还十分注重运用启发、示范等多样化工作方法，在工作中抓典型，树榜样，以点带面，改变群众消极应付的思想观念，久而久之，逐渐取得群众信任。

平定北边有"三大家族"横行作恶，村民备受欺压。1939 年春，在平定县委指示下，岳勇在广泛发动群众基础上，通过减租减息、惩奸除恶等活动，相继把岳家庄恶霸张先存、郝家庄地主王希让及冯家峪地主赵子良等横行乡里的恶霸地主全部打倒，平定路北农会工作得以蓬勃开展。

1939 年 5 月，岳勇在平定党组织的安排下到河北省阜平县抗大二分校学习。经过系统的学校教育及自身对革命理论的深入钻研，他开阔了眼界，更加坚定了抗日信念。

1940 年 7 月，岳勇被组织派至一区担任区长，协助八路军开展"百团大战"，并率领民兵投入娘子关一役。

1941 年，岳勇又被调到战情更为复杂的四区任区长。四区地理位置上紧靠阳泉，白泉、阳泉、荫营镇等地的煤、铁、粮食等战略物资要运送到晋察冀腹地，四区是必经之地，这里是双方战略争夺的重点。日军、汉奸、特务活动最为频繁，但中国共产党在当地的组织建设与群众动员工作一度很薄弱，因此四区被称为"凶险之地"。在四区主持工作，风险较大，危机四伏。面对以上重重困难，岳勇迎难而上、毫不退缩，他机智地率领武工队与民兵采取出其不意、攻其不备的方法，主动出击，在日军交通线周边采用灵活机动的游击战术，摧毁日军铁路要道，割断电话线，不断袭扰日军。群众都戏称岳勇吃了熊心豹胆，敢在日军眼皮子底下开展游击活动。每逢此时，岳勇都憨厚地一笑，说："不入虎穴，焉得虎子。"打日军就是要勇敢地掌握主动权，敢于牺牲才能成就大事。

智勇双全　灭敌除奸

1941 年是中国人民抗日战争最艰难的一年，在越来越恶劣的斗争环境中，激烈的战斗随处会发生，随时都可能付出生命的代价。机智勇敢的岳勇经常凭借过人的智谋与胆识，化险为夷。在"担任一区和四区区长的时候，经常化装成放羊的、赶牲口的，手里扬着鞭子，身上穿着老羊皮袄，深入到各村去建立组织，发展党员"[①]，壮大革命队伍。

正是在血雨腥风的实践斗争中，岳勇快速成长为党组织的坚强领导。一次，日军宪兵队欺压村民，岳勇闻讯后义愤填膺，带领几名武工队队员将他们

---

① 史富泉.岳家庄抗日英雄岳勇[J].文史月刊，2020（5）.

抓个正着。还有一次，岳勇和张所小一起下乡，在途中遇到两个汉奸。汉奸以为他们是商人，想敲诈一番。岳勇和张所小两人对视一眼，心领神会，二人默契配合，将这两名汉奸打倒在千亩坪的道路上，并缴获了他们身上的枪支子弹；后来，岳勇为了报老战友云鸣被汉奸杀害之仇，他率领四区和一区的民兵协同作战、两边夹击，一个人就打死了两个伪军。

遇事沉着冷静、临危不惧是岳勇屡屡成功的重要原因之一。1941 年 9 月，晋察冀边区屡遭日军大"扫荡"，岳勇经常化装成放羊或赶牲口的农民，深入各村发展党员，开展组织工作。平定县委为安全起见，将生病和身体弱的工作人员及 30 余名妇女转移至岳家庄。那段时间，岳勇正因病在家休养，一天中午，村里来了四名特务搜查八路军，得知消息的村干部匆忙赶至岳勇家中，让他立刻转移到安全的地方暂避风头。岳勇听后神色如常，向村干部说只有区区四个特务，不足为惧，他也不需要转移。随后，岳勇指挥民兵将村公所团团包围，不费一枪一弹就把四个特务解决了。此事一经传出，群众无不称快，岳勇受到上级表彰嘉奖，《晋察冀日报》还专门报道了他的英雄事迹。

钢筋铁骨　视死如归

岳勇表现优异，屡立战功，成为日伪军的眼中钉，悬赏重金缉拿岳勇的布告贴得到处都是，岳勇的处境愈加危险。1941 年 12 月 3 日，岳勇所在的四区辛庄被日军包围。为了不连累无辜群众，岳勇决定乔装打扮后突围，却在第三道封锁线前被叛徒杨茂忠出卖。

岳勇被捕后，日军和伪军将他关押在北庄头。起初，日伪军想通过政治诱降"软办法"说服岳勇扶持日军，帮助他们建立所谓的"大东亚共荣圈"。岳勇一语揭穿了他们的阴谋："我愿意对我们的党、对我们的抗日救国事业忠心耿耿。要说深明大义么，我愿意为社会主义、共产主义奋斗，别的'义'，我是一点也不明的。至于扶助日军建设'共荣圈'，在我看来，那都是骗人的鬼话。明明是日军杀我们的人，占我们的土地，侵略我们的国家，有什么共荣之处？"①他大骂伪军为卖国贼，认贼作父，说他们不配为中华儿女。

眼见诱降根本打动不了岳勇，第二天，日军将岳勇的家人全部抓来，想通过他的亲人劝降他。但岳勇的家人在他的长期影响下，都是坚定的爱国者，他们目睹过日军犯下的罄竹难书的罪行，明白只有坚持不懈地斗争才能拯救国家，拯救自己，他们丝毫不理会日伪军的花言巧语。

一计不成，再生一计。日军见亲人劝降不奏效，就让伪军段铮带着岳勇的远亲侄子、汉奸张瑛、张琇来劝降，再派杨茂忠等众多叛徒轮番上阵，费尽口舌，以他们所贪恋的"诸多好处"诱降岳勇及其家人，均被岳勇斩钉截铁顶了回去。日军见他们对利益毫不动心，便改换策略，指使岳勇的"内兄"李如新假意保释岳勇，同时安排专人去照顾岳勇，还给他送来好吃食，提供了宽敞舒适的居房，配备了干净整洁的衣服鞋袜等，甚至给岳勇配套了休闲娱乐的设备及一千元日伪联合票。这样舒服的日子过了一个多月，条件够"丰厚"了吧？岳勇仍然只回复了"誓死不投降"五个字。日军让他写的"自首书"也被他写成了表达忠于革命的誓言。

日军对岳勇的诱降计划彻底破灭。

随后，日军又将岳勇押回监狱，对其严刑拷打、恐吓，以暴力逼迫他投降。软硬兼施，毫无收获，恼羞成怒的日军当晚就将岳勇和另外两名同志押到巨城镇外三角河口"枪毙"。"砰！砰！"两声枪响过后，两位同志倒下了，日军以"陪斩"吓唬岳勇，要他投降。岳勇不惧死亡，他大义凛然地说："共产党人从不惧怕死亡，更不会因为惧怕而投降！"他嘲笑日军的劝降简直是痴人说梦，异想天开。

被激怒的日军把岳勇的衣服扒掉，双脚锁铁链倒吊在院子里的梯子上，还不时把刺骨的冷水泼向他全身。正值隆冬，滴水成冰，岳勇被冻得瑟瑟发抖，但他紧咬牙关，绝不屈服。刚经历过寒彻心扉的冰水浇灌，一忽儿他又被架在熊熊燃烧的火盆上炙烤。火焰很快将岳勇的头发烤焦，不久人便晕死过去。日军给岳勇注射了强心针，见他醒来，便迫不及待地追问他是否回心转意、是否投降？身体已极度虚弱的岳勇拼尽最后一丝力气，骂不绝口，表示就

---

① 中国人民政治协商会议山西省阳泉市委员会文史资料委员会编.阳泉市文史资料（第3辑－抗日战争专辑）[M].阳泉：阳泉市委员会文史资料委员会，1985:97.

算受尽人间酷刑，他也要捐躯赴难，绝无二话，更不会出卖组织，出卖祖国。日军宪兵队长八木听岳勇如是说，气得火冒三丈，他拿起一根烧红的铁柱，狠狠刺穿岳勇的左胸，剧痛之下岳勇再次昏迷。随后，他被抬回狱中。家人们看到满身伤痕的岳勇，抽咽着围在他身边。待他逐渐苏醒，他向家人诉说了当天审讯的大体过程及遭受的刑罚，判断日军可能要对他下毒手，他留下遗言说："如果我死了，一定要把我的情况告诉县里，告诉区里和村上的同志们，叫大家都知道，侵略者是怎样杀害咱们中国人的，坚决把侵略者赶出中国去。咱们家里，只要还有一个人，就要和侵略者拼到底！"[①]

十几天后，岳勇的伤势略有好转，日军又开始对岳勇进行非人折磨，他们用皮鞭、皮带、麻绳狠狠抽打他，继之给他灌辣椒水、煤油，把竹签扎进他的指甲缝里。为了逼迫岳勇投降，凶残的日军无所不用其极。他们把岳勇的双手用十根大铁钉钉在门板上，用剪子、刀子疯狂地刺入他的身体，将岳勇折磨得遍体鳞伤。历经五次晕死又被凉水泼醒后，岳勇竭力大喊"共产党万岁！""打倒日本帝国主义！"[②]八木听后气急败坏，向岳勇头部狠狠砸下一锤……

1942 年 1 月 18 日，为革命事业拼至生命最后一秒钟，流尽了身上最后一滴血的岳勇，永远离开了他为之奋斗的祖国，时年 40 岁。

① 史富泉.岳家庄抗日英雄岳勇[J].文史月刊，2020（5）.
② 中国人民政治协商会议山西省平定县委员会编.平定文史资料（第 2 辑）[M].平定：平定县委员会，1985：15.

三十五　矢志革命　平阳播种：张振山

张振山[1]

　　张振山（1903—1930），字应川，出生于临汾市韩村一个富裕农民家庭。自幼聪慧，酷爱读书。1919 年进入省立第六中学读书，并作为进步学生参加了声援五四运动的游行集会。1922 年春，张振山和同学们共同创办了《新声周刊》。1926 年，他成为一名中国共产党党员。同年，临汾第一个党支部和中共临汾地方委员会成立，张振川当选支部书记。1927 年 6 月，在永

① 张国富.矢志革命，书写壮烈人生——记临汾地区党团组织创始人张振山[J].党史文汇，2014（4）.

和县被阎军抓捕，在狱中受尽折磨。次年3月被押往太原。1930年2月，党组织将他营救出狱，随后他到河南开封从事地下工作。3月8日，他又一次被阎锡山军队抓捕，3天后被杀害，年仅27岁。

勤于文武　唤醒大众

1919年，自幼爱读书的张振山考入位于临汾的山西省立第六中学。受五四爱国运动影响，张振山和其他进步学生积极串联其他学校师生，共同发起了声势浩大的集会游行示威，声援五四运动。当游行队伍经过临汾鼓楼时，张振山跑上鼓楼，振臂高呼，鼓舞士气，号召广大师生要团结起来，声援北京学生的爱国行为，为民族独立解放而不懈努力。

五四运动之风吹遍了大江南北，革命思想随进步书籍刊物广泛传播，张振山读了这些理论文章后，深受启发。1922年，他与吉振华等人一起创办《新声周刊》，"他任社长和主编，还特邀请校长权森，教师段子典、吉振华、靳静庵、乔雨三和省立六中、六师的一些进步学生为撰稿人"[1]。《新声周刊》作为进步刊物，自始至终以抨击封建腐朽思想、揭露北洋政府腐败专制、传播进步思想为己任。期刊内容备受进步青年喜爱，每期发行200余份，一经刊印，就被更多青年争相传阅，刊登的大量进步文章，促进了学生思想觉悟不断提高。新文化、新思想及十月革命的消息在临汾广泛传播，促进人们思想、观念、行为上发生广泛而深刻的变革。1927年，蒋介石发动"四一二"反革命政变，大肆抓捕共产党员，《新声周刊》也在张振山被捕后停刊。虽然被迫停办，但由于此刊对传播马列主义发挥着不可忽视的巨大作用，它在进步青年中享有极高的声誉。

有一年春节期间，临汾县县长在大门上张贴出对联：头上有青天，做事须循天理；眼前皆赤地，存心不刮地皮。[2]光天化日之下公然蒙骗群众，与事

---

[1] 张国富.矢志革命，书写壮烈人生—记临汾地区党团组织创始人张振山[J].党史文汇，2014（4）.

[2] 周征松.临汾史话[M].太原：山西人民出版社，2006：167.

实不符的自夸，只让大家感觉好笑。张振山把此对联改为：头上有青天，做事不循天理；眼前皆赤地，存心要刮地皮。改后的对联发表在《新声周刊》上。只动了两个字，淋漓尽致地揭露出反动县长搜刮民脂民膏、欺压百姓的丑恶嘴脸。老奸巨猾的县长急忙派出心腹送来60块大洋，想收买《新声周刊》，被张振山斩钉截铁予以拒绝。除了揭露封建统治者榨取民脂民膏的罪恶行径外，张振山还和其他进步青年以《新声周刊》为阵地，深入农田、作坊调查，重点报道广大群众日夜劳作却食不果腹的悲惨生活，将矛头对准残酷剥削百姓的官僚地主。这类写实文学在《新声周刊》上一经发表，立刻唤起受压迫群众的共鸣，也唤醒了他们的斗争意识。

后来张振山又与吉振华等进步师生共同创办了新新书社，并将《新声周刊》搬到书社旁边，新新书社成为临汾进步青年之家，大家在新新书社读书、交流，抨击时政、寻求救国救民之路，这为新思想新文化快速传播和临汾早期党团组织的创建打下了良好基础。

彭真引路　坚定革命

傅懋恭（彭真）是太原早期党支部的创建人和支部书记。作为山西人，他对家乡的学生运动很是关注。1924 年，彭真在太原党团组织的安排下前往临汾，秘密宣讲马克思主义，并在那里开展建党工作。彭真找到张振山，与其他进步青年一起住在新新书社，他们朝夕相处、共同生活、针砭时弊、探讨救国之路。

当时，临汾无政府主义思想较为盛行，张振山他们深受影响。彭真带来了大量关于马克思主义的书籍，将这些书籍分给进步青年阅读。等他们阅读完某些内容后，彭真还会应大家的邀请，系统讲解无产阶级革命、国际共产主义运动、马克思主义基本原理等革命理论，并对无政府主义思潮和错误观点作细致解读。

彭真的到来，为临汾青年带来了马克思主义，为临汾广大进步青年的发展指明了道路，坚定了他们的马克思主义信仰和坚持革命的决心。彭真后来回忆说："他们看了书以后大多数人赞成马克思主义，张应川（张振山）、李光杰、王枫成，这些人都要求加入社会主义青年团。以后这个地方变成晋南咱们的一个'根据地'，晋南很多地方党团组织是从他们那儿发展起来的。"[①]

1925 年春，张振山秘密到太原面见彭真。他详细向彭真汇报了近一年来临汾学生运动的发展局势及自己的思想情况，正式提出加入共青团的申请。彭真经过长期相处、深入了解，认为张振山是一个有远大抱负、心怀天下、富有革命精神的年轻人。针对张振山认识上的不足，提醒他应从思想上克服无政府主义带来的盲目性，坚定对马克思主义可以救中国于水火之中的信念。彭真语重心长地告诉他："振山呀，加入共产党的组织是要吃苦的，是要受组织约束的，任何时候都不能有一点私心杂念，任何时候都不能有丝毫的变节行为。为了劳苦大众的利益，要随时准备牺牲个人的一切，甚至生命。"[②]张振山斩钉截铁地表示，为了人民的利益，祖国的未来，即使赴汤蹈火也在所不辞，愿意为此接受党组织的任何考验。见他信仰坚定、入党动机纯正，彭真便介绍张振山在太原正式加入了团组织，成为共青团员。

不久之后，张振山回到临汾。他不仅深入工农大众之中广泛宣传反帝反封建的革命思想，还在太原团委指示下，先后秘密发展了多名团员，在临汾成立了共青团临汾支部，张振山出任书记。其间，临汾地区以省立六中为中心，新发展多名共青团员，包括"徐亚桑、高琦、高珠、杨一木、段子典、张希骞、张涵华、王枫宸、高翔千（女）等"[③]一众先进青年。

巧化危机　致力革命

1925 年 5 月 30 日，上海发生了"五卅"惨案，举国上下掀起了反帝反侵

① 梁志祥.从民主主义者到马克思主义者—彭真早期革命实践与思想的形成[J].党史文汇，2002（10）.
② 梁志祥.从民主主义者到马克思主义者—彭真早期革命实践与思想的形成[J].党史文汇，2002（10）.
③ 张国富.矢志革命，书写壮烈人生—记临汾地区党团组织创始人张振山[J].党史文汇，2014（4）.

略的爱国群众运动。共青团临汾支部在省立六中召开会议，决定动员临汾各校师生参加罢课游行，以示支持。张振山领导第六中学及临汾其他五所中学的广大青年走上街头，游行示威，发表演说，声讨帝国主义犯下的滔天罪行，声援上海的革命活动。在青年学生的影响下，周边各县亦加入声援，并成立了"沪案后援会"。在此过程中，涌现出一批以张振山为代表的先进分子，他们热切地希望加入中国共产党，为革命事业贡献自己的青春和力量。次年春，经中共太原地委书记崔锄人批准，张振山正式成为一名共产党员。随后，在张振山的领导下，成立了中共临汾支部，张振山为支部书记。

张振山成为共产党员后，如饥似渴地阅读《湘江评论》《新湖南》等进步书刊，学习了毛泽东同志发动农民参加革命的新理念，并在支部工作中加以实践。在张振山的领导下，临汾支部开始重视农村的革命工作，通过成立农民协会、举办农民运动训练班等方式，使支部与县、区、乡、村的农民联系起来，通过支部党员的指导与培训，提高农民对革命活动的认识，为党组织的发展与革命事业的开展奠定群众基础。

1926 年夏，阎锡山发布了"富户捐"令，实则是通过各种手段巧取豪夺，甚至绑票勒索，完全不考虑广大农民群众的生活状况。张振山和临汾支部的党员们为了群众利益与之展开斗争，他在《新声周刊》上撰写、发表文章，在街上激情发表演讲，带头揭发、批判阎锡山政府向穷人征收"富户捐"的反动本质，通俗易懂地指出："简言之，就是穷人必须如数摊，富户可以自由捐。否则，穷人有'罪'难逃，富户无'过'平安。这还成什么世道！"[1]同时，他还组织中共临汾支部的党员们带领数千名穷苦农民聚集于县政府，示威抗捐，对政府区别对待穷人和富人的政策表示强烈不满和严正抗议。县长怕事态闹大不好收场，急忙答应收回向穷人摊派的"富户捐"政策。抗捐斗争取得彻底胜利，大大鼓舞了广大农民群众的斗争热情与革命信心。

同年，张振山派遣临汾支部一名共产党员去金殿镇高等小学组织学生运动，遭到该校校长的极力阻拦。校长打着维护校纪的幌子，制定了一系列禁止学生参加活动的校规校纪，严重限制了学生运动的发展。张振山赶到学校，与

---

[1] 张国富.矢志革命，书写壮烈人生——记临汾地区党团组织创始人张振山[J].党史文汇，2014（4）.

校长就这一问题进行沟通。协商无果，张振山愤怒地质问校长：作为一个中国人、作为培育人才的校长，却在国家任人欺凌宰割、社会黑暗无光时无动于衷，这样的人身为校长是否会感到羞愧，他办学目的是不是培养亡国奴？

校长不赞同学生运动，但他自始至终认为办学的目的就是要培养能报效祖国的人才。被张振山连连诘问后，校长感觉理亏，只能哑口无言。张振山进一步向他表达了学生参加运动仅仅是为了挽救中华民族于危难之中，为了同侵略者、同封建腐朽势力作斗争，为了千千万万中国老百姓的生存问题而不懈斗争。作为一校之长，不应该制定太多条条框框限制、阻碍学生的自由运动。校长最终妥协了，金殿高等小学的学生运动蓬勃发展起来。

1926 年正值国共合作时期，以国民革命军为主力的北伐战争轰轰烈烈，高潮迭起。阎锡山畏惧北伐军的势力，为了阻止北伐军进入山西占领自己的既得地盘，他于 1926 年 8 月下令镇守晋南的丰玉鹏构筑防御工事，加固增高城墙。镇守使在临汾城内强行征调了三万多人为劳工，还为加固城墙拆毁不少城内居民的住房，导致四百多户人家露宿街头。而那些被强迫征来做苦力的民工一边忍受着辱骂、鞭打，一边被迫参加繁重的体力活。一首民谣生动再现了当时的场景：

> 丰玉鹏，真捣毛，硬下令，挖战壕。
> 七月七日开了会，害得百姓遭了罪。
> 八月初一抓了夫，害得百姓家家哭。
> 天不明，就得走，后跟村长尾巴狗。
> 不挣钱，不管饭，还嫌老子干得慢。[①]

鉴于当时形势，临汾支部为策应北伐、阻止阎军继续构筑工事，决定发动民工罢工。张振山率领支部党团成员，乔装打扮成农民模样，深入工地民工之中，给大家讲北伐战争及其目的，发动各工地的民工举行罢工斗争。1927年 1 月 15 日上午 10 点，张振山等人率领 3 万多民工，扛着铁锨等农具走上街头，振臂高呼，举行声势浩大的示威活动，庞大的气势使镇守使丰玉鹏深感惶

[①] 戾晓红.临汾历代人物[M].太原：山西人民出版社，2006：219.

恐，最终不得不退让，放弃城墙修筑计划。

为信仰勇献身

1927 年，以蒋介石为首的国民党背叛革命，阎锡山亦在山西全省逮捕、屠杀、迫害中共党员。在至暗的危急时刻，深谙敌我情势的张振山，主张既不能悲观失望，也不可硬拼浪费力量，需冷静调整应变策略。他召集中共临汾地委的成员，在临汾河西地区峪村的一孔窑洞里召开紧急会议。根据上级党组织指示，会议决定采取隐蔽斗争的方式以保存力量。一部分党员跟随张振山秘密渡过黄河奔赴陕西，另一部分隐入农民之中继续开展斗争，伺机与太原党组织进行联络。

1927 年 6 月的一天，张振山一行人离开临汾，徒步前往永和县黄河边。阎军看出端倪，除了两位女党员伪装成姐弟成功渡河外，其余人都被捕入狱。张振山先被关押在临汾，后转移到太原监狱（专门监禁重要"政治犯"）。国民党威逼利诱，严刑拷打，用尽各种手段，但他宁死不屈，始终坚守信仰。面对张振山宁为玉碎、不为瓦全的坚强意志，阎锡山当局束手无策，遂将其转至更为残酷的陆军监狱。在这里，对他进行更加惨无人道的折磨，企图摧毁他的革命意志。然而，张振山始终守口如瓶，睿智地与他们抗议争辩。张振山正气凛然地反问："孙中山是你们的领袖，我们信仰他提出的三民主义，这有什么错，犯的什么罪？"[1]阎军被问得哑口无言。

1930 年初，张振山再次被转至"反省院"，他和狱友展开绝食斗争。后来张振山被转至陆军监狱，他带领狱友读书学习，咏歌赋诗，与敌人展开斗智斗勇的、坚贞不屈的狱中生活。2 月，张振山被太原党组织成功营救。为避免被阎军再次发现，他回家仅停留了三日，就前往河南开封南汉宸处去做地下工作。

1930 年 3 月 8 日，开封市组织妇女召开庆祝三八节集会，当局趁机抓捕

---

[1] 张国富.矢志革命，书写壮烈人生—记临汾地区党团组织创始人张振山[J].党史文汇，2014（4）.

组织者，将他们集中至收容所关押。9 日黎明，张振山根据党组织指示，潜入收容所散发传单，被国民党看守察觉，再次被捕。10 日凌晨，张振山未经审讯便被杀害，年仅 27 岁。

张振山带着革命必胜的信念，用自己的鲜血铺筑了挽救民族危亡的通道，用自己的生命践行了共产党员的初心使命。

三十六 有胆有识 侦察能手：赵亨德

赵亨德[①]

　　赵亨德（1922—1947）出生于山西平定县城关镇一个普通家庭。由于他父亲在新民学校担任庶务，他8岁便随父在新民小学读书。1935年小学毕业后，顺利进入寿阳中学。卢沟桥事变3个月后，他加入抗日游击队。1938年，赵亨德正式加入中国共产党。1944年，由于智勇双全，经常出奇制胜，他获得太行区一等侦察英雄称号。1945年，他再次获得太行军区记大功一次荣誉。赵亨德短暂一生，亲历了大小战斗近300余次，身负重伤7次，但他越

──────────

① 田裕.赵亨德：侦察英雄[EB/OL].学习强国，2021-11-19.

战越勇，始终牢记把日本帝国主义赶出中国的时代使命。1947 年，年仅 25 岁的赵亨德在解放平定城的激烈战斗中壮烈牺牲，年仅 25 岁。

弃笔从戎　奔赴抗日

赵亨德自幼聪慧勇敢，机智好学。1931 年 5 月，中共山西特委发动群众武装起义，在孝义西辛庄镇建立了山西第一支工农武装"晋西游击队第一支队"，建立了游击根据地，有力打击了国民党反动势力，这给童年的赵亨德留下了深刻印象。1933 年，平定各学校掀起破除封建迷信、抵制洋货的学潮，赵亨德也积极参与其中。

1937 年卢沟桥事变发生后，日军大举进攻华北。中国共产党发布停止内战、联合国民党共同抗日的号召后，在全国范围内掀起了新的抗日救国高潮。抗日浪潮很快蔓延至平定，此时正在读中学三年级的赵亨德目睹日军入侵对中国人民所犯下的滔天罪行，国仇家恨充斥他年轻的胸膛。他认识到，只有参军投身革命，方能保家卫国，把日军赶出中国。赵亨德果断弃学，15 岁的他毅然加入牺盟会组织的平定抗日游击队。1937 年 10 月 26 日，娘子关失守，战火逼近平定城。赵亨德与其他进步青年毅然告别亲人，投身抗击日军的游击战中。

表现优异　战功显著

1938 年，平定抗日游击队编入太行独立支队二十八团，在和顺县石拐镇、官庄等地活动。在刘德文连长、林银珍指导员及战友的教导帮助下，赵亨德很快成长为一名能征善战、吃苦耐劳的优秀革命战士。

龙门战斗是赵亨德第一次上战场，机智灵活的他从日军手中夺回来一挺歪把子机枪。由于机敏勇敢、灵活敏捷，赵亨德受到上级的肯定与激励，升任班长一职，还正式成为一名光荣的中共党员。

龙门战役结束不久，赵亨德就收到父母因伪军告密被抓的消息。后来父母经战友们营救走出了监狱，但因狱中受刑后患重病，不久双双离开了人世。悲痛欲绝的赵亨德受到巨大打击，他化悲痛为力量，更激发起抗日救国的雄心斗志。

1939 年，赵亨德升任副连长。在黑水河战役中，日军对八路军侧翼构成严重威胁，赵亨德闻令而动，率领士兵向侧翼高地发起冲锋。在激烈的战斗中，赵亨德受伤坚持不下火线。在他的正确指挥下，战士们士气高涨、英勇无比，将日军打至河沟，断了日军退路，战斗胜利结束。战后总结时，赵亨德因表现出色、指挥得当，获一等功嘉奖。之后，赵亨德又在榆次黄彩伏击战中，因灵活掩护伤员和受阻部队成功转移，受到团部通令嘉奖。

1940 年，震惊中外的百团大战中，赵亨德所在部队奉命同时向平定狼峪村及寿阳张净村的两个日军据点发起进攻，战斗打得格外惨烈。日军虽占据有利地形，仍不得不将伤员和战死者尸体垒起来作为防御，企图顽抗死守，等待救援。危急时刻，赵亨德当机立断，他率领全连战士改变既定进攻路线。经三个小时连续激烈对战后，终于打开一道缺口，将两边的日军全部歼灭，为战斗纵深推进扫清了障碍。

百团大战后，日军开始推行治安强化，对各抗日根据地进行更加疯狂的侵略"扫荡"。日军在正太铁路沿线疯狂扩张控制地盘，到处挖战壕、修碉堡、架铁丝网，切断了太行第二军分区和正太铁路北面晋察冀六分区之间的联络。为了重新打通与"路北"的联络，军区首长决定让聪明机智的侦察员赵亨德负责这次任务。在赵亨德出发前，军区首长再三叮嘱，本次任务的重点不是与日军搏斗，而是要灵活变通，随机应变地冲破正太铁路日军的严密封锁，与友军首长取得联系。与此同时，还需要摸清正太铁路线上日军的防御部署状况，了解敌占区群众的抗日意愿、抗日力量等。

面对如此重要的任务，赵亨德深感责任重大。根据提前获知的情报，他带着两名同伴以寿阳县内的晓庄、芹泉站作为突破口，三人乔装打扮后昼伏夜出。没想到刚出和顺就遇到了日军的地毯式搜索"扫荡"，匆忙之间，三人躲进山洞中，好几天都仅依靠猎户苏大爷送的窝窝头与土豆充饥。

时间紧任务重，多停留一天，就会多耽误一天两区首长协同规划"反扫荡"的战略部署。关键时刻，赵亨德灵机一动，他向苏大爷借来了扁担、麻绳和担架，三人扮成穷苦庄稼汉，并用灶台里的烟灰把自己抹得蓬头垢面，趁雨夜混进日军担架队中。在群众的掩护下，赵亨德从寿阳到五台一路与日军周旋，避开了盘查，最终成功抵达路北，与友军首长取得联系，圆满完成任务。

凛然正气　侦察英雄

1942 年 9 月，赵亨德被上级调至太行二分区司令部，任敌工干事。为了侦察清楚正太铁路日军的分布情况，赵亨德所在敌工小组秘密潜入敌占区，沿正太铁路仔细侦察。虽然去往正太线的途中没有悬崖峭壁挡道，但日军沿途密布防守网，前行途中要应付各种盘查。出发当天，赵亨德冒着阴雨寒风，踏着泥泞的小路走了整整一天。傍晚时分，他到了距芹泉站仅 12 里地的南山头村。这个小村庄人口不足 20 户，且属于敌占区。赵亨德四人到村子里的第一件事情，就是考察当地群众的抗日情绪，入户做群众工作。他们拿到芹泉站的地形图后，晚上 10 点多，赵亨德一行四人悄悄潜入车站最西边的一间屋子，迅速制服了屋里唯一的一名工人，经询问发现，那是个很有爱国心的铁路工人，正是这个工人将日军巡逻时间和各种注意事项详细告知赵亨德一行。随后，赵亨德与这个工人调换了衣服，手提巡逻信号灯大摇大摆进了车站。没过多久，就遇到日伪军查路队，赵亨德迅速向队友说出行动方案，纵身一跃将查路队队长拦腰抱住。队友则十分敏捷地把一块毛巾塞进日军嘴里，剩余的两名战士左右夹击，迅速将其余日伪军拿下。这次深入虎穴的侦察行动，不费一枪一弹就顺利抓到活口，全面掌握了日伪军的活动轨迹，为八路军深入敌后作战创造了条件。

随着侵华战略的推进，日军在抗日根据地实行残忍的"三光"政策。为反对日军暴行，八路军深入敌后开展灵活多样的游击战。为此，太行二分区精选了一批侦察骨干，成立了以赵亨德为队长的正太武工队（又称侦察队），通过一系列爆破行动，破毁日军东起娘子关、西至南同蒲铁路线的重要据点，并密切配合主力部队，成功击退了日军的大"扫荡"。此后，正太武工队就成了二分区主力部队的前线分支，武工队队员经常神出鬼没，趁其不备，不断打击日军的军事部署，惩治沿途的伪军。为此，当地群众称赵亨德为"正太路上的拦路虎"。"据统计，从 1942 年 10 月至 1943 年 5 月，赵亨德率领的武工队，在敌人严密控制的正太铁路沿线就爆破 27 次，炸毁火车头 7 个，车厢 16 节，歼敌 40 余人。"[1]他们的活动，使沿路日军闻风丧胆。

赵亨德因表现出色，屡立战功，多次荣获"一等杀敌英雄""一等侦察英雄"荣誉。《新华日报》（太行版）还在 12 月 10 日刊登了《一等侦察英雄赵亨德》的专题报道，详细介绍了赵亨德爆破铁路、歼灭日伪、惩治汉奸的英雄事迹。[2]

精彩奇袭　活捉少将

1944 年底，太原地下党组织获取重要情报：1945 年"一月十六日夜，有敌人一列军用特需车，从太原开往北平，载有鬼子高级军政要员。"[1]据悉，车中有山西省教育厅首席顾问铃木川三郎及其家眷，还有其他敌伪要员。赵亨德得到消息后，迅速定下作战方案：他率部埋伏在芹泉车站至寿阳站中间段，等车经过时发动突袭。太行二分区司令员通过了他的作战计划，指派阳泉城工部与平西县政府配合他完成此次任务。

赵亨德率领武工队冒雪行走了 200 余里，终于到达了本次任务的目的地阳泉火车站。午夜时分，搭载着天皇外甥铃木川三郎少将的军用列车驶入阳泉车站。只听一声巨响，列车被迫停下。趁着混乱，武工队的战士们按照作战计划扑入车厢。不少车厢门紧闭，打开一个车厢门，另一个车厢里的日军马上反扑过来。赵亨德挥舞着一支 20 响盒子枪，边打边指挥队员迅速占据有利地形。队员郝根田举着两支盒子枪左右开弓，很快封锁了隔壁的两道车门，掩护大家与日军展开肉搏战。赵亨德在左右火力掩护下，迅速冲进车厢，把铃木川

---

[1] 刘贯文，任茂棠，张海瀛主编.三晋历史人物（第四册）[M].北京：书目文献出版社，1994：448.
[2] 河北省爱国主义教育基地资料丛书编委会编.晋冀鲁豫烈士陵园[M].石家庄：河北人民出版社，1996：49.

三郎拉了下来。

正在激烈搏斗时，从另外一节车厢里窜出一个手握军刀的大胡子日军，他趁赵亨德不注意，举起东洋刀狠狠从背后劈下来。赵亨德躲避不及，右肩受了重伤，鲜血立即渗透了衣裳。赵亨德全然不顾，忍着剧烈的疼痛继续沉着指挥，同时用左臂死死挟持着铃木川三郎。经过一番激烈对战，铃木川三郎的三个孩子也成了战俘。

此次行动，共打死日军 60 余人，缴获大批物资与秘密文件。由于在本次奇袭中赵亨德思虑周全、指挥得当、行动果敢高效，1 月 25 日，太行军区给他记大功一次。

再上战场　为国捐躯

抗战胜利后，赵亨德被提拔为副团长兼参谋长。1947 年 4 月，解放平定城的战役拉开帷幕，赵亨德所在团承担着攻打东城门的重要任务。在离城东八里远的斩石村，阎军构筑了坚固的外围据点，明碉暗堡密布，解放军之前派出的三批小分队都未能成功清除这道障碍。面对这一难题，赵亨德果断带领第四支小分队发起冲锋，但在即将接近目的地之时，一颗子弹射中了赵亨德的胸膛，年仅 25 岁的战斗英雄赵亨德，就这样将满腔热血洒在了他为之奋斗一生的故土上。

为了悼念这位身经百战、屡建奇勋的侦察英雄，1947 年 5 月 2 日，太行二分区司令部于平定县城东关狮子口街立碑勒字：悼太行英雄赵亨德参谋长。

三十七 以笔为器 专注新闻：赵石宾

赵石宾[1]

赵石宾（1914—1942），原名赵荣国，出生于晋中市榆次区东阳镇一个书香之家。赵石宾打小在父亲影响下酷爱读书，5 岁启蒙，10 岁考入铭贤中学，14 岁时便能写诗词、文章。1931 年，进太原三晋中学读高中，和同学一起组建了读书会。1932 年成为"社联"在山西的骨干力量。同年秋，进入山西大学，创建了抗日反帝大同盟。1933 年，加入中国共产党，先后担任《民众日报》《学生新闻》《牺牲救国》等刊物的编辑工作。赵石宾作为晋西北新闻事业的开拓者之一，长时间在非常艰苦的生活条件下，日复一日地从事繁重

① 曹勤民.《抗战日报》总编辑赵石宾和他的文集[J].党史文汇，2001（12）.

的宣传工作，最终把自己宝贵的青春和生命都奉献给了祖国的宣传及新闻事业。积劳成疾的赵石宾病逝时，年仅 28 岁。他的一生，是为新闻事业拓荒式耕耘的一生，历史永远记下了他取得的显著成绩。

放弃安稳　遵从初心

赵石宾的父亲赵庆是清末秀才，他不仅医术精湛，而且对诗词颇有研究，是当地著名的高级知识分子，曾在太谷铭贤中学当教师。在父亲的耳濡目染下，赵石宾自幼聪明好学，1924 年考入父亲所在的太谷铭贤中学读书，但他不是只一味读书的书呆子，而是心系国家前途命运的爱国青年。读初中时，因参加学潮被校方开除。赵石宾无论是凭借自身实力还是家庭背景，都可以像父亲一样从事教师或者医生工作，平稳地走过一生。但是他不安于现状，向往着革命能给内忧外患的旧中国带来一线曙光，期待着社会革命与民族复兴早日实现。为此，他选择把自己的前途命运与国家的兴衰紧密联系在一起。

青年时期的赵石宾身处大革命失败阴影笼罩下，他看透了蒋介石、阎锡山等军阀实力派之间尔虞我诈、争权夺利的反动行为后，深觉痛惜，他的政治意识逐渐觉醒，更加愿意接近革命组织。1931 年，赵石宾进入太原三晋中学，与李延年、冯道组织了太原学生读书会，以此平台大力宣扬革命理论。"九一八"事变，更加激发了赵石宾的爱国热忱。随着全国抗日救亡运动高涨，1932 年山西出现了"反帝大同盟""左联""社联"等进步组织，赵石宾成为"左联"在山西的骨干人物。

1932 年秋天，赵石宾考入山西大学深造。9 月，他和李延年及国民师范的赵述善共同领导创建了"抗日反帝大同盟"。很快在山西大学及国民师范发展了 100 多名成员，并组织学生上街讲演，举行反日游行示威。同时编印《学生新闻》刊物，以揭露民国社会黑暗统治、宣扬革命道理、号召民众团结抗日为办刊宗旨。与此同时，赵石宾与山西大学的进步学生经常携带抗日报纸、革命传单及进步书籍前往国民师范学校，用多种方式鼓励国民师范的学生抗日救国。《学生新闻》出刊不久，便被阎锡山以"煽动学生抗日、揭露社会阴暗"

为由查封。1933 年初，在当局的高压政策下，"抗日反帝大联盟"被迫解散，赵石宾与进步学生也被列入当局的追捕名单。为安全起见，他被迫逃往北平，随后加入中国共产党。在北平流亡时，即使一直靠给报社写稿或翻译作品来维持一日三餐，赵石宾依旧信仰坚定，从未动摇过一丝一毫。

同年，赵石宾听闻冯玉祥与中国共产党合作，组织起了察绥抗日同盟军，赵石宾立刻奔赴，加入同盟军，负责《民众日报》编辑工作。可惜没多久，同盟军就被蒋介石以收买、军事打压等方式分化瓦解。失败之后，赵石宾返回北平，一边学习一边从事抗日文化工作，在《华北日报》《大公报》上刊发了许多为底层人民呐喊、发声的诗歌。这时，家里希望他可以回去继承家业，但心意已决的赵石宾，却把父母寄来的钱悉数退回，坚持依靠稿费维持生计。

投身新闻 专注宣传

随着日军侵略步伐不断加快，华北地区面临严峻挑战。1936 年，山西牺盟会成立后，赵石宾在党组织的安排下回到太原，担任牺盟会宣传委员，负责总会的机关刊物《牺牲救国》周报的编辑工作。他除了积极为刊物撰写针砭时弊的评论，还编一些救亡鼓词或通俗易懂的抗日小册子，在广大群众中免费发放，以宣传抗日救亡理念。

1937 年"卢沟桥事变"后，八路军分批次前后奔赴抗日前线。赵石宾多次主动向党组织提出申请，希望自己能作为战时记者随军出征。但由于牺盟会的宣传动员工作离不开他，赵石宾只能站在火车站目送抗日战士们奔赴前线。随后，受战事影响，牺盟会总会后撤至临汾地区，《牺牲救国》的复刊工作也在紧张筹备中。与此同时，赵石宾接到上级指示，为充分调动、激发各地牺盟会及新军中民众的抗日斗志、坚定他们的革命信念，希望能编印一些抗日小册子或宣传资料，赵石宾又主动承担起这一重任。除此之外，赵石宾还积极配合当地牺盟会，开展面向普通群众的抗日宣传活动。由于总会人数不多，能承担起宣传工作的同志更是少之又少，所以大多数工作都要赵石宾亲力亲为。他将自己的全部心血都用来筹划、组织与宣传工作，夜以继日、不知疲倦，甚至常常废寝忘食地熬夜加班。

　　1938 年下半年，日军侵华政策调整，对国统区实施以政治诱降为主、军事打击为辅的策略，阎锡山对日军的态度随之也发生变化，趋向消极抗日、积极反共、制造各种事端与八路军发生摩擦。面对政治局势的重大变化，"赵石宾先后主持《牺牲救国》《政治周刊》《黄河战旗》等刊物与以阎锡山为代表的顽固分子作斗争"[1]。除了出版进步刊物外，赵石宾还以黄河出版社为阵地，出版各类丛书，在山西宣传革命理论，激发广大人民群众的抗日热情，强化山西与大后方之间的文化交流。牺盟会发展后期，赵石宾还撰写了《从牺盟会看山西民众运动》一书，在介绍牺盟会创建两年多斗争史基础上，对山西民众运动的经验作了总结概括。

　　"晋西事变"后，赵石宾参加了陕甘宁边区召开的文化工作会议，随后接受党组织安排，到晋西北根据地筹办《抗战日报》。由于战时环境恶劣、物质资源匮乏，要想在根据地办报纸可谓难上加难，不论是人力、财力还是设备都十分短缺。赵石宾并没有被困难吓到，每天都在忙碌着就地取材，筹备创刊所需的各种物品。缺少人员，他建议从各单位抽调；缺少办报用纸，就自己筹建造纸基地；缺少铅字，就用木刻字代替。凭着锲而不舍的奋斗精神，赵石宾带领工作人员克服种种困难，终于在 1940 年 9 月 18 日创办了中共晋西区党委的机关报《抗战日报》。"报头是请毛泽东主席题写的，贺龙还为报纸的创刊写了'人民呼声'的题词。"[2]《抗战日报》发刊词中提出，"党报要坚持为根据地人民服务的方针。抗日根据地的主人翁是广大人民，首先是广大的工农兵群众。我们的报纸应当成为广大人民的喉舌，成为工农兵的公务员"。同时指出，"抗战到底，团结到底，建设晋西北，便是本报的三大任务"[3]。《抗战日报》刊登内容包括：政策方针、重要言论、头版重要新闻社论、时评等。该报坚持每三日一刊，先后总共印刷了 2550 份，是建立在晋西北行署的一个秘密发行点，后来该刊发行范围不断扩大，甚至游击区、敌占区均可看到。贺

[1] 晋绥基金会.赵石宾：《抗战日报》第一任总编辑[N].吕梁晚报，2015-05-06.
[2] 吕改莲，张敬平，胡苏平主编.三晋史话（吕梁卷）[M].太原：三晋出版社，2016:275.
[3] 发刊词[N].抗战日报，1940-09-18.

龙评价《抗战日报》是晋西北抗日根据地的一面旗帜，团结带动着广大军民共同抗日。

《抗战日报》一经创刊，赵石宾便肩负起总编辑的重任。作为总编辑，他对每一期报纸都呕心沥血，倾注极大精力，不仅仔细审阅每一篇文章，还时常撰写社论和时事评论。从赵石宾所写文章中，可以看出他胸怀广阔、思维缜密、文笔犀利，他的文字犹如一把利剑戳到了日军的痛处，增强了党报的战斗力。他非常重视工作人员的政治理论学习和业务能力培养，工作之余经常狠抓编辑部成员的理论学习。他像一个开疆扩土的勇士，毫不畏惧，一心一意投身于晋西北根据地的新闻和文艺事业，用自己的智慧才华和顽强斗志，为党的事业英勇奋战。

忙碌之余，赵石宾"整理了毛主席《新民主主义政治和新民主主义文化》报告记录稿，供大家学习使用"[1]。尽管平常工作很累，但他仍时常为《五日时事》写评论，并坚持编写《顽固派大失败》等通俗易懂的秧歌剧，以群众喜闻乐见的方式开展宣传教育。

工作繁重 积劳成疾

在日军与国民党阎军的双重包围封锁下，根据地处境极为艰难，物资匮乏。抗日军民缺衣少食，忍饥挨饿成了家常便饭。报社的工作人员每天只能拿到10两黑豆，就连烤焦的苞米也是从战火中抢出的。"冬天，每人发一身粗布棉衣。夏天到了，就把棉花掏出来，改成单衣。没有换洗的衣服，只能在河边洗完衣服，赤身等待衣服晒干了再穿。报纸创办初期，编辑部没有办公室，没有办公文具，老乡家的炕头就是办公桌，锅台上写稿也很正常。稿纸是用麦秆和马兰草制成的纸，染布颜料就是红蓝墨水。由于缺少煤炭，住的是冷房，睡的是冷炕，加上吃不饱，穿不暖，许多人染上了疾病。"[2]

极度艰苦的生活环境加之长年累月的繁重工作，给身体本就虚弱的赵石

---

[1] 张稼夫.庚申忆逝[M].太原：山西人民出版社，1984：78.
[2] 赵常.《抗战日报》首任总编辑赵石宾[J].文史月刊，2020（8）.

宾沉重一击，他的抵抗力每况愈下。1941 年 7 月，赵石宾再也支撑不住疲倦的身体，他病倒了。"他一面不断擦拭着头上沁出的虚汗，一面仍然坚持修改审阅稿件。"①同志们劝他休息一会儿，但他依旧咬牙坚持、兢兢业业，不肯休息一时。他的病断断续续一直到 1942 年初才有所好转。此时，恰逢根据地新闻界参议会议员选举，赵石宾身体虽尚未完全恢复，但仍坚持主持会议。连续工作的劳累，令他刚有起色的病情再次加重，积劳成疾，罹患的支气管炎转化为败血症。由于病程拖得太久，已无药可医。1942 年 3 月 30 日，赵石宾与世长辞，年仅 28 岁。

赵石宾的离世，新闻界和文化界大为悲痛惋惜，晋西北文化界于 1942 年 4 月 10 日在兴县为他举办了庄严隆重的追悼大会。赵石宾的上级与战友为了缅怀他的精神，纷纷写诗悼念，《抗战日报》连续刊登转载了这些悼念诗文。赵石宾逝世多年后，他的老上级、老战友仍在深情怀念他。廖井丹在《抗战日报的战斗岁月》中追忆："他是党的优秀新闻工作者，对党忠诚，工作积极，一心扑在事业上，对于本报的创刊和初期的编辑工作作出了重要贡献。"②晋西北行署为表彰赵石宾的杰出贡献，给他颁发了嘉奖令："参与革命与新文化运动十有余年，以其坚强勇敢之气魄，沉毅苦干之精神，精辟之思想与丰富之学识，为国家民族而战斗，艰苦不渝，功绩共见。"③

赵石宾走了，但他对革命事业的坚定信念，对根据地新闻业发展所表现出的责任感、奉献精神，至今让人为之动容。直至今天，生活在新时代的我们，在看到赵石宾同志生前所撰文章、著作、编辑过的刊物和报纸时，仿佛仍在与这位晋西北新闻事业的开拓者作跨时空的对话。他犀利有力的文笔、干净利落的表达、对时事政治的尖锐评析，都特别值得我们学习品鉴。

---

① 霍军.赵石宾传略[J].新闻研究资料，1986（3）.
② 霍军.赵石宾传略[J].新闻研究资料，1986（3）.
③ 刘贯文，任茂棠，张海瀛主编.三晋历史人物（第四册）[M].北京：书目文献出版社，1994：400-401.

参考文献

一、经典文献

1　丁天顺，许冰编著.山西近现代人物辞典[M].太原：山西古籍出版社，1999.

2　环渤海区域经济年鉴编委会编.环渤海区域经济年鉴（2018）[M].天津：天津科学技术出版社，2019.

3　刘金锋主编.晋城文物通览（近现代史迹及其他卷）[M].太原：山西经济出版社，2011.

4　李艳主编，共青团中央青运史档案馆编.共青团史人物传（第1辑）[M].北京：中国青年出版社，2015.

5　山西社会科学院历史研究所编.山西革命回忆录（第2辑）[M].太原：山西人民出版社，1983.

6　山西省经济年鉴编辑委员会编.山西经济年鉴（2011）[M].太原：山西经济年鉴社，2011.

7　王建富主编，中共山西省委党史研究室，中共太原市委党史研究室编.中共山西历史忆事（第1卷）[M].太原：山西人民出版社，1991.

8　张海赴，佟佳凡，公方彬主编.中华英烈词典：1840—1990[M].北京：军事译文出版社，1991.

9　章绍嗣，田子渝，陈金安主编.中国抗日战争大辞典[M].武汉：武汉出版社，2015.

10　中共山西省晋城市委组织部，中共山西省晋城市委党史研究室，山西省晋城市档案局编.中国共产党山西省晋城市组织史资料：1925—1987[M].太原：山西人民出版社，1993.

11　中共中央党史研究室编.中共党史资料（第59辑）[M].北京：中共党史出版社，1996.

12　中国人民解放军通鉴编辑委员会编.中国人民解放军通鉴：1927—1996[M].兰州：甘肃人民出版社，1997.

13　中国人民政治协商会议北京市委员会文史资料研究委员会编.文史资料选编（第14辑）[M].北京：北京出版社，1982.

14　中国人民政治协商会议山西省大同市委员会学习文史委员会编.大同文史资料（第31辑）（内部资料）[M].大同：政协大同市委员会学习文史委员会，2001.

15　中国人民政治协商会议山西省临汾市委员会编.尧乡烽火：纪念抗战胜利五十周年专辑

（内部资料）[M].临汾：政协山西省临汾市委员会，1995.

16　中国人民政治协商会议山西省临汾市委员会文史资料研究委员会编.临汾文史资料（第5辑）（内部资料）[M].临汾：政协临汾市委员会文史资料研究委员会，1995.

17　中国人民政治协商会议山西省阳城县文史资料研究委员会编.阳城文史资料（第1辑）（内部资料）[M].阳城：政协阳城县委员会文史资料研究委员会，1987.

18　中国人民政治协商会议屯留区委员会文史资料研究委员会编.屯留文史资料（第10辑）（内部资料）[M].屯留：政协屯留区委员会文史资料研究委员会，2002.

19　中国中共党史人物研究会编.中共党史人物传（第10卷）（再版）[M].北京：中国人民大学出版社，2017.

20　周子玉主编，解放军烈士传编委会编.解放军烈士传（第6集）[M].北京：长征出版社，1993.

21　朱樟.泽州府志[M].太原：山西古籍出版社，2001.

二、学术著作

1　安瑞生.乌金之乡山西（2）[M].北京：中国旅游出版社，2015.

2　成茂林，卫永太编.晋城革命故事（上）[M].太原：山西教育出版社，2008.

3　戴玉刚.黄土地 红土地[M].太原：北岳文艺出版社，2015.

4　郭有勤主编.长治在腾飞[M].北京：中国社会出版社，2005.

5　郭肇庆.抗日英雄魏拯民[M].沈阳：辽宁人民出版社，1959.

6　何雷主编.名将与名战：影响世界历史进程的著名将领和战役（中国篇）[M].北京：京华出版社，2008.

7　湖北省中共党史人物研究会.理想的召唤[M].武汉：武汉地质学院出版社，1986.

8　李潞玉著，长治市革命文物收藏协会编.雪落长白：从上党走出的抗日民族英雄魏拯民[M].北京：华夏文艺出版社，2017.

9　李树生主编.抗战精华遍武乡[M].太原：山西人民出版社，2010.

10　刘贯文，任茂棠，张海瀛主编.三晋历史人物（第四册）[M].北京：书目文献出版社，1994.

11　马福山，景京主编.中共大同历史人物[M].北京：中央文献出版社，2008.

12　秦红星，靳宏伟主编.太行骄子—孔祥桢百年诞辰纪念文集[M].北京：红旗出版社，2004.

13　申苗云.太行之子[M].太原：山西人民出版社，2015.

14　史兵主编.中国工人运动的先驱（第2集）[M].北京：工人出版社，1983.

15　王波，李迎选编.晋绥风云人物（党政人物卷）[M].北京：中央文献出版社，2007.

16　王继祖，袁实，张政主编.太原历史名人传略[M].太原：山西古籍出版社，2003.

17　王健英.第七届中央领导成员和解放战争时期党政军高级领导人[M].北京：中共党史出版社，2016.

18　王晓岗，裴炜主编.山西实用导游词一本全[M].太原：山西经济出版社，2014.

19　魏福著，李玉明主编.开国元帅徐向前[M].太原：山西人民出版社，2002.

20　宸晓红.临汾历代人物[M].太原：山西人民出版社，2006.

21　张宝林.历代科举士人暨主政官员（1）[M].北京：新华出版社，2018.

22 张麟，马长志编.中国元帅徐向前[M].北京：中共中央党校出版社，1995.

23 长治市地方志办公室编.长治人物志[M].太原：北岳文艺出版社，2010.

24 中共黑龙江省委党史研究室编.东北抗日联军名录[M].哈尔滨：黑龙江人民出版社，2005.

25 中共晋城市委党史研究室编.晋城革命遗址选粹[M].太原：山西人民出版社，2019.

26 周征松.临汾史话[M].太原：山西人民出版社，2006.

三、学术论文

1 杜俊华.抗战时期的"花木兰"[J].档案时空，2007（9）.

2 冯翠兰.太行侦察英雄赵亨德[J].党史文汇，2019（10）.

3 霍军.赵石宾传略[J].新闻研究资料，1986（3）.

4 孔方润，高琳萍.抗日英雄武克鲁[J].党史文汇，1994（5）.

5 梁明.临汾地区报刊史料[J].沧桑，1993（4）.

6 梁志祥.从民主主义者到马克思主义者—彭真早期革命实践与思想的形成[J].党史文汇，2002（10）.

7 刘红明.英烈浩气干云霄—记抗日英雄、以身殉国的魏拯民烈士[J].支部建设，2003（10）.

8 毛文戎，王作进.当今花木兰[J].中国民兵，1985（12）.

9 孟红.开明绅士刘少白六见毛泽东[J].党史纵览，2013（6）.

10 孟素.徐向前的山西情[J].党史纵览，2011（11）.

11 史富泉.岳家庄抗日英雄岳勇[J].文史月刊，2020（5）.

12 王宇新.山西青年运动在中共山西早期组织创建过程中的重要作用[J].文史月刊，2021（10）.

13 吴龙虎.抗联英烈魏拯民[J].新长征，2021（7）.

14 晓立.父亲武新宇革命的一生[J].北京党史，2006（6）.

15 徐军利.孔祥桢：铁骨铮铮写春秋 赤胆忠心为人民[J].文史月刊，2021（11）.

16 徐祥林，方劲松.抗日战争时期中共对日军的情报工作[J].党史纵览，1995（6）.

17 阎文水.刘胡兰：生的伟大 死的光荣[J].支部建设，2021（25）.

18 杨玉潭."愿把身躯易自由"—续范亭人生追求写真[J].党史文汇，1998（10）.

19 尹君.刘胡兰式的女英雄尹灵芝[J].党史文汇，2020（6）.

20 负纪.河东"群众领袖"嘉康杰[J].支部建设，2015（30）.

21 张国富.横刀立马战日寇 威震太岳美名扬—记汾东游击支队司令员景仙洲[J].党史文汇，2020（3）.

22 张晋，杜政.抗战时期开明绅士对根据地建设贡献研究—以兴县为例[J].山西高等学校社会科学学报，2021（6）.

23 张俊峰.山西抗战碑刻资料选编[J].社会史研究，2021（1）.

24 赵常.《抗战日报》首任总编辑赵石宾[J].文史月刊，2020（8）.

25 赵政民.一生追求光明—记著名爱国民主人士刘少白[J].先锋队，2009（3）.

后　记

　　"人说山西好风光，地肥水美五谷香，左手一指太行山，右手一指是吕梁"，这句歌词深情描绘了山西这片古老土地上的美丽风光与英雄故事。在抗日战争的烽火岁月中，山西成为中国共产党、国民党与日军交锋的重要舞台。在浴血奋战的峥嵘岁月中，无数英雄儿女挺身而出，用鲜血与生命谱写了中华民族不屈不挠的抗争史诗。在炮火的洗礼下，他们历练出勇于实践、积极探索、勤于思考、奋发进取的开拓精神，不畏艰险、坚韧不拔、顽强拼搏、攻坚克难的奋斗精神，为党和人民的事业鞠躬尽瘁、死而后已的献身精神，这些精神是党和国家的宝贵财富，也是推动中华民族砥砺前行的不竭动力。

　　一个有希望的民族不能没有英雄，一个有前途的国家不能没有先锋。新时代要实现中华民族的伟大复兴，就需要培养更多让党放心、爱国奉献、勇于担当民族复兴重任的时代先锋。在战争年代涌现的无数英豪，他们是国家的荣光，更是我们学习的榜样。为了铭记英烈们在那段艰辛岁月中的奋斗历程，赓续传承他们的革命精神，贯彻新时代思政教育所蕴含的中国之路、中国之治、中国之理的教育理念，落实思政课立德树人的根本任务。笔者在中国近代史纲要课程的教学研究中，一方面鼓励学生深入挖掘太行根据地独特的红色文化资源，另一方面努力将本土红色文化，尤其是英烈故事融入课堂教学实践活动之中。在促进思政课内涵式发展的同时，激发学生的爱国情怀与社会责任感。然而，在教学实践中，笔者发现尽管学生对革命故事特别感兴趣，但缺乏系统的三晋英豪故事资料，导致讲述内容单一、不够详尽。为了解决这一教学难题，提高思政课堂的针对性和吸引力，将枯燥抽象的教材理论与感人肺腑的英雄故事相结合，笔者历时三载，整理撰写了《三晋英豪 彪炳史册》一书。

鉴于篇幅所限，该书仅以生于山西、长于山西、给山西革命事业做出巨大贡献的 37 名三晋英豪为研究对象，以讲述他们鲜活的人生故事、奋斗风采为研究主线；以讲好山西故事，弘扬伟大的抗战精神，传承红色文化，培育时代新人为宗旨撰写而成。在编排上，由于三晋英豪的生活时代背景相同，革命志趣一致，都为民族独立和人民解放事业做出了很大贡献，因此在书稿内容上按姓氏音序排列。书中个别英豪的生前照片，尽管笔者穷尽了相关平台网络史料，但非常遗憾没有找到他们的遗照。

本书以扎实的文献史料，通俗易懂的语言风格，多角度、全方位回应了习近平总书记提出的"中国共产党的中流砥柱作用是中国人民抗日战争胜利的关键"这一论点，使广大读者在追忆这段"热烈而悲壮"的伟大革命征程中，正确理解"中国共产党为什么能用小米加步枪战胜装备和兵员素质都占明显优势的日军"。尤其在新时代，可以让青少年通过阅读本书，了解中国共产党的山西革命史，缅怀先烈的高尚情怀，传承他们的革命精神。同时，也期望青少年通过阅读本书，把"不忘来时路"落于实际行动，进而激发他们的爱国情怀和社会责任感，把他们培养成有高度责任感、强烈使

后　记

命感、勇于担当历史重任的时代新人。

　　本书涉及的英雄人物数量多，文献史料的搜集整理极为耗时费力。在这一过程中，马克思主义学院研究生左斯滔（现为国网重庆市电力公司培训中心员工）、薛佳敏、李佳惠同学利用寒暑假搜集整理了自己家乡英豪们的典型事迹，研究生杜佳妮、焦金凤分工对本书稿先后多次进行文字校对。对上述同学的辛勤付出，在此致以诚挚的感谢。

　　另外，特别感谢我的同事及老乡程敬恭先生，他在百忙之中为本书作序，并对书稿全文进行了系统校对，在此致以最真挚的谢意！

　　本书在内容架构及编辑过程中，得到了山西人民出版社编辑同志的精心指正，在此一并谢过。最后，衷心感谢山西大学马克思主义学院对本书出版的资金支持！诚愿山西大学马克思主义学院事业蒸蒸日上，为三晋大地乃至全国培养更多更优秀的人才！

崔丽霞 书于山西大学马克思主义学院

2024 年 5 月 20 日